Kristina Schröder
mit Caroline Waldeck
Danke, emanzipiert
sind wir selber!

Kristina Schröder
mit Caroline Waldeck

Danke, emanzipiert sind wir selber!

Abschied vom Diktat
der Rollenbilder

Piper München Zürich

Mehr über unsere Autoren und Bücher:
www.piper.de

MIX
Papier aus verantwor-
tungsvollen Quellen
FSC® C014889

ISBN 978-3-492-05505-5
© Piper Verlag GmbH, München 2012
Satz: seitenweise, Tübingen
Druck und Bindung: Pustet, Regensburg
Printed in Germany

Inhalt

Vorwort

Dieses Buch ist ein politisches Buch, aber kein Buch über Politik. Es ist kein Buch über staatliche Familienförderung und den Ausbau der Kinderbetreuung, über Programme für Frauen in Notlagen und für mehr Frauen in Führungspositionen, über politische Maßnahmen zur Förderung einer familienfreundlichen Arbeitswelt und zur Unterstützung von Vätern. Wer Informationen dazu erwartet, ist auf der Website oder bei der Pressestelle des Bundesfamilienministeriums besser aufgehoben und möge die nächsten 240 Seiten überblättern. Sie sind nicht im Rahmen unserer engen beruflichen Zusammenarbeit im Bundesfamilienministerium entstanden, sondern ausschließlich in unserer freien Zeit, die im Sommer 2011 dank Mutterschutz der einen und aufgespartem Urlaub der anderen etwas großzügiger bemessen war als sonst. Und auch das sei vorweg erwähnt: Die Bundesfamilienministerin verdient mit diesem Buch kein Geld. Ihr Erlös aus dem hälftig aufgeteilten Autorenhonorar kommt der Frauenrechtsorganisation TERRE DES FEMMES zugute.

Dieses Buch ist ein gemeinsamer, persönlicher Standpunkt von zwei Frauen Mitte 30: verheiratet die eine, alleinerziehend die andere; beide bekennende, voll berufstätige »Rabenmütter«, die ihr Kind lieben und Familie für das Wichtigste im Leben halten; beide aber frei von der Absicht, aus der eigenen, privaten Auffassung von einem guten Leben politische Schlussfolgerungen für das »richtige« Leben zu ziehen. Im Gegenteil! Wir haben dieses Buch geschrieben, weil wir die Rechthaberei derjenigen leid sind, die sich als Fortgeschrittene auf ihrem persönlichen Pfad der Erkenntnis im Besitz allgemeinverbindlicher Wahrheiten wähnen. Wir können sie nicht mehr hören, die ideologische Begleitmusik deutscher Frauen- und Familienpolitik, die ewig gleiche Leier, die hierzulande gespielt wird, wenn es um die Lebensentwürfe von Frauen geht! Emanzipation gegen Familie, Erfüllung im Beruf gegen Mutterglück, Rabenmutter gegen Heimchen am Herd, Fremdbetreuung gegen Fürsorge, Selbstverwirklichung gegen Verantwortung, Freiheit gegen Bindung – oder um es mit Loriot zu sagen: »Da hat man was Eigenes!« gegen »Früher war mehr Lametta!«.

Im Kreuzfeuer frauen- und familienpolitischer Weltanschauungen geht es natürlich um viel mehr als um die Frage »Kind oder Karriere?«. Im Namen der Gleichstellung der Geschlechter propagieren Feministinnen das Ideal der Vollzeit berufstätigen Karrierefrau. Im Namen des Zusammenhalts der Familie beschwören Strukturkonservative das traditionelle Mutterideal. Den feministischen Attacken auf Hausfrauen und Vollzeitmütter liegt dabei dieselbe paternalistische Haltung zugrunde wie den strukturkonservativen Attacken auf die berufstätige Mutter. So wie Strukturkonservative die Frauen für verantwortungslos halten, wenn sie die Küchenschürze gegen den Hosenanzug eintauschen, so halten Feministinnen Frauen für unemanzipiert, wenn sie die Küchenschürze *nicht* gegen den Hosenanzug eintauschen.

Feministinnen und Strukturkonservative haben insofern eines gemeinsam: Sie erheben ein Rollenbild, das sie für sich selbst als vorzugswürdig erkannt haben, zum Rollen*leit*bild, das für alle gelten soll, und ziehen damit in den Kulturkampf um das richtige Frauenleben. Das Ergebnis dieser

Kulturkämpfe ist ein Zustand, den wir als allgegenwärtiges, vielstimmiges Diktat der Rollenbilder empfinden: als widersprüchliche Anweisungen selbst ernannter Autoritäten, die uns sagen, wie wir leben sollen. Enttäuscht sind wir dabei vor allem von Feministinnen. Ausgerechnet sie, die immer Emanzipation und Selbstbestimmung der Frau gepredigt haben, pflegen vielfach ein Weltbild, in dem die Frau vor allem als Opfer von Rollenfallen und Männerbünden, als diskriminiertes und benachteiligtes Geschlecht vorkommt. Diese Kritik richtet sich, das ist uns wichtig, nicht an die Frauenbewegung in Gänze, sondern ausschließlich an Vertreterinnen einer feministischen Weltanschauung.

Im Jahr 2012 feiern wir den 101. Weltfrauentag: Ein Anlass, stolz und dankbar auf die zweifellos großen Errungenschaften von Feminismus und Frauenbewegung zurückzuschauen, gleichzeitig aber auch ein Anlass, um jenseits eingefahrener Wahrnehmungsmuster Perspektiven für eine emanzipierte Frauengeneration zu entwickeln. Dazu soll dieses Buch beitragen. Wir gehen dabei von einem Menschenbild aus, das Freiheit in Verantwortung unterstellt – wohl wissend, dass gesellschaftliche Strukturen und Barrieren dieser Freiheit Grenzen setzen, aber überzeugt davon, dass wir oft einseitig von der Gefangenschaft in Strukturen reden, obwohl es meist auch offene Türen gibt. Um diese offenen Türen geht es uns.

Für unsere Argumentation haben wir nicht die gemeinsame Autorenperspektive gewählt, sondern der Perspektive »Kristina Schröder« den Vorzug gegeben. Denn die Perspektive der ersten Frau in Deutschland, die als Bundesministerin Mutter geworden ist, wirft nicht nur ein ganz spezielles Licht auf viele Debatten, die derzeit Konjunktur haben. In der Berichterstattung über die öffentliche Person der Bundesfamilienministerin treffen nachweisbar auch die widersprüchlichen Rollenerwartungen zusammen, mit denen viele Frauen in Deutschland sich spätestens dann konfrontiert sehen, wenn sie Mutter werden.

Politischer und gesellschaftlicher Fortschritt ergebe sich, so hat es der amerikanische Philosoph Richard Rorty einmal formuliert, »aus der zufälligen Koinzidenz einer privaten Zwangsvorstellung und eines weitverbreiteten Bedürfnisses«[1]. Diese Beobachtung erklärt nicht nur den einstigen Erfolg, sondern auch den heutigen Misserfolg des Denkens in Leitbildern. Feministinnen haben mit ihrem Leitbild lange zum Fortschritt in unserer Gesellschaft beigetragen und Frauen die lang ersehnten Handlungs- und Entscheidungsspielräume verschafft. Heute tragen sie mit demselben Leitbild zu einem vielfach als einengend empfundenen Diktat der Rollenbilder bei. Dieses Diktat wollen wir hinter uns lassen. Das ist unsere »private Zwangsvorstellung«, die uns zu diesem Buch bewogen hat – und von der wir hoffen, dass sie durch Übereinstimmung mit einem weitverbreiteten Bedürfnis einen kleinen Beitrag zum gesellschaftlichen Fortschritt leistet, zumindest aber zu einem Fortschritt im gesellschaftspolitischen Diskurs.

Kristina Schröder und Caroline Waldeck
Berlin, im Januar 2012

Mann und Frau –
Über den Feminismus
als Weltanschauung

1 Weibliche Lebensentwürfe am Pranger

Was sollen Frauen heute wollen – nun, da sie dürfen und nicht müssen? Sollen Frauen sich ein Kind wünschen oder einen Vorstandsposten oder beides? Sollen sie bei der Heirat den Namen ihres Mannes annehmen, ist ein Doppelname zeitgemäßer oder schon wieder nicht mehr up to date? Sollen Frauen im Büro auf Röcke, Pumps und roten Nagellack verzichten, um ernst genommen zu werden, oder ist das schon die Kapitulation? Sollen oder dürfen sie gerne und ohne Backmischung Apfelkuchen backen? Sollen Frauen aus dem Beruf aussteigen, wenn sie Mutter werden, und wenn sie aussteigen, wann sollen sie mit welcher Stundenzahl wieder einsteigen? Sollen Frauen Familie heute überhaupt noch als glückspendend empfinden oder nicht, und wenn sie es tun, sollen sie es besser heimlich tun, um sich nicht eines reaktionären Frauen- und Familienbilds verdächtig zu machen? Sollen Frauen stillen oder nicht, und darf beziehungsweise muss bei dieser Entscheidung eine Rolle spielen, dass Stillen ungerechterweise nur den Nachtschlaf der Mutter beeinträchtigt, der des Kindsvaters aber weitgehend ungestört bleibt, während ihm die nächtliche Zubereitung eines Milchfläschchens für den Nachwuchs durchaus zugemutet werden kann? Und wenn die Stillzeit um ist, wer soll dann den Möhrenpastinakenbrei kochen: Vater, Mutter oder Claus Hipp?

Antworten und Empfehlungen finden sich inflationär in Büchern, Zeitungsartikeln, Kolumnen und Internetblogs. Ich kann diese Fragen nur für mich selbst beantworten – ohne Anspruch auf Vorbildlichkeit oder gar Wahrheit. Dass mir als Familien- und Frauenministerin eben dieser Anspruch permanent unterstellt wird, als sei ich qua Amt Mutter der Nation, ein »lebendiges Rollenmodell«[1], hat nichts an meiner Haltung geändert. Ich habe keine gebrauchsfertigen oder gar allgemeingültigen Antworten auf Fragen der privaten Lebensführung parat, die viele Frauen heute umtreiben. Im Gegenteil: Ich empfände es als anmaßend, mit der Autorität des Ministeramtes darüber zu urteilen, welcher weibliche Lebensentwurf der vorzugswürdigere ist, und ich nehme mir die Freiheit, mich nicht zuständig zu fühlen, wenn es darum geht, anderen Frauen Empfehlungen an die Hand zu geben, wie sie ihr Leben leben sollen. Es ist nicht meine Auffassung von Familienpolitik, mein eigenes Verständnis von Familie zum Leitbild und meinen eigenen Lebensentwurf zum Vorbild zu erheben.

In der Verantwortung bin ich als Ministerin, wo es darum geht, Familien dabei zu unterstützen, ihr Leben so zu leben, wie sie selbst es gerne leben wollen. Dabei tut es nichts zur Sache, welche Entscheidungen ich privat für mich und meine Familie treffe. Ich kann sagen, dass ich einen gemeinsamen Familiennamen für meine Familie als schönes Zeichen der Zusammengehörigkeit empfinde. Geschmackssache! Ich kann auch sagen, dass ich mir immer sowohl Kinder als auch einen interessanten Beruf gewünscht habe. Aber daraus folgt nichts, was politisch relevant ist. Mein Lebensentwurf ist einer von vielen möglichen, und wie der Lebensentwurf anderer Frauen heute ist er das Ergebnis von individuellen Lebensumständen und allgemeinen gesellschaftlichen Rahmenbedingungen, von Chancen und Rückschlägen, von notwendigen Kompromissen, persönlichen Prioritäten und von privaten Entscheidungen. Er taugt also nicht als Vorbild für Menschen mit anderen Bedürfnissen, anderen Zielen, anderen Lebensumständen und einem anderen Umfeld. Diese Feststellung ist leider weniger trivial, als sie auf den ersten Blick scheint.

Frausein heißt: Rechenschaft schulden

Frausein heißt heute vor allem: Rechenschaft schuldig sein. Rechenschaft schulden Frauen für private Entscheidungen, für persönliche Prioritäten, für eingegangene oder nicht eingegangene Kompromisse, für Chancen und Rückschläge, für individuelle Lebensumstände und sogar für gesellschaftliche Rahmenbedingungen, sofern sie diese durch mehr Gebärfreude oder ambitionierteres Streben nach dem Chefsessel hätten ändern können. Das Bedürfnis, Lebensentwürfe von Frauen lustvoll zu sezieren und vermeintliche Defizite ausfindig zu machen, ist so groß, dass der öffentliche Diskurs darüber bisweilen absurde Blüten treibt. Ich weiß, wovon ich rede. Im Amt der Bundesfamilienministerin muss man sich sowohl als Mutter als auch als kinderlose Frau ein falsches Familienbild und eine falsche Lebensweise vorwerfen lassen. Meine Vorgängerin im Amt, Ursula von der Leyen, musste sich Kritik gefallen lassen, weil sie Ministerin ist, obwohl sie sieben Kinder hat. »Mama, wo warst du, als ich klein war?« – mit dieser fiktiven *Bild*-Schlagzeile, platziert neben einem Foto von Ursula von der Leyen, begann Frank Plasberg vor einigen Jahren seine Talkshow *Hart aber fair* zum Thema »Kinder oder Karriere – Frauen an der Macht«. Bei mir war es die Frage, ob meine Kinderlosigkeit mich möglicherweise für dieses Amt disqualifiziere, die mich von meiner Vereidigung im November 2009 bis zum Bekanntwerden meiner Schwangerschaft im Januar 2011 begleitete. Sie wurde dann, wie zu erwarten war, übergangslos abgelöst von Zweifeln, ob ich dem Ministeramt mit Baby und dem Baby mit Ministeramt gewachsen sei.

In den ersten Tagen nach meiner Amtsübernahme fehlte in keinem Zeitungsartikel das Etikett »ledig und kinderlos«. »Neue CDU-Familienministerin ohne Trauschein und Kinder«, titelte die *Süddeutsche Zeitung* auf der Meinungsseite.[2] »Kann DIE auch Familienministerin, eine ledige, kinderlose Frau?«, zweifelte die *Bild*.[3] »Eine 32-jährige Ministerin mit einer reinen Politikkarriere soll nun ein Feld beackern, auf dem die von ihr Regierten besser mitreden können als sie selbst«, nörgelte der *Tagesspiegel*.[4] Einzig in der *Frankfurter Allgemeinen Sonntagszeitung* widersprach ein Kommentar der vielstimmigen Kritik: »Wie kommt es eigentlich, dass bei einer Familienministerin immer die erste Frage zu sein scheint: Hat sie denn Kinder? Nein, Kristina Köhler, 32, hat keine, wie in jedem Artikel, der seit gestern über sie zu lesen ist, erwähnt wird. Hat denn Minister zu Guttenberg, den alle für so irrsinnig kompetent halten (...), vorher schon mal am Hindukusch Soldaten befehligt? Oder Guido Westerwelle nennenswerte Lebenszeit im Ausland verbracht?«[5]

Als im Dezember 2009 bekannt wurde, dass ich im Februar 2010 heiraten würde – die Einladungen zur Hochzeit hatten mein Mann und ich lange vorher verschickt –, ging das öffentliche Sinnieren über mein Privatleben in die nächste Runde. Mein Mann und ich hatten uns im Juli 2009 verlobt, was nach langjähriger Beziehung sicherlich nichts Ungewöhnliches ist. Doch die *Welt* mutmaßte in der Rubrik »Kopfnote«, meine Hochzeit tilge einen Makel – den (wohlgemerkt von Journalisten herbeigeredeten) Makel meiner Ledigkeit nämlich. Praktischerweise hatte der Redakteur damit gleich den nächsten Makel ausgemacht: eine Hochzeit aus politischen Motiven. »Die politische Öffentlichkeit kann ziemlich fordernd sein«, hieß es. »Über Familienministerin Kristina Köhler wurde in den letzten Tagen recht häufig angemerkt, sie sei ledig. Da kommt die gute Nachricht gerade recht, Frau Köhler heirate im Februar. Egal, ob Einladungen schon vorher verschickt waren – ein bisschen Opportunismus zur Beruhigung konservativer Kreise darf man unterstellen.«[6]

Weiter ging es mit der Diskussion über den Namen, den ich als Ehefrau von Ole Schröder tragen würde. Da ich meine Hochzeit weiterhin als meine private Angelegenheit betrachtete und mich aus diesem Grund trotz zahlreicher Anfragen in der Pressestelle des Ministeriums beharrlich weigerte, öffentlich darüber zu sprechen und den Stoff für die politische Interpretation des Privaten zu liefern, schossen die Spekulationen ins Kraut. Die *Financial Times Deutschland* analysierte in einem Anflug von Lust am Boulevard, aber wohlgemerkt in der Rubrik »Politik«: »Da sitzt sie nun, zart, blond, jung, bestens präpariert im Fach Familienpolitik – und soll den Journalisten doch wieder Auskunft geben über ihr Privatleben. Kristina Köhler übergeht die Frage (…). Denn ob die 32-jährige Bundesfamilienministerin nach ihrer Heirat Schröder oder Köhler heißt, geht eigentlich nur die Verwandtschaft etwas an. Doch in Köhlers Fall scheint selbst die Wahl des Familiennamens zum Politikum zu werden. Heißt sie also bald wie ihr Mann Ole Schröder, Staatssekretär im Innenministerium, könnte das als Zugeständnis an die Konservativen in der CDU/CSU gedeutet werden. Ein Doppelname klänge nach einer weiteren Sozialdemokratisierung oder gar Öffnung Richtung Grün. Ihr Mädchenname als Familienname? Als Emanze möchte sie wirklich nicht gelten.«[7]

Spätestens zu diesem Zeitpunkt war mir klar, was Schwangerschaft und Mutterschaft unter den Argusaugen der Medien bedeuten: einen festen Platz am Pranger, wo weibliche Lebensentwürfe als Einladung zu öffentlichen

Beifalls- und Missfallensbekundungen zur Schau gestellt werden. Ein Jahr später, im Frühjahr 2011, war es dann so weit: Ich war schwanger, die Arena für die Fortsetzung der unvermeidlichen Defizitdebatte eröffnet. Als Defizit galt jetzt – je nach persönlichem Standpunkt des Beobachters – entweder die bevorstehende Mutterschaft, die die Ausübung des Amtes störe, oder die berufliche Spitzenposition, die meine Qualität als Mutter infrage stelle. »Wie soll das bitte schön gehen – Mutter sein und gleichzeitig Ministerin und Abgeordnete (…)? Kann sie das schaffen?«, argwöhnte das *Zeit Magazin*.[8] Und was ich nach der Geburt meines Kindes alles falsch machen könne, erfuhr ich auf *Zeit online*: »Es wäre ein schlechtes Signal, wenn Kristina Schröder jetzt in ein traditionelles Rollenverständnis zurückfällt und für längere Zeit nach der Geburt ihres Kindes im Job aussetzt. Ebenso falsch wäre es, wenn die Ministerin gleich nach der Geburt ihres Kindes in ihr stressiges Amt zurückkehrt. Damit gäbe sie allen anderen berufstätigen Müttern das Signal, sich ebenfalls den Anforderungen der Arbeitsgesellschaft zu unterwerfen – so wie SPD-Generalsekretärin Andrea Nahles, die ihrem Mann die ganze Erziehungsarbeit überlässt. Aber die Umkehrung der traditionellen Rollen ist kein modernes Modell. Heutzutage sollte es beiden Partnern möglich sein, Kind und Karriere zu verbinden.«[9]

Sollen schlägt Wollen

Offensichtlich gibt es wenig Bereitschaft, persönliche Wünsche, Bedürfnisse, Überzeugungen und Lebensumstände als legitime, dem öffentlichen Urteil entzogene Gründe für eine bestimmte Form des Zusammenlebens in Familie und Partnerschaft zu respektieren. Man gesteht es Frauen und Männern nicht zu, sich in ihren Partnerschaften für eine Form des Zusammenlebens zu entscheiden, die sie selbst für die beste halten.

Nun mag man einer amtierenden Bundesfamilienministerin noch sagen können, sie solle sich gefälligst nicht so anstellen: Wer die Worte »Familie« und »Frauen« in der Amtsbezeichnung trage, müsse eben damit leben, »öffentliche Mutter«[10] und als solche »Ministerin im Praxistest«[11] zu sein. Mag sein. Als Frau muss man allerdings keineswegs ein Ministeramt bekleiden, um sich zur permanenten Rechtfertigung des eigenen Lebensentwurfs genötigt zu sehen. Wo auch immer man hinschaut: Mit derselben Hartnäckigkeit, mit der emanzipierte Frauen sich einst ihre Unabhängigkeit und Selbstbestimmtheit erkämpften, müssen emanzipierte Frauen heute private Entscheidungen gegen die allgegenwärtige Besserwisserei wohlmeinender Zeitgenossen – und vor allem Zeitgenossinnen – verteidigen.

Früher brauchte eine emanzipierte Frau Mut und Kampfgeist, um gegen alle Widerstände selbst über ihr Leben zu entscheiden. Heute braucht sie die stoische Gelassenheit eines Ackergauls, um selbstbestimmt ihren Weg zu gehen. Denn was auch immer sie als *ihren* Weg gewählt hat: Den *richtigen* Weg kennen andere. Ist die emanzipierte Frau Hausfrau aus Überzeugung, erregt sie Mitleid und Fassungslosigkeit (»Reicht dir das?«). Ist sie Vollzeit berufstätig und Mutter, gilt sie als überfordert (»Wie schaffen Sie das bloß alles?«), und wenn sie nicht überfordert ist, vernachlässigt sie ihren Nachwuchs (»Warum setzt sie ein Kind in die Welt, wenn sie es in fremde Hände gibt?«). Arbeitet sie Teilzeit, ohne den Mann an ihrer Seite anteilig zum Dienst im Haushalt zu verpflichten, lässt sie sich ausbeuten (»Wie – und er kocht nie?«). Besteht sie auf seine Beteiligung, beutet sie ihn aus (»Er bringt das Geld nach Hause und muss abends noch Wäsche aufhängen?!«). Ist sie als kinderlose Singlefrau oder gar als Alleinerziehende beruflich erfolgreich, gilt sie als frustriert und/oder egoistisch (»Wollen Sie auf Dauer so leben?«).

Gleichzeitig knallen immer wieder verbale Geschütze aus den medialen Schlachten – darunter die Top drei: »Rabenmutter«, »Heimchen am Herd« und, ganz neu, »Latte-Macchiato-Mutter«[12] – in deutsche Wohnzimmer hinein. Sie sorgen dort für schlechtes Gewissen, Selbstzweifel und Verunsicherung, aber für eines ganz sicherlich nicht: für Lust auf Kinder und Familie. Denn eines ist mit Blick auf das bisweilen hysterische Ringen um Diskurshoheit klar: Spätestens mit dem ersten Kind wird jede Frau zur »öffentlichen Frau« – zu einer Person, über deren Privatleben wildfremde Menschen hemmungslos Werturteile fällen dürfen.

Nie war die Freiheit der Frauen in Deutschland größer als heute, doch in den ideologischen Schützengräben der 70er-Jahre sitzen Dogmatiker aller Couleur öffentlich Tribunal über die Ergebnisse dieser Freiheit. Hier tobt der vielleicht letzte Kulturkampf unserer postideologischen Gesellschaft. Mal hagelt es Kritik, weil Frauen nicht wollen, was sie sollen – und mal empört man sich, weil sie nicht sollen, was sie wollen. In strukturkonservativen Kreisen polemisiert man gegen die »Fremdbetreuung« von Kleinkindern, gegen die »Vermännlichung« ehrgeiziger Frauen durch blindes Karrierestreben und gegen den durch weibliche Selbstverwirklichung verursachten Zerfall von Familie und Gesellschaft. Die Freiheit der Frau in allen Ehren, erklären die Hüterinnen und Hüter eines traditionellen Frauenbilds, aber mit Familie und gesellschaftlichem Zusammenhalt steht etwas Höheres auf dem Spiel!

Die Gegenseite bedient sich mit demselben missionarischen Sendungsbewusstsein derselben Argumentationsmuster. Auch hier verweist man auf höhere Ziele. Auch hier verurteilt man persönliche Präferenzen und Entscheidungen, die nicht ins eigene Weltbild passen. Der einzige Unterschied zur strukturkonservativen Ideologie: Hier sind es mit Gleichberechtigung und Emanzipation die Ideale der Frauenbewegung, die Frauen angeblich verraten, wenn sie »als akademisch bestausgebildete Frauen jenseits des dreißigsten Geburtstags massenhaft im schwarzen Loch des Vororthäuschens verschwinden, um sich dort Mann und Kind zu widmen«[13]. Wofür haben Frauen für andere Frauen Freiheiten erkämpft, fragen die Verfechterinnen eines modernen Frauenbilds, wenn Frauen diese Freiheit nun nicht so nutzen, wie Feministinnen und moderne Metropolenfrauen sich das vorstellen?

Warum Frauen die Debatte satthaben – und sie trotzdem weiter führen

Viele Frauen haben es mittlerweile satt, sich – von wem auch immer – vorwerfen zu lassen, dass sie das falsche Leben führen. Ein zorniges »Lasst mich in Ruhe!« beispielsweise schleuderte die Autorin und Literaturkritikerin Ursula März den Apologeten »unfreier und unfreiwilliger Lebensplanwirtschaft« völlig zu Recht in einem wunderbar polemischen Essay entgegen.[14] Das ständige Gerede über die gesellschaftliche Rolle der Frau mache selbige zur »Labormaus« – zu einem Wesen, das »ohne Unterlass gemustert, beratschlagt, beurteilt, kurzum: gegängelt und bevormundet« werde.

So weit sind wir also: Der öffentliche Diskurs unter Frauen über Lebensentwürfe von Frauen ist den Frauen zum Spiegel ihres eigenen Ungenügens geworden. In diesem Spiegel scheint die großartige Vervielfachung der Wahlmöglichkeiten wie eine Vervielfältigung von Erwartungen, denen die Einzelne niemals genügen kann. Verunsicherung und Überforderung prägen das weibliche Lebensgefühl, viele Frauen sehen sich von allen Seiten einem hohen Perfektionsdruck ausgesetzt. 78 Prozent der Frauen im Alter zwischen 20 und 40 würden das Kinderkriegen und Kinderhaben nach einer Studie des rheingold Instituts gerne gelassen angehen; entspannt fühlen sich mit Blick auf das Thema Kinder aber nur 44 Prozent.[15] Aus dem Allensbach-Familienmonitor 2011 geht hervor, dass die Vorbehalte sowohl gegen diejenigen, die als Mütter nicht berufstätig sind, als auch gegen diejenigen, die trotz eines kleinen Kindes Vollzeit arbeiten, mittlerweile als nahezu genauso belastend wahrgenommen werden wie das noch nicht ausreichende Angebot an Kinderbetreuungsplätzen: 54 Prozent sehen Defizite beim Kinderbetreuungsangebot als Belastung für Familien, 53 Prozent die mangelnde Anerkennung für Menschen, die zur Kinderbetreuung zu Hause bleiben, 43 Prozent die Ablehnung von Vollzeit arbeitenden Müttern.[16] Im gegenwärtigen Meinungsklima gedeihen offenbar vor allem Versagensängste und Vorbehalte, während Emanzipation und Gestaltungsfreiheit verkümmern.

Ist es also an der Zeit, die »rhetorische Tretmühle (zu) stoppen«, wie Ursula März es, genervt von der heiß gelaufenen Diskursmaschinerie, in ihrem Essay fordert? Kein Wort mehr über Frauenrollen und Lebensentwürfe von Frauen? Ist Schweigen die richtige Antwort? Ja und nein! Ja, weil Schweigen die einzig angemessene Antwort auf die Frage wäre, ob andere Frauen sich zwischen Beruf und Familie entscheiden oder beides miteinander kombinieren sollen. Nein, weil ein selbst auferlegter Maulkorb nichts nützt in einer Situation, in der rundherum weiterhin gekeift, gekeilt und gebissen wird – weswegen auch Frau März glücklicherweise nicht einfach schweigt, sondern ihr Missfallen klar und deutlich im Feuilleton der *Zeit* artikuliert. Ruhe mitten in einer hitzigen Debatte wäre überhaupt nur als kollektives »Redemoratorium« denkbar, wie Ursula März es uns am liebsten verordnen würde – wohl wissend, dass dies ein frommer Wunsch bleiben muss, solange andere eben nicht ihre Ruhe haben wollen, sondern im Kampf um die Deutungshoheit schlicht und einfach den Sieg erringen möchten.

Solange aber an der Front erbittert gekämpft wird, kehrt auch im Hinterland keine Gelassenheit ein. Die schrillen weltanschaulichen Debatten, jahrzehntelang unvermeidliche Begleitmusik des gesellschaftlichen Wandels, nähren heute die Nervosität gerade der gut ausgebildeten, mit allen Wahlmöglichkeiten für eine viel versprechende Zukunft ausgestatteten Frauen. Die Kehrseite der noch jungen weiblichen Freiheiten ist die weibliche Statusangst: Es ist die panische Angst, im Wettstreit um den anerkanntesten weiblichen Lebensentwurf auf den hinteren Rängen zu landen, und diese Befürchtung wiederum macht es erforderlich, den eigenen Lebensentwurf nicht nur permanent zu rechtfertigen, sondern mit missionarischem Eifer Nachweise seiner Überlegenheit beizubringen und andere Lebensentwürfe abzuwerten. So löste die schwangere Vorstandschefin der Berliner Verkehrsbetriebe, Sigrid Nikutta, unter Frauen eine öffentliche Diskussion über das richtige Verhalten werdender Mütter in Führungspositionen aus, als sie Mitte 2011 auf der Bilanzpressekonferenz des Unternehmens lapidar mitteilte, auf die Mutterschutzzeit verzichten und kurz nach der Geburt ihres vierten Kindes wieder an den Schreibtisch zurückkehren zu wollen. Damit setze sie andere Schwangere unter Druck, es ihr gleichzutun, hieß es von verschiedenen Seiten. Die CDU-Abgeordnete Emine Demirbüken-Wegner appellierte dringend an Frau Nikuttas »mütterliche Instinkte« und gab deutlich zu verstehen, dass eine gute Mutter sich anders verhält.[17] Solche Vorwürfe sind nur deshalb überhaupt möglich, weil Entscheidungen, die das Familienleben betreffen, nicht als privat akzeptiert werden.

Die in diesen Debatten offensichtliche Mischung aus

Überheblichkeit und Selbstzweifeln hält das rhetorische Hamsterrad in Gang. Sie trägt den völlig unzeitgemäßen Streit um das richtige Frauenleben im 21. Jahrhundert in alle Winkel der Republik und erklärt nebenbei, warum es vor allem Frauen sind, die Frauen vorwerfen, das falsche Leben zu führen, während Männer hier in der Öffentlichkeit ausnahmsweise durch Zurückhaltung auffallen – sieht man einmal von den Äußerungen des katholischen Bischofs Walter Mixa ab, der im Ausbau des Kinderbetreuungsangebots für unter Dreijährige vor einigen Jahren eine Degradierung von Frauen zu »Gebärmaschinen« zu erkennen glaubte.[18] Der Kampf der Frauen um Gleichberechtigung ist zu einem Wettbewerb der Lebensentwürfe und zu einem Ringen um Meinungsführerschaft in der Frage geworden, was Frauen heute mit ihren Rechten und Freiheiten anfangen sollen.

Wird es nicht endlich Zeit, die Kampfzone zu verlassen? Wenn endlich Ruhe einkehrte an der Front, wenn Frauen aufhörten, anderen Frauen gouvernantenhaft belehrend den Weg zu weisen, dann wären wir, was die Gestaltungsfreiheit von Frauen betrifft, einen großen Schritt weiter. Denn Ruhe hieße, dass die Positionen im Diskurs um Frauenrollen und Frauenleben nicht mehr mit der Anmaßung höherer Einsicht oder moralischer Überlegenheit daherkommen, sondern mit der Bescheidenheit eines persönlichen Geschmacksurteils. Doch so weit sind wir offensichtlich noch nicht.

2 Die Welt hat sich geändert – das feministische Weltbild nicht

Ausgerechnet der Feminismus, jahrzehntelang Treiber notwendiger Veränderungen im Verhältnis der Geschlechter, hat sich in der nicht enden wollenden Debatte um Rollen- und Familienleitbilder vom Motor zur Bremse entwickelt. Motor war der Feminismus im Ringen um die rechtliche Gleichstellung der Frau und um die Befreiung aus der Abhängigkeit vom Mann. Als sich vor gut 40 Jahren in der Debatte um die Abschaffung von § 218 die zweite Frauenbewegung formierte, bedurfte es radikaler Aktionen, um der Forderung von Frauen nach einem selbstbestimmten Leben überhaupt erst einmal öffentliche Aufmerksamkeit zu verleihen. Mit der *Stern*-Kampagne »Wir haben abgetrieben« und mit ihrem internationalen Bestseller *Der kleine Unterschied und seine großen Folgen* traf Alice Schwarzer den Nerv vieler Frauen – auch solcher, die sich bis dato klaglos in ihre Rolle als Frau an seiner Seite gefügt hatten, weil ihnen schlicht kaum etwas anderes übrig blieb. Schließlich hatte der Mann das Recht, seiner Frau die Berufstätigkeit zu verbieten und ihren Arbeitsvertrag zu kündigen, wenn er Haushalt, Kinder oder sich selbst vernachlässigt sah – ein männliches Privileg, das erst 1976 mit der Reform des Eherechts abgeschafft wurde. »(...) ein Mann ohne Frau ist in unserer Gesellschaft allemal ein Mann, eine Frau ohne Mann aber keine Frau«, schrieb Alice Schwarzer damals. »Eine Frau hat keine Existenzberechtigung als autonomes

Wesen, sondern nur in Bezug auf den Mann.«[1] Aus dieser tief im kollektiven Bewusstsein verankerten und rechtlich fixierten Abhängigkeit haben Feminismus und Frauenbewegung die Frau befreit.

Der Feminismus als Motor des Fortschritts

Vier Jahrzehnte später sind die Fesseln gesetzlich legitimierter Unterdrückung gelöst. Die harten Kämpfe um die formalrechtliche Gleichstellung sind ausgefochten. Die Entscheidungsgewalt des Mannes über die Frau ist Geschichte. Alice Schwarzer bezeichnet den Feminismus deshalb gerne als folgenreichste soziale Bewegung des 20. Jahrhunderts – und gemessen an der Dauer und Stabilität der unangefochtenen männlichen Herrschaft über die Frau hat sie recht. Es kommt einer kopernikanischen Wende gleich, dass die Gleichwertigkeit und Gleichberechtigung von Frauen und Männern in unserer Gesellschaft von niemandem mehr ernsthaft in Zweifel gezogen werden. Denn die Gegenüberstellung von männlicher Überlegenheit und weiblicher Unterlegenheit, von männlicher Herrschaft und weiblicher Hingabe, von männlicher Macht und weiblicher Ohnmacht, von männlichem Kampfgeist und weiblicher Fürsorge prägte Mythen, Bilder, Denk- und Wahrnehmungsmuster der abendländischen Kultur und verlieh der Unterdrückung der Frau moralische Legitimität, wenn nicht gar die zwingende Notwendigkeit eines göttlichen Gebots. Selbst der große Philosoph der Aufklärung, Immanuel Kant, beschrieb in seiner *Metaphysik der Sitten* die »natürliche Überlegenheit des Vermögens des Mannes über das weibliche«[2] und schloss Autonomie, Selbstbestimmung und Aufklärung als »Ausgang des Menschen aus seiner selbst verschuldeten Unmündigkeit« damit für die Hälfte der Menschheit aus.

Infrage gestellt haben Frauen (und auch Männer) die Hierarchie der Geschlechter zwar immer wieder, doch hielt sie guten Gegenargumenten ebenso stand wie den unterschiedlichsten Strömungen der Frauenbewegung von der Französischen Revolution bis zum Ende des Zweiten Weltkriegs. »Die Unterjochung der Frauen durch die Männer ist eine universelle Gewohnheit, jedes Abweichen davon erscheint konsequent unnatürlich«[3], konstatierte der liberale Philosoph John Stuart Mill 1869 in seinem Essay *The Subjection of Women* und warb schon damals eindringlich für die »Vorteile, die der Welt daraus erwachsen würden, sobald sie aufhörte, das Geschlecht zu einem Hindernis für Privilegien und einem Kennzeichen individueller und gesellschaftlicher Unterdrückung zu machen«.[4] Aber selbst große Erfolge im Kampf um die rechtliche Gleichstellung der Frau wie die Einführung des Frauenwahlrechts in Deutschland 1918 kratzten lange nicht an der Geschlechterordnung in Familie und Gesellschaft: Einfluss, Bildung, Geld und Macht gehörten weiterhin den Männern.

»Die geistige Freiheit hängt von materiellen Dingen ab«, schrieb Virgina Woolf vor diesem Hintergrund 1929 in ihrem Essay *Ein eigenes Zimmer*.[5] Sie maß der finanziellen Unabhängigkeit und der Privatsphäre eines eigenen Zimmers zentrale Bedeutung für die Entfaltungsmöglichkeiten einer Frau zu und beschrieb, wie erst der glückliche Umstand einer Erbschaft das Tor zu Freiheit und Unabhängigkeit öffnete: »Die Nachricht von meiner Erbschaft erreichte mich eines Abends ungefähr zur gleichen Zeit, als das Gesetz verabschiedet wurde, das den Frauen das Wahlrecht gab. (…) Von den beiden – dem Wahlrecht und dem Geld – schien mir, das muss ich zugeben, das Geld unendlich viel wichtiger. In der Tat, (…) es ist bemerkenswert, (…) welchen Stimmungswechsel ein festes Einkommen bewirkt. Keine Macht der Welt kann mir meine fünfhundert Pfund wegnehmen. Nahrung, Haus und Kleidung sind für immer mein. Deswegen hören nicht nur Mühsal und Fron auf, sondern auch Hass und Bitterkeit. Ich brauche keinen Mann zu hassen; er kann mir nicht schaden. Ich brauche keinem Mann zu schmeicheln; er kann mir nichts geben.«[6]

Was vor 100 Jahren nur die Haltung einer einzelnen, privilegierten Frau sein konnte, entspricht heute dem Lebensgefühl einer ganzen jungen, gut ausgebildeten Frauengeneration, die – finanziell unabhängig, weil in der Lage, ihr eigenes Einkommen zu verdienen – selbstbewusst und selbstverständlich »ein eigenes Zimmer« in Anspruch nimmt: das Recht, ein Leben nach eigenen Vorstellungen zu führen und dafür Raum in Familie und Gesellschaft zu beanspruchen. Der Feminismus mit all seinen unterschiedlichen Strömungen hat dafür kulturell und institutionell den Weg geebnet: Er hat Mauern zum Einstürzen gebracht, Grenzen gesprengt, Perspektiven eröffnet, Blockaden gelöst, den Mann vom Sockel gestoßen und viele Fesseln durchtrennt. Er hat Frauen zu einem Selbstbewusstsein verholfen, das ihnen die Freiheit gibt, Männer weder hassen noch ihnen schmeicheln zu müssen. Doch die Wegbereiterinnen dieser neuen Haltung haben diese vielfach selbst nicht mit vollzogen. Irgendwo auf dem Weg zum Ausgang aus der nicht selbst verschuldeten, aber lange erduldeten Unmündigkeit der Frau haben Feministinnen die Frauen aus den Augen verloren. Der Feminismus hat Gesetze verändert, Institutionen umgekrempelt, das Denken revolutioniert, er hat die Frauen verändert und – ja, auch das! – sogar die Männer. Das Einzige, was sich in all den Jahren als weitgehend resistent gegen Veränderungen erwiesen hat, sind die Denk- und Wahrnehmungsmuster des Feminismus.

Die Dominanz des Weltanschauungsfeminismus

Nicht, dass es keine Versuche gegeben hätte, den Feminismus ins 21. Jahrhundert zu holen! Die Liste der Autorinnen, die sich in den vergangenen Jahren kritisch mit den feministischen Kategorien aus den Zeiten des kalten Geschlechterkrieges auseinandersetzten, ist lang und umfasst Frauen verschiedener Generationen: Sie reicht von Feministinnen der ersten Stunde wie Katharina Rutschky und Astrid von Friesen über Post-Feministinnen wie Thea Dorn und Iris Radisch bis zu Jung-Feministinnen wie Meredith Haaf, Susanne Klingner und Barbara Streidl, die einen modernen, alltagstauglichen Feminismus in Deutschland etablieren wollten.[7] Die Weiterentwicklung des Feminismus beschäftigte auch die Medien. »Wir brauchen einen neuen Feminismus!«, lautete 2006 zum Beispiel der Titel eines umfangreichen *Zeit*-Dossiers zum Thema[8], in dem 15 Frauen des öffentlichen Lebens zum Feminismus zu Wort kamen. Der *Spiegel* feierte die neue Frauengeneration der »Alpha-Mädchen« 2007 mit einer Titelgeschichte.[9] Aus der Politik mischte sich die FDP-Politikerin Silvana Koch-Mehrin mit einem Buch in die Feminismusdebatte ein und plädierte für einen neuen Feminismus[10], während Ursula von der Leyen, damals Bundesfamilien- und Frauenministerin, mit einem »konservativen Feminismus« sympathisierte[11]. Eine Vielfalt an Feminismen wurde sichtbar und damit auch eine Vielfalt an Wegen in eine Gesellschaft, in der Frauen und Männer die gleichen Chancen haben.

Keine dieser Strömungen hat es allerdings geschafft, den weltanschaulichen Feminismus vom Sockel zu stoßen, den in Deutschland insbesondere Alice Schwarzer geprägt hat und immer noch vertritt. Die »Fidel Castra der Frauenbewegung«[12] sorgt als Aktivistin, Publizistin, Dauergast in Talkshows, *Bild*-Gerichtsreporterin und Verteidigerin des eigenen Lebenswerks seit vielen Jahren erfolgreich dafür, dass der Feminismus eine quasireligiöse Weltanschauung bleibt und mit seiner Neuinterpretation durch die ideologisch weniger gefestigten Töchter der Frauenbewegung nicht zum »Wellness-Feminismus« (Alice Schwarzer) verkommt. Durch mediale Dauerpräsenz und eine Endlosschleife der Erinnerung an ihre zweifellos großen politischen Verdienste für die Freiheit der Frauen hat Alice Schwarzer es geschafft, die Denk- und Wahrnehmungsmuster der 70er-Jahre gegen Veränderungen zu immunisieren. »Der Feminismus« ist eine Weltanschauung, und alternative feministische Ansätze können ihm genau deshalb nichts anhaben, weil ihnen der dogmatische Charakter einer Weltanschauung fehlt. Nach wie vor kann man also – leider! – verallgemeinernd von »dem« Feminismus sprechen. Dieser weltanschauliche Feminismus dominiert nach wie vor die Geschlechterdebatte, degradiert die nicht weltanschaulichen »Feminismen« zur Fußnote im gesellschaftspolitischen Diskurs und blockiert dadurch den Fortschritt.

So hat sich unter Nachwuchsfeministinnen mittlerweile Ernüchterung breitgemacht. Von der zwischenzeitlich sichtbaren Aufbruchsstimmung ist nur ein Unbehagen geblieben, das viele Frauen empfinden, wenn sie als emanzipierte Töchter der Frauenbewegung ihr Verhältnis zum Feminismus beschreiben sollen. Zu diesem Unbehagen gehört nicht nur das Befremden angesichts eines ganz und gar nicht zum Pluralismus weiblicher Lebensentwürfe passenden Alleinvertretungsanspruchs einer Alice Schwarzer für die »Sache der Frauen« nach dem Motto: »Wer nicht auf meiner Seite steht, verrät die Ziele der Frauenbewegung.« Zu diesem Unbehagen gehört auch die Gewissheit, dass die Fesseln der Frau auch im Deutschland des Jahres 2011 noch nicht ganz gelöst sind, verbunden mit dem Ärger, dass prominente Feministinnen die Schere an den falschen Stellen ansetzen und sich gleichzeitig weigern, den Frauen selbst die Schere zu überlassen. Der

Grund für dieses Unbehagen ist, dass die persönlichen Erfahrungen vieler Frauen heute – sei es mit Emanzipation, sei es mit Familie und Mutterschaft, sei es mit Sexualität – innerhalb der Denk- und Wahrnehmungskategorien des Weltanschauungsfeminismus keinen Platz haben.

Was mich jedenfalls persönlich schon als 18-Jährige an den Büchern von Alice Schwarzer irritiert hat, waren vor allem die Schlussfolgerungen aus der feministischen Gesellschaftsanalyse: Partnerschaft und Familie wurden als Orte weiblicher Unterdrückung beschrieben – das Glück und die Geborgenheit einer Familie dagegen hatten im Familienbild des frühen Feminismus keinen Platz. Mehr noch: Familie und Partnerschaft zwischen Mann und Frau schienen wie die natürlichen Feinde weiblicher Selbstverwirklichung; und das widersprach nicht nur meinen Erfahrungen, es eröffnete auch keine Zukunftsperspektiven für ein Leben, wie ich es mir vorstellte. Für mich war immer klar, dass ich einmal heiraten und Kinder haben wollte. Deshalb habe ich als 19-Jährige in einem Beitrag für die Abiturzeitung meines Jahrgangs geschrieben, ich wolle »Ehe, Kinder und Karriere unter einen Hut bringen, ohne dass irgendein Teil darunter leidet und ohne jemals zur Feministin zu werden«. Daran hat sich nichts geändert, auch wenn ich mittlerweile deutlicher als damals sehe, wie schwer zumindest der erste Teil dieses persönlichen Anspruchs einzulösen ist.

Emanzipation von den Vorkämpferinnen der Emanzipation

Frauen meiner Generation sind dankbar für das, was Generationen von Frauen vor uns hart erkämpft haben. Trotzdem nehmen sie ihre Freiheiten nach eigenen Vorstellungen in Anspruch und formulieren selbstbewusst ihre Lebenswünsche. Sie wollen sich ihre Rolle nicht diktieren lassen – weder von der Politik noch von der Kirche noch von Feministinnen. Deshalb schließt weibliche Emanzipation heute auch die Emanzipation von den Wegbereiterinnen weiblicher Emanzipation mit ein. »Der Feminismus ist tot. Es lebe der F-Klassenkampf!«[13], auf diese Formel bringt Thea Dorn das Selbstverständnis von Frauen, die ihr Leben selbst gestalten wollen. Mit dem ideologischen Überbau des Feminismus kann sie ebenso wenig anfangen wie die Moderatorin und Bestsellerautorin Charlotte Roche, die im Interview mit Thea Dorn erklärt: »Bei den ganzen archaischen Themen wie ›Leidenschaft‹, ›Sex haben‹, ›Kinder kriegen‹ sind die Feministinnen völlig auf dem Holzweg. Da wird seit Jahrzehnten die gleiche Schiene gefahren – wie in einer Partei, die auf Linie gebracht wird (...). Aber so eine Partei kann ich einfach nicht ernst nehmen. Wenn ich meiner Tochter irgendwas mitgeben will, dann ist es: Meinung, Meinung, Meinung! Zieh dein eigenes Ding durch, steh zu deinen Sachen, ganz egal, ob andere finden, das gehört sich jetzt nicht.«[14] Und auch die Frauenrechtlerin Seyran Ates, die sich als mutige Kritikerin des islamischen Fundamentalismus im Kampf gegen Zwangsverheiratungen und Ehrenmorde einen Namen gemacht hat, distanziert sich vom deutschen Feminismus: »Ich wäre sehr froh, wenn es hierzulande endlich einen vernünftigeren Feminismus gäbe.«[15] Selbst diejenigen, die den Feminismus rehabilitieren wollen, halten es für unvermeidlich, sich von ihm abzugrenzen. Meredith Haaf, eine der Autorinnen des Buchs *Wir Alphamädchen. Warum Feminismus das Leben schöner macht*[16], beispielsweise erklärt im Interview mit *Spiegel online*: »Zunächst mal sind wir relativ ideologiebefreit, das heißt wir stellen keine Regeln auf. Deshalb wird uns auch manchmal vorgeworfen: ›Ihr seid ja gar keine richtigen Feministinnen.‹ Doch diese Kämpfe um Deutungshoheit wollen wir einfach nicht führen. Wir wollen auch nicht gegen die Männer arbeiten, sondern mit ihnen zusammen.«[17]

Apropos Männer: Was denken eigentlich Männer heute über den Feminismus? Man weiß es nicht so genau. Dass öffentliche Debatten über Geschlechterrollen und Gleichberechtigung weitgehend ohne männliche Beteiligung stattfinden, dürfte ebenfalls der Tatsache geschuldet sein, dass jede dieser Debatten früher oder später zur »Feminismusdebatte« mutiert und in öffentlichen Schuldzuweisungen an Männer endet. Zu den Sympathisanten »rechtskonservativer Männerbünde« wird man – ich spreche aus Erfahrung – von Alice Schwarzer schneller gezählt, als man »Feminismus war gestern« sagen kann. Welcher an Gleichberechtigung interessierte Mann hat Lust, sich gegen solche Vorwürfe zu verteidigen?

Weil männliche Stimmen in der Kakofonie der Feminismusdebatten so selten zu vernehmen sind, verdient es umso mehr Aufmerksamkeit, was ein Mann zur aktuellen Gemengelage zu sagen hat – erst recht, wenn er sich aus der zwölfmonatigen Elternzeit statt aus der Kommandozentrale des Patriarchats zu Wort meldet, wie es der Berliner Physiker und Schriftsteller Ralf Bönt gewagt hat. Er schreibt: »Der Feminismus ist, und das war gut so, in Gestalt starker Frauen mit der Axt in die Büros der Gesellschaft eingebrochen, wie jede andere revolutionäre Bewegung auch, und hat das grelle Licht seiner Verhörlampe auf sie gerichtet. Unter der Befragung wurden die Unsinnigkeiten sichtbar. Jetzt ist das Geständnis längst getippt und unterschrieben. Da Gleichberechtigung theoretisch besteht – bitte genau lesen: sie besteht theoretisch, da ihre Legitimation nicht mehr infrage steht –, haben wir ein Problem (…): Man muss die Lampe ausschalten und weiter an den Details einer freieren Welt arbeiten. Das helle Licht aber sehen wir alle noch, so wie es immer ist, wenn man in eine zu helle Lampe geschaut hat. In dem Licht sieht alles noch aus wie zuvor, obwohl es längst nicht mehr ganz so ist. (...) Mit einem aus der Physik stammenden Begriff nennt man diesen Effekt Hysterese: das Fortdauern der Erregung nach dem Abschalten des Erregers.«[18]

Das ist ein schönes Bild für das gegenwärtige Meinungsklima: Der Weltanschauungsfeminismus sorgt dafür, dass das grelle Licht der Verhörlampe nicht ausgeht. Mit seiner weltanschaulichen Attitüde fördert dieser Feminismus heute nicht mehr den Fortschritt in Sachen Chancengleichheit, sondern einfach nur das Fortdauern der Erregung. Zu dieser Attitüde gehört die Selbstgefälligkeit, mit der Feministinnen Emanzipation predigen, aber Bevormundung üben. Zu dieser Attitüde gehört das amazonenhafte Auftreten mancher Feministinnen, die im Mann nur den Nutznießer weiblicher Diskriminierung und damit den Gegner gleicher Chancen und Rechte sehen. Zu dieser Attitüde gehört die Gouvernantenhaftigkeit, mit der Feministinnen Frauen zu schützenswerten Wesen erklären, statt sie als selbstbewusste Gestalterinnen ihres eigenen Lebens ernst zu nehmen und zu unterstützen. Und nicht zuletzt gehört zur feministischen Attitüde auch der Anspruch auf Deutungshoheit in allen Fragen des Geschlechterverhältnisses. Wenn Frauen meiner Generation sich also vom Feminismus distanzieren, dann ist dies kein Ausdruck wohlstandsverwahrloster Zufriedenheit mit dem gegenwärtigen Stand der Chancengleichheit von Frau und Mann in unserer Gesellschaft. Nein, es ist die Distanzierung von der selbstgefälligen, amzonenhaften, anmaßenden und im Kern fanatischen Haltung des Weltanschauungsfeminismus, der andersdenkende Frauen nur ein »Danke, emanzipiert sind wir selber!« entgegensetzen können.

3 Der feministische Selbstwiderspruch: Emanzipation predigen, aber Bevormundung ausüben

Ironie der Geschichte, dass heute ausgerechnet diejenigen, die jahrzehntelang für Freiheit, Unabhängigkeit und Emanzipation der Frau gekämpft haben, mit missionarischem Sendungsbewusstsein private Entscheidungen emanzipierter Frauen kritisieren und deren individuelle Bedürfnisse und Interessen nicht gelten lassen! Feministinnen haben zwar dafür gesorgt, dass Frauen ihre Biografie heute zumindest in der Theorie genauso frei wie Männer planen können. Doch die Eigenverantwortung für die Wahl des richtigen Lebensentwurfs wollen sie den Frauen dann doch nicht überlassen. Wehe, die jüngeren Nutznießerinnen der Freiheit greifen zu Mustern, von denen deren ältere Vorkämpferinnen sie befreien wollten: Verachtung und Vorwürfe sind ihnen sicher!

Eine Frau kann in unserer pluralistischen Gesellschaft öffentlich akzeptiert bisexuell, vegan oder bekennende Atheistin sein. Auch kann sie im *RTL-Dschungelcamp* Insekten verzehren, ohne dass es irgendjemanden aufregt. Die Toleranz hat aber absurderweise ausgerechnet dort ein Ende, wo es um die privatesten Lebensentscheidungen überhaupt geht: um die Frage, wie Frauen sich Partnerschaft und Familienleben vorstellen. Hier versuchen Feministinnen, Frauen am Gängelband eines zum Mantra erhobenen »modernen Frauenbilds« zu führen. Damit legt der Feminismus Frauen neue Fesseln an, während er beim Abstreifen alter Fesseln behilflich sein will. Emanzipation predigen, aber Bevormundung ausüben – das ist die Selbstwidersprüchlichkeit, in die Feministinnen den Feminismus hineinmanövriert haben, und unter anderem an dieser Selbstwidersprüchlichkeit krankt auch die gesellschaftspolitische Debatte über weibliche Rollenbilder und die Chancen von Frauen in unserer Gesellschaft.

Ein Beispiel dafür lieferte zuletzt die ehemalige Chefredakteurin der *taz*, Bascha Mika, mit ihrem Bestseller *Die Feigheit der Frauen*.[1] Pünktlich zum 100. Weltfrauentag im Frühjahr 2011 eröffnete diese »Streitschrift wider den Selbstbetrug« eine weitere Runde im zähen Ringen um das richtige Bild von einem gelingenden Frauenleben im Deutschland des 21. Jahrhunderts. Warum, fragt Bascha Mika, landen hervorragend ausgebildete Frauen, statt eine anständige Karriere hinzulegen und in den Chefetagen dieser Republik zu brillieren, massenweise in traditionellen Rollenmustern? Mit differenzierter Ursachenforschung hält sie sich gar nicht erst auf. Frauen treffen in ihrem Privatleben – erst der Illusion der großen Liebe und später dem »Kümmersyndrom« verfallend – ganz einfach die falschen Entscheidungen. Sie machen sich zu Komplizinnen ihrer eigenen »Selbstentwertung«, indem sie sich spätestens nach der Geburt des ersten Kindes in die Rolle der Frau an seiner Seite fügen, ihre eigene berufliche Entwicklung der seinen unterordnen und ihm bereitwillig den Rücken freihalten. Ein ausgeprägtes Sicherheitsbedürfnis – vulgo: Feigheit – motiviert nach Ansicht von Bascha Mika solch absonderliches Verhalten. Frauen akzeptierten freiwillig genau den Lebensentwurf, der ihren Großmüttern noch aufgezwungen wurde, weil sie mit dem Rückzug in die Gemütlichkeit der familiären Komfortzone der Kälte einer männlich geprägten Arbeitswelt entfliehen könnten. Dass eine kluge und emanzipierte Frau sich bewusst und mit Freude entscheidet, der Familie vorübergehend oder auf Dauer den Vorzug vor beruflichen Ambitionen zu geben, liegt offenbar außerhalb der Vorstellungskraft der Autorin.

Interessanterweise begeht Bascha Mika mit ihrem klaren Plädoyer für ein Leben im Sinne des feministischen Frauenbilds genau jenen Kardinalfehler, den Feministinnen den Strukturkonservativen – zu Recht! – immer wieder vorwerfen: Sie hindern Frauen daran, sich nach ihren Vorstellungen zu entfalten. Die moderne Variante des Rollenkorsetts mag besser zum Zeitgeist passen als das Rollenkorsett der lange als Leitbild propagierten fürsorglichen Hausfrau. Aber Rollenkorsett bleibt Rollenkorsett: Es engt ein und passt nicht zu jeder Frau. Die begrenzte Vorstellungskraft hinsichtlich der Vielfalt unterschiedlicher Bedürfnisse von Frauen jedenfalls verbindet die feministische Streiterin Bascha Mika mit ihrer reaktionären Schwester im Geiste, Eva Herman.

Auch Eva Herman hat vor fünf Jahren eine Streitschrift veröffentlicht, die der Frage nachgeht, warum Frauen sich anders verhalten, als sie »wirklich« wollen. Es ist dieselbe Argumentation, nur unter anderem Vorzeichen: Warum suchen Frauen massenweise Selbstbestätigung und Selbstverwirklichung im Beruf und reiben sich im Karrierestress auf, obwohl sie »in Wirklichkeit« – wie Eva Herman zu wissen glaubt – viel lieber ihrer natürlichen Bestimmung zur Mutterrrolle folgen würden? Nicht Freude, etwas bewegen zu können, sondern profane Geltungssucht unterstellt Herman berufstätigen Müttern, die für die »Lebenslüge Selbstverwirklichung« angeblich ihre Partnerschaften gefährden, ihre Männer vernachlässigen und das Wohl ihrer Kinder aufs Spiel setzen. »Die Gestaltung eines Heims, einer Partnerschaft, in der wir an der Seite eines Mannes segensreich wirken können, das Leben in einer Familie mit Kindern (...) – all das ist wichtiger als das quietschende Hamsterrad«, mahnt Herman.[2] Als Kronzeuginnen für die geforderte Rückbesinnung der Frau auf ihre wahre Bestimmung in Familie und Gesellschaft müssen ausgewählte Gesprächspartnerinnen der Autorin herhalten, die die Sinnlosigkeit ihres Strebens nach Selbstverwirklichung erkannt und Abstand von ihrem als Fehlverhalten gegeißelten Lebensentwurf genommen haben. Nicht nur in der Argumentation, sondern auch in der Methodik ähneln sich die beiden nur auf den ersten Blick völlig gegensätzlichen Bücher, denn auch Bascha Mika führt Betroffenenzitate irgendwelcher Connys und Cordulas ins Feld, um dem eigenen Welt- und Frauenbild den Anstrich von Allgemeingültigkeit zu verleihen.

Die Grundregeln der Logik sagen: Mindestens eine der beiden Damen muss falschliegen. Wenn alle Frauen so mäuschenhaft auf Mann und Familie fixiert wären, wie Bascha Mika sie schildert, dann hätte Eva Herman ihre Anklageschrift gar nicht schreiben dürfen. Umgekehrt fragt man sich, wie Bascha Mika zu ihren Beobachtungen kommt, wo Eva Herman die Frauen gerade erst in erschreckender Vielzahl auf dem Ego-Trip sah. Wenn diese beiden apodiktischen Streitschriften für völlig gegensätzliche Frauenbilder etwas beweisen, dann die Tatsache, dass es das »One fits all«-Rollenkorsett, den für alle Frauen passenden Lebensentwurf von der Stange, schon lange nicht mehr gibt. Die schlichten Wahrheiten beider Autorinnen haben offenbar mehr mit dem jeweils eigenen Lebensmodell und Erfahrungshorizont zu tun als mit der gesellschaftlichen Wirklichkeit, in der Bedürfnisse und Interessen von Frauen sehr unterschiedlich sind und sich – je nach Lebenssituation – immer wieder verändern.

Damit könnte man beide Standpunkte nun getrost ignorieren, wenn der direkte Vergleich nicht so anschaulich zeigen würde, warum von Freiheit der Frauen bei der Wahl ihres Lebensentwurfs keine Rede sein kann. Wir verkämpfen uns in ideologischen Debatten, wo wir pragmatisch nach den Voraussetzungen gleichberechtigter Partnerschaften zwischen Mann und Frau fragen sollten. Und statt Frauen zuzutrauen, für sich selbst emanzipierte Entscheidungen für welches Leben auch immer zu treffen, versuchen Feministinnen genauso wie die von ihnen bekämpften Strukturkonservativen, private Entscheidungen zu beeinflussen – durch Propagandafeldzüge gegen Hausfrauen, Gattinnen, Latte-Macchiato-Mütter und alle anderen, die sich in ihrer allzu bereitwilligen Hinwendung zu Mann und Kind angeblich der Selbstentwertung schuldig gemacht haben.

Dabei hätten Feministinnen es gar nicht nötig, Frauen umzuerziehen. Spätestens seit sich herumgesprochen hat, dass uns im Zuge des demografischen Wandels die Fachkräfte ausgehen, werden Eva-Herman'sche Forderungen nach einer kollektiven Rückkehr zur klassischen Arbeitsteilung in der Familie – er Ernährer, sie Hausfrau – bestenfalls als Sozialromantik belächelt. Der Satz »Die Zukunft ist weiblich« hat sich zum geflügelten Wort entwickelt und erfreut sich – ein Blick auf die ersten der über sechs Millionen Google-Suchergebnisse[3] zu diesem Satz genügt – als Tagungsthema ebenso großer Beliebtheit wie als Werbebotschaft und als Schlagzeile. In regelmäßigen Abständen wird in Leitartikeln, Kommentaren und Reportagen das »Zeitalter der Frauen« ausgerufen, eine neue Ära, in der Frauen in Wirtschaft, Politik und Gesellschaft die Führung übernehmen.[4] Frauenpower also, wohin man schaut! Umso mehr erstaunt es, dass sich ausgerechnet der Feminismus, der sich diese Erfolge ans Revers heften darf, von der Speerspitze im Kampf um weibliche Emanzipation zum machtvollsten Sprachrohr der allgegenwärtigen Bevormundung durch Rollenleitbilder und damit zur Emanzipationsbremse entwickelt hat. Es scheint, als würden Feministinnen, was die gesellschaftliche Rolle der Frau betrifft, von ihren eigenen Erfolgen überholt.

4 Der feministische Beißreflex: Feindbild Mann

Nicht im 21. Jahrhundert angekommen ist auch das Männerbild vieler Feministinnen. Zwar ist die Militanz der 1970er-
und 1980er-Jahre, als Feministinnen gegen Zwangsheterosexualität im Allgemeinen und Penetration im Besonderen
agitierten, weitgehend aus den Diskussionen verschwunden.
So martialisch wie 1987 in einem Text von Andrea Dworkin (»Terror strahlt aus vom Mann, Terror erleuchtet sein
Wesen, Terror ist sein Lebenszweck«[1]) kommt der Feminismus heute nicht mehr daher. Doch die Auffassung, dass die
Interessen der Frauen denen der Männer entgegenstehen,
und daraus resultierend die Überzeugung, dass Frauen ihre
Interessen nur *gegen* die Männer durchsetzen können, ist
auch im 21. Jahrhundert noch fester Bestandteil des weltanschaulichen Feminismus. In einem Interview mit dem
Spiegel erklärte Alice Schwarzer vor einigen Jahren: »Wenn
wir vom Patriarchat reden, reden wir von einem System,
das nicht jeder Mann exekutiert, aber von dem jeder Mann
profitiert. So wie auch jeder nichtrassistische Weiße in einer
rassistischen Gesellschaft von seiner Hautfarbe profitiert.«[2]
Was der einzelne Mann denkt oder tut, ist irrelevant. Als
potenzieller Nutznießer patriarchalischer Herrschaftsstruk-
turen steht der Mann automatisch auf der falschen Seite. So
erklärt sich die moralische Selbstgefälligkeit, mit der manche Feministin, das gezückte Messer in der Tasche, zum
Krieg der Geschlechter bläst.

Im beschaulichen niedersächsischen Städtchen Goslar zum Beispiel jagten Feministinnen im Jahr 2011 die städtische Gleichstellungsbeauftragte aus Amt und Würden, weil sie den Begriff der Gleichstellung zu weit ausgelegt hatte und auch Männer gleichstellen wollte, was in der feministischen Doktrin nicht vorgesehen ist. Das Sündenregister verzeichnet folgende Vergehen: Kritik an einer Ausstellung über Gewalt, in der Männer nur als Täter und Frauen nur als Opfer vorkommen; Verlinkung der Website der Gleichstellungsbeauftragten mit der Homepage eines Scheidungsväter-Blogs; und ganz grundsätzlich: Aufmerksamkeit für die Benachteiligung auch von Männern, wo geltende Verordnungen für das Amt einer Gleichstellungsbeauftragten doch nur die Beseitigung diskriminierender struktureller Barrieren *für Frauen* vorsehen. Damit war die feministische Toleranzschwelle überschritten: Der Gleichstellungsbeauftragten sei der »Fokus verrutscht«. Sie sei eine »Antifeministin«, die sich nur Männern gewidmet habe.[3]

Vor diesem Hintergrund muss es wie Augenwischerei erscheinen, wenn Alice Schwarzer sich »gegen die Spaltung von Menschen in Männer und Frauen«[4] wendet. Sie selbst wird nicht müde, eben diese Spaltung der Menschheit in männliche Macht und weibliche Ohnmacht immer wieder als Allzweckwaffe zum Abfeuern von Geschlechterkampfparolen in Stellung zu bringen: »Warum sollten die Männer ihre über Jahrtausende lieb gewordenen Privilegien freiwillig abgeben? Das haben Privilegierte noch nie in der Geschichte getan. Ihre Vorteile auf Kosten von Frauen müssen den Männern abgerungen werden – was nur geht, indem Frauen die Machtfrage stellen.«[5]

Viele jüngere Frauen allerdings stellen, wenn sie solche Sätze hören und lesen, nicht die Machtfrage, sondern die Sinnfrage: Ist es noch zweckmäßig, im Mann den Gegner zu sehen, oder wäre es heute nicht sinnvoller, ihn als Verbündeten zu betrachten? Schließlich soll es mittlerweile Männer geben – manche Frauen kennen sie sogar persönlich –, die morgens die Kinder in die Kita bringen, die mit Bügeleisen und Wischmob umzugehen wissen, die im Büroalltag zur Zusammenarbeit auf Augenhöhe willens und in der Lage sind, die freiwillig in Elternzeit gehen, die souverän ein genießbares Nudelgericht zubereiten und die – sogar das! – Zeit für die Familie als Privileg empfinden, für das es sich zu kämpfen lohnt. Hinzu kommt, dass die Tage derjenigen Männer gezählt sind, die im Kreise ihrer Männerbünde schenkelklopfend dabei zuschauen, wie Frauen erfolglos gegen gläserne Decken anrennen. Frauen und Männer starten heute unter ganz anderen Voraussetzungen ins Berufsleben als die Generation der Männer, die derzeit die Top-Führungsetagen bevölkern (und die Generation der Frauen, die dort nicht angekommen sind). Sie sind gleich gut ausgebildet, sie sind aufgewachsen im Bewusstsein, dass Frauen und Männer gleichberechtigt sind, vor allem aber sind sie konfrontiert mit einem Arbeitsmarkt, auf dem der Wettbewerb um die weniger werdenden Nachwuchskräfte – egal ob Frau oder Mann – längst begonnen hat. Auch das spricht dafür, dass das Anliegen der Gleichberechtigung heute längst kein exklusiv weibliches mehr ist und dass es sich für die junge Frauengeneration lohnen könnte, das letzte Stück des Weges gemeinsam mit dem Mann zu gehen.

Das haben jüngere Feministinnen auch schon festgestellt – ohne damit durchzudringen. Sein liebstes Feindbild lässt der Feminismus sich nicht einfach nehmen! Ein ganzes Weltbild bräche zusammen, wenn der Mann zum Verbündeten im Kampf für das feministische Anliegen gerechter Geschlechterverhältnisse würde! »Frauen sind immer noch bereit, Männern zu glauben. Das ist doch eigentlich rührend – oder?«, las man lange zur Begrüßung auf der Website von Alice Schwarzer. Mit denen, die es wagen, in ihrer Gutgläubigkeit den Feminismus zu verwässern, geht sie hart ins Gericht. Die Jung-Feministinnen Haaf, Klingner und Streidl jedenfalls haben nach Veröffentlichung ihres Buchs *Wir Alphamädchen. Warum Feminismus das Leben schöner macht* eine deftige Klatsche kassiert. »Wellness-Feminismus« sei das, rügte Frau Schwarzer, ein Irrweg von »Post-Girlies«, die sich ausschließlich für ihre persönlichen Belange, genauer: für ihre Karriere und für Männer, interessierten und »Kaltherzigkeit« unter feministischem Label zum Programm machten.[6] So ficht die Existenz anderer feministischer Standpunkte das öffentlich wahrgenommene feministische Weltbild bis heute nicht an, was vermutlich – Nachfrage stützt das Angebot – auch daran liegt, dass Urteile, die auf klaren Feindbildern und Denkschablonen in Schwarz-Weiß beruhen, sich auf dem medialen Marktplatz der Meinungen am erfolgreichsten behaupten. »Der durchfeminisierte Erregungsdiskurs der siebziger Jahre verbindet sich (…) mit dem boulevardisierten Betroffenheitsdiskurs unserer Tage. Haften bleibt: Der Mann als Problem«, bemerkte zutreffend der *Spiegel*.[7]

Ein Problem ist der Mann auch in Bascha Mikas Buch *Die Feigheit der Frauen*. Auch hier kommen Männer nur als veränderungsresistente Gegner der Frauen vor. Allerdings sind Frauen für Bascha Mika nicht die bemitleidenswerten Opfer des Patriarchats, sondern dessen feige Komplizinnen: »Wir lassen dieses System nicht nur zu. Wir machen mit. Wir halten es am Leben.«[8] Da hat der Feminismus unter Mühen und Entbehrungen das Patriarchat gestürzt und muss sich nun mit Frauen herumschlagen, die es sich zu Hause mit ihrem Patriarchen ganz gemütlich eingerichtet haben und bereitwillig auf den nächsten Karrieresprung verzichten, um dem Gatten abends eine warme Mahlzeit zu servieren! Wie soll man mit solchen Frauen bloß den Sturm auf die letzten Bastionen männlicher Vorherrschaft – die Führungsetagen dieser Republik zum Beispiel – gewinnen? Frauen sollen im Privaten endlich Abschied nehmen von tradierten Geschlechterrollen, findet Bascha Mika, denn nur so ließen sich männlich dominierte Gesellschaftsstrukturen aufbrechen. Für Kompromisse hat sie kein Verständnis. Notfalls müssen Frauen sich *gegen* die Männer und auch auf Kosten ihrer Beziehung und ihrer Familie durchsetzen. Was ist schon ein glückliches Familienleben gegen das Triumphgefühl, am Sturz des Patriarchats mitgewirkt zu haben?

Bascha Mikas Appell, auf Männer Druck zur Veränderung aufzubauen, indem »wir« ihnen »die Gefolgschaft verweigern«[9], hat mit der Lebenswirklichkeit von Familien so viel zu tun wie ein Verhütungsverbot mit der Lebenswirklichkeit verliebter Paare. Wenn Kompromisslosigkeit in der Partnerschaft der Preis ist, den Frauen bezahlen müssen, damit die gesellschaftlichen Verhältnisse sich ändern, dann stellt sich die Frage, ob dabei wirklich eine Gesellschaft entsteht, in der wir leben wollen. Wollen wir eine Gesellschaft, in der Frauen wie Männer ein glückliches Familienleben auf dem Altar der persönlichen Karriereplanung opfern? Wollen wir eine Gesellschaft, in der Frauen genau das tun, was sie an Männern vielfach zu Recht kritisieren: wenig Rücksicht zu nehmen auf die Bedürfnisse der Familie? Wollen wir nicht vielmehr eine Gesellschaft, in der Frauen wie Männer sich Zeit für familiäre Fürsorge und Verantwortung nehmen (können) – und zwar auch als Berufstätige?

Dazu müssen sich nicht die Frauen ändern! Ändern muss sich unsere Arbeitswelt mit ihrer (Un-)Kultur der permanenten Verfügbarkeit, die Menschen kaum noch Zeit für familiäre Verantwortung lässt und dadurch im Ergebnis vor allem Frauen die beruflichen Aufstiegschancen nimmt! Ich jedenfalls würde gern in einer Gesellschaft leben, die für die Entscheidung, der Familie den höchsten Stellenwert einzuräumen, nicht den Verzicht auf berufliche Entwicklungschancen verlangt. Das wäre eine Gesellschaft, in der auch mehr Männer Kompromisse zugunsten ihrer Familie eingehen würden. An dieser Gesellschaft sollten wir arbeiten – in der Überzeugung, dass es sowohl unter Männern als auch unter Frauen Menschen gibt, die Zeit für Familie und Partnerschaft als Privileg empfinden.

Es geht also nicht darum, einen Feind zu besiegen, sondern gemeinsam die Frage zu klären, wie wir – Mann und Frau – im 21. Jahrhundert leben und zusammenleben wollen. Nicht nur Frauen, auch Männer wollen sich von ihrem Geschlecht nicht ihre Rolle in der Gesellschaft diktieren lassen. Das gilt vor allem für die jüngere Männergeneration. Doch auch die ältere Generation von Männern, die die männliche Ernährerrolle und die weibliche Fürsorgerolle noch als scheinbar unverrückbare Gewissheiten erlebt haben, denkt um: Viele dieser Männer haben begabte Töchter, auf die sie stolz sind, für deren gute Ausbildung sie bezahlen und für die sie sich dieselben Chancen wie für ihre Söhne wünschen.

5 Das feministische Helikopter-Syndrom: Schutz oder Entmündigung?

Das eindimensionale Männerbild, aus dem sich Misstrauen und Feindseligkeit gegenüber Männern speisen, geht einher mit einem ebenso eindimensionalen Frauenbild. Wo Männer unter Generalverdacht stehen, stehen Frauen unter Artenschutz – ob sie im Einzelfall Schutz brauchen oder nicht. Das gilt insbesondere für die Sexualität. »Hier steht das Fundament der männlichen Macht und der weiblichen Ohnmacht«[1], schrieb Alice Schwarzer 1975, nachdem die amerikanische Feministin Kate Millett in ihrem Buch *Sexual Politics* die intimen Beziehungen zwischen Mann und Frau in der patriarchalischen Gesellschaft erstmals politisch analysiert und die Politisierung des Privaten gefordert hatte.[2] Vieles hat sich seitdem geändert, was die sexuelle Selbstbestimmung von Frauen anbelangt, doch Alice Schwarzer legte im Jahr 2000 noch einmal nach: »Die Erotisierung des Unterschieds zwischen den Geschlechtern ist die Basis der Geschlechterdifferenz an sich – und damit auch der Hierarchie zwischen Männern und Frauen: Er erobert, sie lässt sich erobern; er dringt in sie ein, sie gibt sich hin; er liegt oben, sie unten. In der Sexualität wird die Geschlechterordnung immer wieder neu verankert. Und das so besonders Perfide an der Vermischung von Liebe & Sexualität mit Dominanz & Gewalt ist, dass das Innerste und Verletzlichste von Frauen unlösbar verknüpft wird mit Demütigung und Schmerz – und das der Männer mit Herrschaft und Zerstörung.«[3] Die Frau, so die zwingende Schlussfolgerung aus einer solchen Weltsicht, muss vor der männlichen Sexualgewalt geschützt werden.

Ohne Zweifel gibt es Frauen, die als Opfer sexueller Gewalt Hilfe und Unterstützung brauchen. Und ohne Zweifel haben Feministinnen dazu beigetragen, dass eine angstfreie, selbstbestimmte Sexualität, wie sie heute für die meisten Frauen selbstverständlich ist, überhaupt erst möglich wurde. Bis 1992 beispielsweise galt die Eheschließung in Deutschland als grundsätzliches Einverständnis zum Geschlechtsverkehr und damit de facto als Recht des Mannes auf Verfügbarkeit der Frau auch gegen ihren Willen. Dass Vergewaltigung in der Ehe zum einen klar als solche benannt werden kann und zum anderen unter Strafe steht, ist ein Verdienst des Feminismus und der Frauenbewegung. Auch die von Feministinnen immer wieder angestoßene kritische Auseinandersetzung mit Pornografie und Prostitution steht unserer Gesellschaft gut zu Gesicht, weil im Schatten der Lust- und Sexindustrie auch Menschenhandel, Ausbeutung und Zwangsprostitution gedeihen.

Sexualgewalt als Grundlage männlicher Herrschaft

Von gestern ist der Feminismus dort, wo er das Recht der Frauen auf sexuelle Selbstbestimmung, für das er einst angetreten ist, der eigenen Definitionshoheit über akzeptable und inakzeptable Formen sexueller Lust unterordnet. Als inakzeptabel gilt alles, was in den feministischen Wahrnehmungskategorien nach männlicher Macht und weiblicher Ohnmacht aussieht – unabhängig davon, was Frauen dabei empfinden. Wo die Grenze zwischen Hingabe und Unterordnung verläuft, definiert der weltanschauliche Feminismus, und das Kriterium ist der männlich-sexistische Blick auf die

Frau. »Nach über 200 Jahren Feminismus muss man sich verzweifelt fragen: Was ist mit der weiblichen Lust?«, stellte die Literaturwissenschaftlerin und Publizistin Barbara Vinken deshalb in einem Essay für die *Zeit* fest. »Wieso schreiben wir nur den Männern (…) Lust zu? Weshalb hängen wir an der verfolgten Unschuld?«[4] Es mag daran liegen, dass der weltanschauliche Feminismus für subjektives Empfinden von Frauen gar keinen Raum lässt – und deshalb auch keine von ihnen selbst und individuell definierten Grenzen vorsieht.

Entsprechend beschränkt der feministische Schutzanspruch sich nicht auf den Kampf gegen Menschenrechtsverletzungen und auf die Unterstützung von Opfern sexueller Gewalt, sondern richtet sich ohne Einschränkung und Differenzierung gegen alles, was die aus feministischer Sicht eindeutigen sexuellen Machtverhältnisse zementieren und männlicher Sexualgewalt Raum geben könnte: gegen »Zwangsheterosexualität« (»Software, die das Verhältnis von Frauen und Männern programmiert«[5]), gegen das Diktat der Schönheitsnormen (»auch und vor allem eine Waffe gegen Emanzipation«[6]), gegen den sexy Minirock (»viel zu dürftiger Rahmen für maximal nacktes Beinfleisch, das wie eine Schnellstraße zwischen die Beine führt«[7]) und nicht zuletzt gegen Pumps und High Heels (»Schuhe, in denen ihr kaum gehen, geschweige denn starten könnt«[8]). Wer selbst in Schuhen ab einer gewissen Absatzhöhe nur ein Mode gewordenes Signal weiblicher Hilflosigkeit sehen kann, hat das Lebensgefühl und die Erfahrungswelt selbstbewusster Frauen längst aus den Augen verloren. Es ist die bloße Existenz des männlichen Blicks, die weibliche Schutzbedürftigkeit definiert. Objektive Menschenrechtsverletzungen und subjektives Sich-als-Frau-angegriffen-Fühlen, tatsächliche sexuelle Gewalt und unterstellte Erniedrigung, Wirklichkeit und Wahrnehmung gelten als gleichrangige Gründe für feministische Intervention.

So sah sich Alice Schwarzer aufgrund der von ihr ausgemachten »Schieflage (...) zwischen allmächtigem Angeklagten und ohnmächtigem mutmaßlichem Opfer«[9] genötigt, den Gerichtsprozess gegen den Meteorologen und Moderator Jörg Kachelmann regelmäßig in der nicht gerade als antisexistisches Bollwerk bekannten *Bild*-Zeitung zu kommentieren. Jörg Kachelmann war von seiner langjährigen Geliebten wegen Vergewaltigung angezeigt worden; das Verfahren endete nach neun Monaten mit einem Freispruch aus Mangel an Beweisen. »Wir entlassen den Angeklagten und die Nebenklägerin mit einem möglicherweise nie mehr aus der Welt zu schaffenden Verdacht, ihn als potenziellen Vergewaltiger, sie als potenziell rachsüchtige Lügnerin«, hieß es in der Urteilsbegründung. Vermutlich wird außer den beiden Beteiligten niemand je wissen, ob dieser Freispruch einer vergewaltigten Frau die Bestrafung ihres Peinigers verwehrt hat oder einem zu Unrecht verdächtigten Mann die gesellschaftliche Rehabilitation. Die feministische Propagandamaschinerie lief trotzdem wie geschmiert.

Alice Schwarzer konstatierte schon früh eine latente Voreingenommenheit zugunsten der Täter in unserer Gesellschaft und sprach den Richtern später aus diesem Grund ihre Entscheidungsfreiheit ab. Dabei präsentierte Frau Schwarzer sich nicht nur als Anwältin des mutmaßlichen Opfers, sondern als Anwältin des ganzen unterdrückten weiblichen Geschlechts. Es gehe, schrieb sie, »bei diesem endlosen, quälenden Prozess gegen Jörg Kachelmann keineswegs nur um diese zwei Menschen. Es ging und geht auch um das Verhältnis unserer Gesellschaft zur sexuellen Gewalt. Ist die nur ein Ausrutscher – oder ein Verbrechen?«[10] So wurde der Gerichtssaal im Verfahren gegen Jörg Kachelmann zur Arena des großen feministischen Kampfs für den Schutz des sexuell ausgebeuteten Geschlechts und der ungeklärte Einzelfall zum Exempel für die feministische Sicht auf Sex,

Macht und Unterdrückung. Diese Sicht hat Alice Schwarzer einmal folgendermaßen zusammengefasst: »Die Sexualgewalt ist das dunkle Herz der Männerherrschaft und bedroht alle Frauen.«[11]

Die als allgegenwärtig unterstellte Bedrohung aller Frauen durch männliche Sexualgewalt prägt nicht nur das Frauenbild des Feminismus, sondern daraus resultierend auch das Selbstverständnis von Feministinnen. Wenn Frauen grundsätzlich als schutz- und wehrlos wahrgenommen werden, gibt es kein Entkommen mehr aus der schützenden Umklammerung des Feminismus. Es gehört zur feministischen Attitüde, Frauen nicht nur in Notlagen und vor Gewalt schützen zu wollen, sondern vor den Gefahren des Frauseins an sich: vor dem Kauf des falschen Schuhwerks, vor den falschen Sexualpraktiken, vor der Unterwerfung unter Schönheitsnormen, vor der falschen Lust, begehrt zu werden, und vor der falschen Sehnsucht, geliebt zu werden. Wie Hubschrauber über der Kampfzone kreisen Feministinnen über allen Orten des Zusammentreffens von Mann und Frau, immer bereit, ihren Geschlechtsgenossinnen von oben herab durchs mediale Megafon Rügen und Ratschläge zu erteilen.

Dieses Phänomen hat im Mutter-Kind-Verhältnis längst einen Namen: »Helicopter parents« nennen Pädagogen Eltern – es sind vor allem Mütter –, die ihre Kinder überbehüten. Sie nehmen ihnen dadurch (»Ich meine es doch nur gut!«) jede Möglichkeit, selbst das nötige Gespür für Gefahren zu entwickeln und zu lernen, sich in schwierigen Situationen auch ohne mütterliche Unterstützung zu behaupten. Man sieht Helikopter-Mütter immer alarmiert, ständig präventiv um Gefahrenabwehr bemüht und jederzeit bereit zur Intervention, wenn Benachteiligung, Verletzung oder Einschränkung des kindlichen Wohlbefindens drohen – und das ist aus Sicht einer Helikopter-Mutter eigentlich immer der

Fall, weshalb jeder Schritt des Kindes die uneingeschränkte mütterliche Aufmerksamkeit verlangt. Alice Schwarzer selbst hat diese »Rund-um-die-Uhr-Mutterschaft« im Zusammenhang mit dem Hausfrauendasein scharf kritisiert: Das ständige Sichzuständigfühlen der Mutter »entmündigt und verblödet (…) die Kinder. Die werden nicht selten durch die ›Übermutterung‹ an eigenen Erfahrungen und lebendigem Lernen gehindert.«[12]

Ja, wenn es gegen Hausfrauen geht, lässt sich schön vom Leder ziehen gegen Übermütter! Dass auch Feministinnen heute vielfach zu Übermüttern geworden sind, die ihre Schützlinge am liebsten abhängig halten, statt sie in die Unabhängigkeit zu entlassen und in puncto Emanzipation auf ihre Lernfähigkeit statt auf ihre Ideologiefestigkeit zu vertrauen, spüren Frauen heute in jeder Diskussion über die gesellschaftliche Rolle der Frau. Sie soll kein abhängiges Weibchen sein, wird aber von Weltanschauungsfeministinnen so beschrieben und behandelt, als wäre sie es. Ihren Weg findet sie heute selbst, aber die Feministin will die Hand der Frau, die längst kein Weibchen mehr ist, nicht loslassen. Die Feministin weiß, was gut für sie ist. Deshalb schützt sie die Frau notfalls auch vor sich selbst und vor den eigenen Wünschen. So wie die Helikopter-Mutter auf dem Spielplatz vor allem das Verletzungsrisiko durch Glasscherben sieht, auf dem Schulweg vor allem die Bedrohung durch unverantwortliche Raser und im Klassenzimmer die Einschränkung der kindlichen Entfaltungsmöglichkeiten durch unfähige Lehrer, so sieht die Helikopter-Feministin in jedem männlichen Blick die Degradierung der Frau zum Sexobjekt, in jedem aufreizenden Kleidungsstück die weibliche Erniedrigung, in jedem auf der Couch liegenden Mann den frauenverachtenden Macho, in jeder Hausfrau die Sklavin und in jedem Manager, der sich an sich selbst berauscht, den sexistischen Unterdrücker.

Männliche Sexualität in den Medien

Jeder Einzelfall, der das feministische Weltbild stützt, gilt als Pars pro Toto, als für die gesellschaftliche Wirklichkeit symptomatischer Teil eines geschlossenen Gesamtbildes. Zu beobachten war dies 2011 in den Diskussionen über Sexskandale, die der Warnung der Helikopter-Feministinnen vor den Gefahren des Frauseins neue Nahrung gaben. Dominique Strauss-Kahn, damals Chef des Internationalen Währungsfonds, wurde angeklagt, in einem New Yorker Hotel ein Zimmermädchen zum Oralsex gezwungen haben, nach einigen Wochen aber wegen erheblicher Zweifel an der Darstellung des mutmaßlichen Opfers wieder auf freien Fuß gesetzt. Gleichzeitig wurde bekannt, dass eine deutsche Versicherung ihre erfolgreichsten Versicherungsvertreter nach Budapest eingeladen und sich im Rahmen einer Firmenfeier nicht nur beim Alkohol, sondern auch beim Angebot sexueller Dienstleistungen durch ungarische Prostituierte spendabel gezeigt hatte. Wer es schon immer gewusst hatte, durfte sich bestätigt fühlen: »Der Sexismus ist von der gesellschaftlichen Fassade weggegendert worden. Aber in vielen Nischen wird er noch nicht einmal als solcher bezeichnet. Und auch in der Mitte der Gesellschaft, da, wo sich Frauen sicher fühlen, ist die Geschlechtergleichheit nichts als ein dünner Schleier, der fortbestehende Asymmetrien verhüllt«, kommentierte Anna Sauerbrey im *Tagesspiegel*.[13] Belege lieferte sie in ihrem Text allerdings nur für den zweifellos vorhandenen Nischen-Sexismus. Das macht Sexismus natürlich nicht weniger schlimm, nimmt ihm allerdings den feurigen Beigeschmack einer Gesellschaftsdiagnose – genauso wie im Übrigen die Tatsache, dass auch männliche Journalisten in ihren Urteilen über das Verhalten ihrer Geschlechtsgenossen keineswegs Milde walten ließen.

Arno Widmann kritisierte in der *Berliner Zeitung* das

»Potenz- und Imponiergehabe« der Mächtigen[14], Alexander Hagelüken in der *Süddeutschen Zeitung* »den Machtmissbrauch durch Männer in Führungspositionen, das Verwechseln von Herrschaft mit Herrenwitzen und gekauften Sex als höchstmögliche Belohnung für Leistung«[15]. Georg Diez bezeichnete Dominique Strauss-Kahn im *Spiegel* als »Allmachtstrottel (...), der nicht merkt, wie arm es ist, wenn man sich daran aufgeilt, als sein eigenes billigstes Klischee durch die Hotels dieser Welt zu hechten«.[16] Und Claudius Seidl wunderte sich in der *Frankfurter Allgemeinen Zeitung* ausführlich, wie man heute in den Büros einer deutschen Versicherung überhaupt auf die Idee einer Sexparty in Budapest kommen konnte: »Hat ihnen keiner gesagt, dass dies das 21. Jahrhundert ist, jene Gegenwart also, in der man, so als halbwegs erwachsener Mann, zwar noch immer die Versuchung spürt, jene riesigen Plakate anzuglotzen, auf welchen in diesen Tagen sehr hübsche, sehr junge Frauen für sehr knappe Bikinis der Marke H&M werben. Was man aber selbstverständlich bleiben lässt, weil so ein Starren und Glotzen ungefähr so unangemessen wäre, wie wenn man rauchte in der U-Bahn oder sich zur morgendlichen Lagebesprechung im Chefbüro eine Flasche Bier mitbrächte: Es wäre blöder male chauvinism, der Blick allein etablierte schon das falsche Machtverhältnis. Und eine verdammte Unhöflichkeit gegenüber all den Frauen, die, während sie an diesen Plakaten vorübergehen, Schuhe, Hosen und ein Jackett tragen, wäre es sowieso.«[17]

Richtig, es geht hier um Fragen von Anstand und Respekt, nicht um Pathologien im Verhältnis zwischen Mann und Frau, obwohl das medial vermittelte Bild männlicher Sexualität dies nahelegt. Wir haben uns im Medienhype um Macht, Sex und die letzten Reservate chauvinistischer Männlichkeit daran gewöhnt, männliche Sexualität als allgegenwärtige Bedrohung zu betrachten. Wo aber kommt eigentlich die Sorte Mann vor, mit der die eine odere andere Frau in ihrem Leben auch schon einmal Bekanntschaft geschlossen hat? Privat hört man hin und wieder von Männern, dass sie es nicht als erhebend, sondern als abwertend – und zwar für sich selbst! – empfänden, für Sex zu bezahlen. Persönlich erlebt man Männer, die eine Kollegin oder Mitarbeiterin attraktiv finden und trotzdem zwischenfallsfrei mit ihr zusammenarbeiten können. Privat verbringt man Zeit mit Männern, die – kaum zu glauben! – eine enge Jeans, ein tiefes Dekolleté oder Pumps mit Pfennigabsätzen nicht als Einladung zu verbalen oder körperlichen Anzüglichkeiten interpretieren. Privat diskutiert man mit Männern, die sich über frauenverachtendes Verhalten genauso empören können wie eine Frau.

Weil solche Männer in der Regel unter dem medialen Wahrnehmungsradar bleiben, löst das Erscheinungsbild des Mannes in der Strauss-Kahn-Kachelmann-Versicherungs-vertreter-Debatte Erregungswellen aus, die man sonst nur als Folge von Seuchen (BSE, Vogelgrippe, Schweinegrippe) oder Lebensmittelskandalen (Gammelfleisch, Dioxin-Eier, Ekel-Döner) kennt. Männliche Sexualität wird zur Bedrohung, vor der man sich fürchten muss wie vor globalen Pandemien. Das Misstrauen ist allgegenwärtig: So wie in Zeiten der Dauerberichterstattung über BSE jedes Stück Rindfleisch verdächtig schien und in Schweinegrippezeiten der hustende Sitznachbar in der U-Bahn, so war plötzlich alles verdächtig, was am Anblick einer H&M-Bikini-Werbung Gefallen finden könnte. Dass kollektive Wahrnehmungsverzerrungen zu individuellen Überreaktionen führen, lässt sich in beiden Fällen eindrucksvoll beobachten: Auf dem Höhepunkt des BSE-Wahnsinns druckte eine Zeitung den Leserbrief eines eingeschüchterten Lesers, den die Frage umtrieb, ob er sich an seiner Ledercouch anstecken könne.[18] Auf dem Höhepunkt des Strauss-Kahn-Wahnsinns geißelte die Chefredakteurin der *taz*, Ines Pohl, die Verwendung des zwar etwas antiquiert anmutenden, bislang aber des Sexismus unverdächtigen Wortes »Zimmermädchen«: Die vergewaltigte Frau werde »zum Zimmermädchen degradiert – zu einer Person (...), die durch diese Bezeichnung zu einem Kind gemacht wird, das nicht im Vollbesitz ihrer Urteilskraft ist«.[19] Man überlegt in Zeiten öffentlicher Erregung plötzlich ernsthaft, ob man seinem Sofa aus dem Weg gehen oder beim Aussprechen des Wortes »Zimmermädchen« ein schlechtes Gewissen haben sollte. Bei aller berechtigten Sorge und Sensibiliät: Man kann es auch übertreiben!

Dem allumfassenden Schutzanspruch des Weltanschauungsfeminismus jedenfalls leistet der vorherrschende Alarmismus Vorschub. Die gefühlte Bedrohungslage rechtfertigt die Einebnung des Unterschieds zwischen Frauen, die des Schutzes wirklich bedürfen, und Frauen, die in der Lage sind, für sich selbst Grenzen zu ziehen und sich selbst zu schützen. »Die Sexualisierung von Frauenbildern betont die Asymmetrie zwischen ihnen und den Männern. Es macht sie zu Objekten, zu Verfügungsmasse. Es nimmt ihnen die Gleichwertigkeit«, lamentierte Anna Sauerbrey im *Tagesspiegel* über die »subtileren Spielarten des Machtinstruments Sex«[20], als könnten Frauen sich der subtilen Spielarten dieses Machtinstruments nicht ebenso souverän bedienen. Zum Glück gibt es auch Frauen, die der gefühlten Erniedrigung eine nüchterne Perspektive entgegensetzen. Die Journalistin Regine Sylvester, als 1946 Geborene des von Alice Schwarzer wiederholt gebrandmarkten Post-Girlietums gewiss unverdächtig, hat sich in einem langen Artikel für die *Berliner Zeitung* der sexuellen Macht der Frauen gewidmet. Sie bringt darin ihr Befremden über die feministische Sicht der Geschlechterverhältnisse auf den Punkt.

»Wie passt dieser tägliche Opfergang zu den feministischen Bilanzen, in denen Frauen zu den Siegerinnen der

Geschichte erklärt werden – stark, klug, unabhängig, selbstbestimmt, mutig? Das alles kann durch die Sexualität der
Männer untergraben werden? Mit dieser Angst leben meine
Freundinnen nicht, ich auch nicht und meine Tochter schon
gar nicht. Ich komme aus dem Osten. 1993 schrieb ich eine
Kolumne in der *Wochenpost*. Mir war im Westen eine dif-
fuse Unsicherheit im Umgang zwischen Frauen und Männern aufgefallen: ›Könnte es sein, dass der feministische Aufbruch auch Verluste brachte? Zerfall der Geschlechterrollen
ohne erkennbare lebenslustige Alternative? Verunsicherte
Männer trauen sich nicht, einer Frau in den Mantel zu helfen. Anerkennende Pfiffe auf der Straße gelten als Sexismus.
Ich denke da anders: Solange einer pfeift, ist alles in Ordnung. Will wirklich keine angesprochen werden? Man kann
doch Nein sagen. (...)‹ Nach diesem Text, an dem ich auch
heute kein Wort ändern möchte, erhielt ich viele Briefe, die
empörten kamen alle aus dem Westen. (...) Eine (...) Lese-
rin schrieb, ich sei verantwortlich für zukünftige Vergewal-
tigungen, weil ich sexuelle Belästigungen herunterspiele und
die Männer zu Schlimmerem ermutige. Das waren unerwartete Kriegserklärungen. Danach habe ich wütend beschlos-
sen, den Erfahrungen meines erwachsenen Frauenlebens zu
vertrauen. Dazu gehörte eine einfache Feststellung: Frauen
sind nicht die besseren Menschen. Frauen haben andere
Mittel und können große Verführerinnen sein. (...) Mäch-
tige Positionen, Prominenz, Reichtum locken Frauen an.
Regisseure, Chefärzte, bekannte Schauspieler, Verlagslei-
ter, Bestsellerautoren sind eine begehrte Beute und erhalten
Angebote. (...) Groupies leben zur selben Zeit auf unserem
Planeten wie Feministinnen. Die Welt ist arbeitsteilig.«[21]

Das beschützte Geschlecht

Man darf die Warnung vor der Degradierung der Frau zum Objekt männlicher Sexualität wohl getrost vor allem als raffinierte Form feministischer Herrschaftssicherung im öffentlichen Diskurs interpretieren. Der Feminismus setzt die Schwäche und Unmündigkeit der Frauen als Prämisse voraus, um seine Existenzberechtigung aus der Absicht ableiten zu können, sie zu schützen. Frauen als mündig ernst zu nehmen hieße ja, Spielraum zu lassen für unterschiedliche Erfahrungen und deren subjektive Interpretationen, für unterschiedliches Erleben ein und derselben Situation und subjektive Schlussfolgerungen daraus. Selbstverständlich gibt es Opfer männlicher Gewalt. Ihnen zu helfen und sie zu schützen ist ein (nicht nur feministisches) Anliegen, das wohl jede Frau unterstützen wird. Die schützende Umarmung von Feministinnen trifft aber auch Frauen, die sich heute weder im Bett noch am Herd noch am Konferenztisch, weder in High Heels noch mit Schürze noch im Bikini als schwach, ausgeliefert oder bedrängt empfinden – und die sich, wäre das doch einmal der Fall, sehr gut zur Wehr zu setzen wüssten.

Simone de Beauvoir, die große französische Feministin, hat die Entwicklung der unterdrückten zur selbstbestimmten, unabhängigen Frau im letzten Kapitel ihres 1949 erschienenen Klassikers *Das andere Geschlecht* als Zukunftsperspektive skizziert und war damit dem heutigen Weltanschauungsfeminismus um Lichtjahre voraus. »Die Frau ist nicht Opfer irgendeiner geheimnisvollen Schicksalhaftigkeit«, schrieb sie. »Die Besonderheiten, die sie kennzeichnen, beziehen ihr Gewicht aus der Bedeutung, die man in sie hineinlegt. Sie können überwunden werden, sobald man sie aus einer neuen Sicht begreift. (...) Viele moderne Frauen, die auf ihre Menschenwürde Anspruch erheben, erfassen ihr erotisches Leben immer noch aus der Tradition der Sklavenschaft heraus. Infolgedessen finden sie es erniedrigend, unter dem Mann zu liegen oder von ihm penetriert zu werden (...) Sähe aber die Wirklichkeit anders aus, wäre auch der Sinn, den die Liebesspiele und -stellungen symbolisch ausdrücken, ein anderer.«[22] Heute sieht die Wirklichkeit anders aus. Deshalb nehmen Frauen sich die Freiheit, sich auf ihre eigene, subjektive Wahrnehmung zu verlassen.

Doch wenn diese Wahrnehmung nicht der feministischen Wahrnehmung entspricht, greifen Weltanschauungsfeministinnen zum Totschlagargument. Sie erklären die abweichende Wahrnehmung zum Beweis für die Macht des Mannes und den Opferstatus der Frau. Viele Frauen, so die Argumentation, hätten die reale Unterdrückung und Demütigung des weiblichen Geschlechts so internalisiert, dass »die anbiedernde Identifikation mit dem Aggressor«[23], die »klassische Reaktion aller Opfer«[24], ihnen den Blick auf die Wahrheit verneble. »Eine Feministin wird selten an Männern verzweifeln, aber öfter an Frauen«, erklärt Alice Schwarzer klipp und klar. »Warum? Weil es zwar unsympathisch, aber verständlich ist, dass Männer ihre gewohnten Privilegien auf Kosten von Frauen nicht so einfach aufgeben wollen. Hier handelt es sich schlicht um einen Interessenkonflikt (...), der unangenehm und schmerzhaft sein kann, aber nachvollziehbar ist. Dass jedoch Frauen Frauenrechtlerinnen in den Rücken fallen, das ist schon schwerer zu verstehen. Und es rührt an das Dunkelste im Frau-Sein: an den Selbsthass.«[25] Kurz und gut: Wo Frauen sich, abweichend zur feministischen Perspektive, nicht als ausgeliefert, als unterdrückt oder als gedemütigt betrachten, sieht Frau Schwarzer nichts als den »sinnlosen Versuch der Anbiederung bei der Männerwelt über den Verrat der Frauensache«.[26] Die Frau ist damit vom unterdrückten zum beschützten Geschlecht geworden. Schwach erscheint sie sowohl als Unterdrückte als auch als Beschützte. Denn wie der chauvinistische Patriarch nimmt auch die feministische Beschützerin die Frau nicht auf Augenhöhe wahr.

Der Kampf um die Deutungshoheit

Wenn es in unserer Gesellschaft also einen Ort gibt, an dem die Unterlegenheit der Frau unverändert fortbesteht, dann ist es die Wahrnehmung des Weltanschauungsfeminismus, und das aus gutem Grund: Mit der selbstbestimmten weiblichen Sexualität wankt dessen ganzes Denkgebäude. Eine selbstbewusste weibliche Sexualität schafft Bilder weiblicher Lust, die nicht in die feministische Macht- und Bilderordnung passen. Denn weibliche Lust führt einerseits zur Verfügbarkeit des weiblichen Körpers für den Mann; andererseits nimmt sie dieser Verfügbarkeit den Beigeschmack der Unterdrückung.

Der Weltanschauungsfeminismus aber braucht das Bild des weiblichen Sexobjekts, weil er in der Sexualität das Fundament männlicher Macht und weiblicher Ohnmacht sieht. Deshalb setzen seine Anhängerinnen erotischen Mehrdeutigkeiten so vehement die Eindeutigkeit ihrer Interpretation der sexuellen Machtverhältnisse entgegen. »Ja, alle Frauen sind Huren«, schreibt Alice Schwarzer. »Zumindest suggeriert uns das der Blick, der auf ihnen ruht. Während die Frauen selbst zunehmend zum Subjekt ihres Lebens werden, macht der Blick der männerdominierten Kulturindustrie sie verstärkt zum Objekt. (…) Propaganda kann schwerer wiegen als Realität.«[27] Die Verbreitung pornografischer Bilder bis hinein in Kunst und Kultur bereitet aus Sicht von Alice Schwarzer den Boden für Frauenverachtung in allen Bereichen der Gesellschaft. Diese Warnung verleiht dem Kampf gegen das Bild der nackten Frau die nötige politische Brisanz – wenn sie Alice Schwarzer selbst auch nicht davon abhielt, 2007 an einer Imagekampagne für die *Bild*-Zeitung mitzuwirken, deren Titelseite Tag für Tag Bilder barbusig posierender Frauen schmücken.

Der ansonsten missionarische Eifer in der Bekämpfung eines falschen Frauenbilds ist Feministinnen in der Vergangenheit oberflächlich oft als Prüderie und Lustfeindlichkeit ausgelegt wurde. Aber dieser Vorwurf greift zu kurz. Der Feminismus ist nicht lustfeindlich – er unterscheidet nur zwischen »richtiger« und »falscher« Lust. Es geht dabei um die Definitionshoheit über das Frauenbild und damit auch um die Definitionshoheit über Macht und Ohnmacht im Geschlechterverhältnis. Nicht umsonst hat beispielsweise der Mode- und Aktfotograf Helmut Newton den leidenschaftlichen Hass von Feministinnen auf sich gezogen. Mag die Nähe zur Pornografie bei Newton auch eindeutig näher sein als zur Kunst: Keineswegs eindeutig sind die Machtverhältnisse zwischen Frau und Mann, zwischen Objekt und Betrachter. Seine berühmten »Big Nudes« zum Beispiel – überlebensgroße, hochformatige Fotografien nackter Frauen, die dem Betrachter auf High Heels entgegenschreiten – schauen selbstbewusst auf den im Vergleich zum Bildformat auf Zwergengröße geschrumpften Betrachter hinunter und begegnen dem voyeuristischen Blick mit Stolz und kühler Unnahbarkeit. Der männliche Blick kann diesen Frauen nichts anhaben, obwohl sie nackt sind. Newtons Frauenbilder stellen damit nicht nur die Ohnmacht der Frau, sondern auch die Macht des Mannes infrage.

Es ist vor allem diese Ambivalenz der sexuellen Machtverhältnisse auf den Fotografien Helmut Newtons, die Feministinnen so sehr gegen ihn aufbringt. »Das Phänomen Newton wäre nicht denkbar ohne die Frauenbewegung«, argumentiert Alice Schwarzer. »Er liefert einer verunsicherten, irritierten Männerwelt den neu geschärften Blick auf die erstarkenden Frauen.« Und weiter: »Newton liefert Propagandamaterial für den Geschlechterkrieg. (...) Eine schwache Frau unterwerfen – wie uninteressant. Eine starke Frau brechen – echt scharf.«[28] Doch weil die Kraft und Stärke der Frauen auf Newtons Bildern unübersehbar sind, sind Macht und Ohnmacht, Dominanz und Unterwerfung auf vielen seiner Bilder gerade nicht eindeutig lokalisierbar. Was sie – neben den Bedingungen ihrer Herstellung und den fotografierten Frauen – von pornografischer Massenware unterscheidet, ist der Interpretationsspielraum des Betrachters. Newtons Bilder lassen Raum für Mehrdeutigkeit, je nach Perspektive des Betrachters und der Betrachterin.

Wo sich Deutungshoheit aber auflöst in einer Vielfalt möglicher Deutungen, wird der Kampf um Interpretationshoheit über das Bild der nackten Frau zu einem Kampf gegen Windmühlen. Der Versuch, einer vormals patriarchalischen Bilder- und Machtordnung eine feministische Bilder- und Machtordnung entgegenzusetzen, scheitert am Pluralismus der Perspektiven und an der Vieldeutigkeit der Interpretationen. Es gibt keine klare Macht- und Bilderordnung mehr. Das ist durchaus auch ein Erfolg, den Feministinnen für sich reklamieren könnten (und zum Teil auch reklamieren). Doch der Preis dafür wäre der Abschied vom klaren Bild der Machtverhältnisse zwischen den Geschlechtern, und diesen Preis kann der Weltanschauungsfeminismus nicht bezahlen, ohne sich selbst für überflüssig zu erklären.

Sexuelle Selbstbestimmung und ihre Folgen

So erinnert das Ringen des Feminismus um ein klar definiertes Frauenbild, das es heute nicht mehr geben kann, an die Machtsicherungsversuche des Patriarchats. Wie einst Männer den Frauen ihre Rolle zugewiesen haben, so versucht auch der Weltanschauungsfeminismus, weibliche Identität in ein Bild zu pressen. Er scheitert damit an Frauen, die sich ihrer Vereinnahmung für eine bestimmte Interpretation der gesellschaftlichen Machtverhältnisse widersetzen. Die eifrigen feministischen Arbeiterinnen am weiblichen Bild machen die Rechnung ohne die Frau, die auf ihr Recht am eigenen Bild beharrt.

Den Ambivalenzen einer selbstbewussten und selbstbestimmten Frauensexualität widmete sich im Juni 2011 die *Zeit* mit dem Titel-Thema »Wann wird die Frau zum Sexobjekt?«. Anlass dazu gaben erotische Fotos deutscher Fußballspielerinnen, die pünktlich zur Frauenfußball-Weltmeisterschaft im *Playboy* erschienen waren. Der Perspektive von Frauen, die eine Zurschaustellung ihres Körpers als Ausdruck ihrer Selbstbestimmung empfinden, stellte Iris Radisch die sexistische Perspektive des Mannes gegenüber, für den diese Zurschaustellung ungeachtet des neuen weiblichen Selbstbewusstseins schlicht und einfach das gewohnte Bild weiblicher Verfügbarkeit lebendig halte. Im Aufeinandertreffen dieser beiden Perspektiven zeige sich die Aussichtslosigkeit des weiblichen Wunsches nach »Vereinbarkeit des Unvereinbaren, nämlich sowohl Anerkennung in der alten männlichen Macht- und Bilderordnung als auch die triumphale Behauptung neuer weiblicher Souveränität. Das Ergebnis ist ein Auffahrunfall zwischen Patriarchat und Emanzipation, bei dem die weibliche Würde die größten Verletzungen davonträgt. (…) Die trügerische Botschaft der emanzipierten und aufgeklärten Pornografie, dass weibliches Selbstbewusstsein und weibliche Unterwerfung unter männliche Körper- und Bildsprachen sich nicht länger ausschließen, ist vielleicht noch niederschmetternder als die alten Schmuddelbilder, die zwar furchtbar waren, aber den Vorzug der frauenfeindlichen Eindeutigkeit hatten.«

Die Komplizenschaft der sexuell selbstbestimmten Frau mit dem männlichen Blick sei, so Radisch, »der größte, vielleicht schrecklichste Triumph (...) in der langen Geschichte der männlichen Arbeit am weiblichen Bild«.[29]

Diese Argumentation beruht auf einer feministischen Prämisse: auf der Prämisse nämlich, dass die männliche Macht- und Bilderordnung die Emanzipation der Frau unverändert überstanden hat und weiter fortbesteht. Das Bild der Frau, die sich bei aller Selbstbestimmung doch wieder nur »unterwirft«, hält die Geschlechterhierarchie lebendig, die man so wortgewaltig beklagt. So bedauerlich es ist, dass Frauen ihre Reize in Herrenmagazinen zur Schau stellen oder es für erstrebenswert halten, den Kollegen einmal mit nackten Brüsten als Titelmädchen von Seite 1 der größten deutschen Tageszeitung entgegenzulächeln zu dürfen: Die mediale Omnipräsenz nackter Frauen zeugt nicht von weiblicher Unterwerfung unter eine männliche Machtordnung, sondern ganz banal von der keineswegs geschlechtsgebundenen Unterwerfung unter das Erfolgsprinzip »Sex sells«. Frauen können rechnen, und die eine oder andere wird sich von der softpornografischen Vermarktung des eigenen Körpers eine Steigerung ihres Marktwerts erhoffen. Das wiederum kann man mit gutem Recht und guten Gründen kritisieren – ohne daraus aber schließen zu müssen, dass das im *Playboy* vermittelte Frauenbild mehr Einfluss auf die männliche Wahrnehmung der gesellschaftlichen Verhältnisse habe als die persönlichen Erfahrungen von Männern mit all den Frauen, die ihnen im Berufsleben und im Freundeskreis in der Regel vollständig bekleidet als geschätzte Kolleginnen und Gesprächspartnerinnen gegenübertreten.

Was die armseligen Chauvis in der Männerwelt betrifft, die sich die guten alten Zeiten zurückwünschen, in denen der Wille des Mannes der Frau Befehl war: Sie brauchen ganz bestimmt keine Hochglanzbilder im *Playboy*, um sich ihrer sexistischen Sicht auf die Frau zu vergewissern. Vermutlich würde es ihre Weltsicht auch nicht verändern, wenn sie statt *Playboy* ausschließlich *Apotheken-Umschau* läsen oder sich den Videoclip zu Gabriella Cilmis Hit »Sweet About Me« zu Gemüte führten. Er zeigt Cilmi als eine ihre Macht auskostende Verführerin: herumstolzierend zwischen gefesselten, an Seilen aufgehängten, in Verschläge eingepferchten oder hinter Gittern gefangenen Männern, die devot zu ihr aufschauen, während sie mit spöttischem Blick singt: »Nothing sweet about me! (...) when you're playing with desire, don't come running to my place when it burns like fire.« Nebenbei bemerkt: Auch solche Motive gehören zum medialen Bildbestand des 21. Jahrhunderts.

6 Wie viel Lebensplanwirtschaft verträgt eine liberale Gesellschaft?

»Danke, emanzipiert sind wir selber!« beschreibt die Haltung von Frauen, die lieber ihren eigenen Weg gehen statt den Weg, den andere weisen, die dabei lieber auf den eigenen Orientierungssinn vertrauen, statt nur auf vorgegebenen Routen unterwegs zu sein, und die sich lieber verlaufen und wieder umkehren, statt sich an die Hand nehmen zu lassen. Emanzipation hat für emanzipierte Frauen so viel mit Feminismus zu tun wie eine Weltreise mit Pauschaltourismus: So verlockend die Angebote im Katalog der Fernreisen wie der Lebensentwürfe auch aussehen – besser ist die Freiheit, immer wieder neue Ziele ansteuern und den gerade passenden Weg wählen zu können.

Könnte es sein, dass das größte Problem mit dieser Freiheit nicht die als ewige Patriarchen gescholtenen Männer haben, sondern Feministinnen, die immer noch das wehleidige Lied weiblicher Diskriminierung singen – selbstverständlich in der ehrenvollen Absicht, nur das Beste für die Frauen zu wollen?

Das Ergebnis feministischer Lebensplanwirtschaft

Festzustellen ist, dass viele Frauen Dinge tun, von denen Feministinnen sie befreien oder vor denen sie sie schützen wollen – und dass Frauen von Feministinnen dafür entweder an den Pranger oder unter Artenschutz gestellt werden. Feministinnen propagieren zwar die freie Platzwahl für Frauen in unserer Gesellschaft, nehmen ihnen die Wahl aber dann doch am liebsten ab. Sie haben erfolgreich dafür gesorgt, dass auf dem Frauenticket kein Verweis auf die hinteren Ränge mehr steht. In der Befürchtung, dass Frauen sich nun den falschen Platz aussuchen, sind sie jedoch selbst herrische Platzanweiserinnen in unserer Gesellschaft geworden. Der Feminismus ist zum Paternalismus verkommen, weil er es versäumt hat, seine Wahrnehmung der gesellschaftlichen Verhältnisse – und damit auch seine politischen Antworten – an die Veränderungen anzupassen, die er selbst maßgeblich mit herbeigeführt hat.

Es ist also der Feminismus selbst, der mit der Emanzipation nicht Schritt gehalten hat. Was in ihren Entfaltungsmöglichkeiten eingeschränkte Frauen vor 40 Jahren als befreiend empfanden, empfinden emanzipierte Frauen heute als bevormundend. Die Kampflust, die früher notwendig war, um die Privilegien veränderungsunwilliger Männer zu beschneiden, wird zum sinnlosen Beißreflex gegenüber Männern, die Frauen grundsätzlich als gleichberechtigt akzeptieren und mit einem völlig anderen Frauenbild aufgewachsen sind als ihre Väter und Großväter. Die Unerbittlichkeit, mit der Feministinnen Frauen vor allen Risiken des Frauseins schützen wollen, ist eine Erleichterung für die Minderheit von Frauen, die dieses Schutzes bedürfen, aber eine Last für die Mehrheit der Frauen, die sich Gestaltungsfreiheit wünschen – was auch die Freiheit mit einschließt, für sich selbst eine Entscheidung zu treffen, die andere für naiv, dumm, kurzsichtig oder feige halten, oder die sich im Nachhinein als falsch erweist (was bedeutet, dass man daraus lernen kann). Die feministische Attitüde, einst wirksames Mittel zur Durchsetzung eines gesellschaftpolitischen Anliegens, ist zum Selbstzweck geworden. Das hat den

Feminismus blind und bräsig gemacht: blind für die Bedürfnisse einer jungen, selbstbewussten Frauengeneration, bräsig in der Selbstgefälligkeit, mit der man sich der ernsthaften Auseinandersetzung mit eben dieser jungen Frauengeneration verweigert und die feministische Doktrin gegen Kritik und damit auch gegen Weiterentwicklung immunisiert. Dadurch hat der Feminismus sich zwar seinen hegemonialen Alleinvertretungsanspruch für die Belange von Frauen erhalten können – aber um den Preis der Anpassungsfähigkeit an eine Welt, die sich geändert hat. So ist der Feminismus festgefahren in seinen Wahrnehmungskategorien und erstarrt in seinen Ritualen, obwohl sein Anliegen, eine geschlechtergerechte Gesellschaft, nichts an Aktualität eingebüßt hat.

Damit keine Missverständnisse aufkommen: Den Feminismus für eine Bewegung zu halten, die ihren Zenit überschritten hat, ist weder eine Einverständniserklärung mit dem gesellschaftlichen Status quo noch eine Kapitulationserklärung gegenüber denjenigen, die das Rad zurückdrehen und Mann und Frau wieder in die traditionellen Rollenkorsetts stecken wollen. Es geht um ein Ende der Kampfhandlungen zwischen strukturkonservativen und feministischen Rollenleitbildfanatikern. Denn nur, wenn wir die alten Schlachtfelder räumen, hält unsere Gesellschaft die Vielfalt unterschiedlicher weiblicher und männlicher Lebensmodelle aus, so wie sie auch die Koexistenz unterschiedlicher religiöser, politischer und moralischer Überzeugungen aushält: mit Toleranz, Respekt, Verständigungsbereitschaft, mit Vertrauen in die Verantwortungsfähigkeit von Menschen und in der Überzeugung, dass Vielfalt und Pluralismus das Zusammenleben bereichern.

Wir haben die Wahl – aber nicht die Wahlfreiheit

Ein Meinungsklima, das von der Akzeptanz für die Koexistenz unterschiedlicher Lebensentwürfe geprägt ist, lässt sich nicht per Dekret verordnen. Der israelische Schriftsteller Amos Oz, der sich aufgrund seiner Kindheit in Jerusalem gelegentlich selbstironisch als »Experte für vergleichende Fanatismusforschung« bezeichnet, hat über die politisch nicht lösbare Frage »Wie man Fanatiker kuriert« vor einigen Jahren eine Rede zum Jahresempfang der Evangelischen Akademie Tutzing gehalten.[1] Es geht darin nicht um den offensichtlichen Fanatismus von Fundamentalisten und extremistischen Eiferern. Es geht um den leisen Fanatismus im Alltag unseres Zusammenlebens: um agressive Nichtraucher, verbissene Vegetarier, radikale Umweltschützer und militante Pazifisten, kurz: um die Selbstgerechtigkeit und die Kompromisslosigkeit, die persönliche Überzeugungen gelegentlich begleiten. »Das Wesen des Fanatismus liegt in dem Bedürfnis, andere Menschen dazu zu zwingen, sich zu ändern – in der sehr weit verbreiteten Neigung, den Nachbarn zu bessern oder den Ehegatten von seinen Eigenarten zu kurieren, das Kind auf ein höheres Niveau zu bringen und den Bruder gründlich über sich aufzuklären, anstatt ihn einfach zu lassen, wie er ist. Der Fanatiker ist kein Egoist – niemand denkt so altruistisch wie der Fanatiker. Oft ist der Fanatiker in stärkerem Maße an Ihnen interessiert als an sich selbst. Er will Ihre Seele retten, er will Sie entsühnen, er will Sie von der Sünde befreien, von Ihren Irrtümern, vom Nikotin, von Ihrem Glauben oder Unglauben, er will Ihre Ernährungsgewohnheiten verbessern oder Sie heilen von dem Schlimmen, das Sie trinken oder wählen.« Der Alltagsfanatiker, den Amos Oz mit diesen Worten beschreibt, kann das Anderssein des anderen nicht ertragen: Er wünscht sich Konformität und Uniformität für eine Welt, in der alte Gewissheiten ihre Gültigkeit verloren haben und eine unübersichtliche Vielfalt an die Stelle einer überschaubaren Ordnung getreten ist. Der Fanatiker besteht auf klaren Grenzen, die die Welt einteilen in »richtig« und »falsch«: Er will auf der richtigen Seite stehen und dafür sorgen, dass dort auch alle anderen stehen. Wie kuriert man – fragt Amos Oz – die Fanatiker des Alltags?

Vor eben dieser Frage stehen wir nach 40 Jahren feministischer Arbeit am Leitbild für die emanzipierte Frau – nach 40 Jahren ergebnislosen Ringens um einen neuen Maßstab für die Ächtung und Anerkennung von Lebensentwürfen und Familienbildern. Die alte gesellschaftliche Ordnung, die der Frau ihre Aufgaben klar und ausschließlich in der Familie zuwies, hat sich aufgelöst, ohne dass eine neue, allgemein akzeptierte Ordnung an ihre Stelle getreten wäre. Früher kannten Mann und Frau ihren Platz in der Gesellschaft. Heute konkurrieren widersprüchliche Rollenleitbilder um Platz eins in der Hierarchie der Lebensentwürfe. Früher hatten wir keine Wahl. Heute haben wir die Wahl zwischen unterschiedlichen Lebensentwürfen. Die Wahlfreiheit aber haben wir nicht. Denn der Gewinn an individueller Freiheit für die zweifellos privilegierteste Frauengeneration der Geschichte hat unsere Gesellschaft keineswegs liberaler und toleranter gegenüber den Ergebnissen dieser Freiheit gemacht: Wir sind zu einer Gesellschaft von Rollenleitbildfanatikern geworden, die die eigene Weltanschauung oder den eigenen Lebensentwurf zum Maßstab für die Beurteilung anderer Lebensentwürfe erheben und das Anderssein der anderen nicht ertragen. Wir bekämpfen den Fanatismus der anderen mit eigenem Fanatismus, statt das Nebeneinander unterschiedlicher Auffassungen von einem guten Leben zu akzeptieren und pragmatisch nach Wegen zu suchen, wie unterschiedliche Lebensentwürfe auf eine für alle Beteiligten akzeptable Weise funktionieren können.

Wenn wir die Emanzipation der Frauen, die Gestaltungs-freiheit für Frauen und Männer und die Lust auf Familie fördern wollen, sollten wir Abschied nehmen vom Dik-tat der Rollenbilder. Wir sollten Rollen nicht länger zu gesellschaftlichen Leitbildern erheben, sondern sie als Teil der privaten Lebensführung von Frauen und Männern in ihrer Partnerschaft und Familie akzeptieren. Dazu braucht es zum einen Klarheit über die einschränkende Wirkung dominanter Leitbilder. Darum geht es im zweiten Kapitel. Zum anderen braucht es gesellschaftliche Veränderungen, die Gestaltungsfreiheit für Frauen und für Männer eröffnen. Sie stehen im Mittelpunkt des dritten Kapitels.

Vater, Mutter, Kind –
Familie im Kreuzfeuer
der Rollenleitbildfanatisten

1 Feminismus, Fertilität und Familie

Kinder, Küche, Kirche: Nur der Wohlklang einer überstrapazierten Alliteration erinnert heute noch an die Einschränkungen, die das Frausein den Frauen vor nicht allzu langer Zeit auferlegte. Heute verorten wir Diskussionen über die gesellschaftliche Rolle der Frau nicht mehr im wohlgeordneten Umfeld der drei K, sondern im erbittert umkämpften Spannungsfeld der drei F: Fertilität, Feminismus und Familie. In diesem Spannungsfeld geht es um familiäre Fürsorge und Verantwortung, es geht um den Anspruch auf Selbstbestimmung und Selbstverwirklichung, und es geht um die Frage, warum die Gebärfreude der deutschen Frau allen familienpolitischen Anstrengungen zum Trotz seit Jahrzehnten zu wünschen übrig lässt. Vor allem geht es in unseren gesellschaftspolitischen Diskussionen aber leider häufig darum, die drei F gegeneinander auszuspielen: Familie gegen feministische Forderungen nach Gleichberechtigung, familiäre Verantwortung gegen Selbstverwirklichung, die Geburtenrate gegen die Emanzipation, traditionelle gegen moderne Rollenleitbilder.

Frauen im Gebärstreik?

Die Fronten sind klar: Aus feministischer Sicht galten mütterliche Fürsorge und Freude am Muttersein lange als natürliche Feinde von Selbstentfaltung und Gleichberechtigung. Die Überzeugung vom Glück eines Lebens mit Kindern hat ihre Unschuld verloren, seit Simone de Beauvoir und andere Feministinnen Männern unterstellt haben, nur deshalb die Schönheit der Mutterschaft zu preisen, weil die Mystik des Geschirrspülens keine Frau an Heim und Herd binde. Strukturkonservative Zeitgenossinnen und Zeitgenossen wiederum haben die noch jungen Errungenschaften Gleichberechtigung und Emanzipation im Verdacht, weiblichen Egoismus und damit den Zerfall von Familie und Gesellschaft zu begünstigen. Die Auffassung, dass man mütterliche Fürsorgeaufgaben teilen und sich dafür Unterstützung holen kann, wird allein schon durch Begrifflichkeiten wie »Fremdbetreuung« oder »Verwahrung« in die Nähe von Kindesvernachlässigung gerückt. Diese beiden Extrempositionen treffen in den Fertilitätsdebatten über die erlahmte Fortpflanzungsbereitschaft deutscher Frauen aufeinander.

Wer Feminismus und Emanzipation als Wurzeln allen Übels ausgemacht hat, darf angesichts niedriger Geburtenraten die Rückbesinnung auf familiäre Aufgaben und weiblichen Karriereverzicht predigen wie die ehemalige Nachrichtensprecherin Eva Herman in ihrem Buch *Das Eva-Prinzip. Für eine neue Weiblichkeit.* Einer etwas subtileren Variante dieser Argumentation bedienten sich in den letzten Jahren namhafte männliche Autoren: Sie erinnerten die Frau mit viel Pathos an ihre Verantwortung für den Fortbestand der Gesellschaft und priesen naturgegebene »weibliche« Tugenden wie Fürsorglichkeit, Altruismus und Aufopferungsbereitschaft als Rettung vor dem Aussterben der Deutschen, so etwa Frank Schirrmacher in seinem

Buch *Minimum. Vom Vergehen und Neuentstehen unserer Gemeinschaft.* Wir leben, warnen die Apologeten einer strukturkonservativen Weltanschauung, in einer »Gesellschaft am Abgrund«[1] (Eva Herman), »in der immer mehr Menschen unfähig sind, Liebe und Fürsorge für Kinder und Verwandte aufzubringen«[2] (Frank Schirrmacher). Die Medien greifen das apokalyptische Lamento dankbar auf: »Jeder für sich. Wie der Kindermangel eine Gesellschaft von Egoisten schafft«[3], titelte beispielsweise der *Spiegel*, und auch die *Bild*-Zeitung schwang die Moralkeule: Die reißerische Schlagzeile »Deutschlands Superfrauen – Ohne Kinder mehr Erfolg?«[4] stigmatisierte erfolgreiche, kinderlose Frauen wie die Moderatorin Sandra Maischberger (die mittlerweile Mutter ist!) als bevölkerungspolitische Blindgänger: »Machen diese Power-Frauen unsere Spielplätze leer?«, fragte Franz Josef Wagner in seiner *Bild*-Kolumne[5], derweil Deutschlands Power-Männer in Zeitungsredaktionen und Konzernzentralen von solch tiefgründiger Ursachenforschung unbehelligt weiter ihres Karriereweges gehen durften.

Nicht besser das andere, das feministische Extrem in der Debatte um die drei F: Was Männer vielfach schon immer tun, nämlich ohne Rücksicht auf Familie die Karriereleiter erklimmen, das sollen nun auch Frauen dürfen. Wer Letztere davor bewahren will, sich in die Rolle der aufopfernden Mutter zurückdrängen zu lassen, pocht deshalb auf das Recht der Frau, genauso wenig Zeit mit Kind und Familie zu verbringen wie der Mann, und rät im Übrigen, keinesfalls Kompromisse einzugehen, die an das Leben unserer Mütter und Großmütter erinnern. »Die alten Rollen, denen sich Frauen ergeben, stehen in krassem Widerspruch zu ihrem egalitären Verständnis und ihren Lebensentwürfen, die sich an den Freiheitsidealen einer hoch individualisierten Gesellschaft orientieren«, befindet Bascha Mika und ruft deshalb zur Revolution in deutschen Doppelhaushälften, Einfamilienhäusern und Altbauwohnungen auf.

Dem strukturkonservativen Appell an die emanzipierte Frau, sich ihrer natürlichen Bestimmung zur Mutterschaft nicht zu verschließen, setzen Feministinnen also die Warnung vor der Kapitulation entgegen, ganz so, als stünde mit der Freude der Frau am Muttersein die Renaissance des Patriarchats kurz bevor. In der niedrigen Geburtenrate sehen manche Feministinnen ein Indiz für die Überforderung der Frau, die lieber gar nicht Mutter ist, als sich dem Vorwurf auszusetzen, eine schlechte Mutter zu sein. Die französische Feministin Elisabeth Badinter hat diese These in ihrem jüngsten Buch *Der Konflikt. Die Frau und die Mutter* belegt und konstatiert: »Wenn immer wieder betont wird, eine Mutter müsse ihrem Kind alles geben, (…) um später nichts bereuen zu müssen, dann bleibt es unvermeidbar, dass Frauen vor dieser Hürde zurückschrecken.«[6] In dieser Analyse steckt viel Wahres, und aus eigener Erfahrung nach der Geburt meiner Tochter weiß ich, welchen Druck die Erwartungen an eine »gute Mutter«, möglichst lange zu stillen, den Möhrenpastinakenbrei selbst zu kochen und dem Baby keinesfalls eine andere Bezugsperson zuzumuten, auf Frauen ausüben. Die Auffassung allerdings, das Aufgehen von Frauen in der Mutterrolle bedrohe Emanzipation und Gleichberechtigung, ist ebenso falsch wie die umgekehrte Unterstellung, die Emanzipation von Frauen gefährde Familie und Gesellschaft.

Familienmodelle ändern sich – Familie hat Bestand

Die mit schöner Regelmäßigkeit wiederkehrenden Klagen über die niedrige Geburtenrate liefern Rollenleitbildfanatisten aller Couleur also zuverlässig Nachschub an Munition, und im Kreuzfeuer der daran anknüpfenden Rollenleitbilddiskussionen steht die Familie. Was hat man ihr in den Debatten der letzten Jahre und Jahrzehnte nicht alles nachgesagt! Als Hort der Unterdrückung galt sie den einen, als Last am Bein der emanzipierten Frau, nicht mehr zeitgemäß, aus der Mode gekommen wie Schlaghosen und Schulterpolster. Bedroht vom hedonistischen Streben nach Selbstverwirklichung sahen sie die anderen, vom omnipräsenten Zwang zu Flexibilität und Mobilität, vom rastlosen Nomadendasein des modernen Arbeitnehmers und vor allem der modernen Arbeitnehmerin. Und, ach ja, die hohen Scheidungsraten, die steigende Zahl von Single-Haushalten, das Phänomen der seriellen Monogamie in Lebensabschnittspartnerschaften, die anhaltende Gebär- und Zeugungsfaulheit – führt all das nicht unaufhaltsam zu ihrem Niedergang?

Allen Unkenrufen zum Trotz hat die Lebensform Familie weder an Bedeutung noch an Lebendigkeit eingebüßt. Partnerschaft und Familie gehören für die meisten Frauen und Männer zu einem erfüllten Leben. Mehr als drei Viertel der Menschen in Deutschland geben an, dass Familie den Mittelpunkt ihres Lebens ausmacht und damit deutlich mehr Bedeutung hat als Freundeskreis, Job und Hobbys.[7] 80 Prozent wünschen sich, dass eine Partnerschaft ein Leben lang hält.[8] Über 80 Prozent können auf starken Zusammenhalt in der Familie und familiären Rückhalt in schwierigen Situationen zählen; Langzeitanalysen von Allensbach belegen auch, dass dieses Vertrauen in den vergangenen 20 Jahren keineswegs zurückgegangen, sondern – im Gegenteil – sogar kontinuierlich gewachsen ist.[9] Eine überwältigende Mehrheit der Deutschen verbindet Familie mit Solidarität (89 Prozent), Liebe (87 Prozent), Geborgenheit (84 Prozent) und gegenseitiger Verantwortung (75 Prozent).[10]

Das sind nicht nur hehre Ideale. Zahlreiche Untersuchungen belegen, dass der familiäre Zusammenhalt auch im Alltag trägt: Großeltern unterstützen in den meisten Familien bei der Kinderbetreuung[11], alte und kranke Menschen werden von ihren engsten Angehörigen gepflegt[12], und die meisten Eltern würden ihr letztes Hemd geben, damit es Söhnen und Töchtern gut geht. Kurz und gut: Familien stiften immer noch generationenübergreifend Zusammenhalt, und wenn es schwierig wird, können die meisten Menschen auf ihre Familie zählen. Das prägt auch die Einstellungen der jungen Generation: Gut drei Viertel der 12- bis 25-Jährigen sind der Meinung, dass Familie zu einem glücklichen Leben gehört, und mehr als 90 Prozent berichten von einem guten Verhältnis zu ihren Eltern. Knapp 70 Prozent der Jugendlichen und jungen Erwachsenen wünschen sich später Kinder.[13]

Die Emanzipation der Frau und die von Soziologen mit dem Schlagwort »Individualisierung« bezeichneten gesellschaftlichen Modernisierungsprozesse haben also entgegen vielfacher Befürchtungen weder zur Krise der Familie geführt noch die Formation »Vater, Mutter, Kind« zum Auslaufmodell gemacht. Wohl aber ist eine unübersichtliche Vielfalt von Familienformen entstanden, die sich keinem einheitlichen Familienleitbild mehr zuordnen lassen. Zwar ist die Ehe mit Kindern immer noch die am häufigsten gewählte Lebensform, und mehr als drei Viertel aller Kinder wachsen bei Ehepaaren auf.[14] Doch die Zahl nichtehelicher Lebensgemeinschaften mit und ohne Kinder hat deutlich zugenommen – genauso wie die der Alleinerziehenden und der Single-Haushalte. Umgekehrt ist zwar die Zahl der Ehescheidungen gestiegen und die Zahl der Geburten zurückgegangen. Doch dafür sind familiäre Beziehungen heute Wunschbeziehungen und Kinder vielfach heiß ersehnte Wunschkinder. Wer in einer Partnerschaft lebt oder eine Familie gründet, beugt sich keinem äußeren Druck, sondern entscheidet sich in der Regel bewusst dafür.

Geändert haben sich auch Lebensentwürfe und Rollenbilder, vor allem die der Frauen, aber auch die der Männer. Die frühere Arbeitsteilung der Geschlechter – *sie* kümmert sich um Haushalt und Kinder, *er* bringt das Geld nach Hause und wäscht am Samstag das Auto – ist heute eine Option unter verschiedenen, für die ein Paar sich entscheidet oder auch nicht. Die meisten Frauen wünschen sich ein erfülltes Familienleben, wollen dafür aber ihre beruflichen Chancen und Perspektiven nicht aufgeben. Umgekehrt wollen heute auch Männer mehr von ihrer Familie haben als ein Bild auf dem Schreibtisch und suchen nach Möglichkeiten, Zeit für familiäre Verantwortung mit ihren beruflichen Zielen in Einklang zu bringen.

Mit dem neuen Selbstverständnis von Mann und Frau stehen also keineswegs die Werte auf dem Spiel, die Familie zur wichtigsten und tragfähigsten Verantwortungsgemeinschaft in unserer Gesellschaft machen. Denn nicht *Familie* hat mit der Emanzipation der Frau und dem Zugewinn an Handlungsspielräumen und Wahlmöglichkeiten an Bedeutung verloren. Es ist das traditionelle Familien*modell*, charakterisiert durch die strenge Teilung zwischen weiblicher Fürsorge- und männlicher Ernährerrolle, das seine Monopolstellung in der Lebensplanung vor allem von Frauen verloren hat und das mittlerweile auch viele Männer nicht mehr als Ideal empfinden: Nur noch 17 Prozent von ihnen wünschen sich eine Partnerschaft, in der allein er das Einkommen verdient, während sie sich ausschließlich Kindern und Haushalt widmet.[15] Auch ist den Frauen keineswegs der Kinderwunsch abhandengekommen, im Gegenteil. Die meisten wünschen sich Kinder. Abhandengekommen ist ihnen nur die Bereitschaft, sich klaglos mit der exklusiv weiblichen Zuständigkeit für warme Mahlzeiten, feuchte Textilien und tadellose Manieren des Nachwuchses abzufinden und dafür dauerhaft auf Beruf, finanzielle Unabhängigkeit und eigene Interessen zu verzichten.

Auf diese Veränderungen hat die Familienpolitik in den letzten Jahren reagiert: mit Milliardeninvestitionen in den Ausbau und die Qualität der Kinderbetreuung und mit dem Elterngeld als Ausgleich für den Gehaltsverzicht von Müttern und Vätern in den ersten 14 Monaten nach der Geburt eines Kindes. Damit trägt Familienpolitik der Tatsache Rechnung, dass das Ende der klaren Teilung zwischen (mütterlicher) Fürsorge- und (väterlicher) Ernährerrolle zu einem Bedürfnis nach zusätzlichen und besseren Kinderbetreuungsangeboten und nach partnerschaftlich geteilter Familienzeit geführt hat. Doch weil diese Maßnahmen vor allem der – wohlgemerkt politisch lange vernachlässigten! – Gruppe berufstätiger Mütter zugute kommen, sehen Anhänger einer strukturkonservativen Weltanschauung darin schlicht eine Anbiederung an den Zeitgeist auf Kosten der Institution Familie und ihrer Werte. So entbrannte vor einigen Jahren eine erbitterte Rollenleitbilddebatte um die Familie, als die damalige Bundesfamilienministerin Ursula von der Leyen sich erfolgreich für eine deutliche Erhöhung der Zahl der Kita-Plätze einsetzte, um den ermittelten Bedarf von Eltern decken zu können.

Der katholische Bischof Walter Mixa klagte, die staatlichen Investitionen in den Ausbau der Kinderbetreuung förderten die möglichst frühe Rückkehr der Frauen ins Berufsleben und degradierten diese damit zu »Gebärmaschinen«[16]. Die strukturkonservative Linken-Politikerin Christa Müller verglich den aus ihrer Sicht notwendigen Kampf gegen die »Fremdbetreuung« von Kindern mit dem Kampf gegen die Genitalverstümmelung von Frauen.[17] Ex-Nachrichtensprecherin Eva Herman geißelte Emanzipation und Fremdbetreuung und wurde in Medienberichten mit lobenden Worten für die Wertschätzung von Mutterschaft und Familie durch die Nationalsozialisten zitiert.[18] In einem Gastbeitrag für das Magazin *Cicero* vertrat sie außerdem die Meinung, emanzipierte und beruflich erfolgreiche Frauen seien für die Mutterrolle »unbrauchbar«. Sie sollten sich nach ihren Motiven und Zielen fragen lassen, so Herman, und präsentierte gleich die Antwort: »Es sind Selbstgefälligkeit und Eitelkeit. Und so führen wir auf fatale Weise unsere wunderbaren Kräfte in die falsche Richtung. (…) Wir vergeuden sie. Wer einmal den Wert häuslichen Friedens in Harmonie und Wärme kennenlernen durfte, einen Ort, der Sicherheit, Glück und Seelenfrieden gibt, weiß, wovon die Rede ist. Diesen Boden kann nur die weibliche Seite bereiten. Es ist die Frau, die in der Wahrnehmung ihres Schöpfungsauftrags die Familie zusammenhalten kann.«[19] Die Gegenangriffe ließen nicht lange auf sich warten: Alice Schwarzer hatte für Eva Hermans »Suada zwischen Mutterkreuz und Steinzeitkeule«[20] erwartungsgemäß nichts als Verachtung übrig – ebenso wie für das traditionelle Familienbild: »Eine Hausfrau ist in einem feudalen System gefangen. Wenn die Beziehung schiefgeht oder der Mann unter einen Lastwagen kommt, steht diese Frau allein da. Sie ist von einem Menschen abhängig, und das ist eine heikle Konstruktion. (…) Also: Feministen haben nichts gegen Hausfrauen, sie kennen nur die Wahrheit über Hausfrauen.«[21]

So wuchs sich die Fremdbetreuungsdebatte bald zu einer Schlacht der Rollenleitbildfanatisten aus: »Wollt ihr die totale Krippengesellschaft?«[22], fragte Hedwig Freifrau von Beverfoerde – Hausfrau, Mutter dreier Kinder und Koordinatorin im Familiennetzwerk Deutschland – in einem Gastbeitrag für *Die Welt*, als ginge es darum, allen Eltern die Zwangsbetreuung ihrer Kinder zu verordnen. Ins selbe Horn blies die Erziehungswissenschaftlerin Christine Brinck: Sie veröffentlichte ein Buch mit dem Titel *Mütterkriege. Werden unsere Kinder verstaatlicht?*. Die Journalistin Jutta Hoffritz hielt mit ihrem Buch *Aufstand der Rabenmütter. Warum Kinder auch ohne Baby-Yoga glück-*

lich werden dagegen. Der *Spiegel* sah Deutschland in einem »Glaubenskrieg ums Kind«[23], und in der *Süddeutschen Zeitung* fasste Alex Rühle das Ergebnis des öffentlichen Räsonierens über das richtige Familienleben folgendermaßen zusammen: »Noch nie wollten Eltern so gut sein. Und noch nie haben sie sich so mies gefühlt.«[24]

So führen familienpolitische Debatten mit schöner Regelmäßigkeit in dieselbe Sackgasse wie die immer wiederkehrenden Feminismusdebatten: Es geht nicht um Bedürfnisse, sondern um Wahrheiten; es geht nicht um Lösungen, sondern um Weltanschauungen. Am Ende stehen sich die üblichen Protagonistinnen und Protagonisten gegenüber und werfen sich gegenseitig das falsche Leben vor. Schlachtfelder sind nicht nur die Feuilletons deutscher Zeitungen und die politischen Talkshows; verurteilt, verachtet und verdammt wird überall dort, wo unterschiedliche Lebens- und Familienentwürfe aufeinandertreffen: in Kindergärten, in Schulen, auf Kinderspielplätzen, auf Familienfeiern und am Arbeitsplatz.

In einer Allensbach-Umfrage unter Müttern und Vätern von unter zweijährigen Kindern jedenfalls stimmten 27 Prozent der Befragten der Aussage zu: »Eine gute Mutter ist nicht berufstätig, sondern ganz für das Kind da.« Fast genauso viele, nämlich 23 Prozent, vertraten die Meinung: »Eine gute Mutter schafft es, nicht nur gut für das Kind zu sorgen, sondern auch einem Beruf nachzugehen.«[25] Über 50 Prozent der Eltern kleiner Kinder machen die Mutterqualitäten also an der Frage der Berufstätigkeit oder Nichtberufstätigkeit fest. Sie überhöhen die Rolle, die sie für sich selbst als die beste erkannt haben, zum Rollenleitbild, das für alle gelten soll.

Nicht umsonst beginnt die Journalistin Nana Heymann ihr Buch über Mütter aus der jungen, emanzipierten Frauengeneration mit dem Satz: »Ich bin eine von denen, zu denen jeder eine Meinung hat. Ich bin eine von denen, die nichts richtig machen können, dafür aber alles falsch.«[26]

Warum Rollenleitbildfanatiker ihr Ziel verfehlen

Frauen scheinen in der Wahl ihres Lebensentwurfs nur frei, solange sie nicht Mütter sind. Sobald sie Mütter werden, entfalten die allerorten sorgsam gepflegten, widersprüchlichen Rollenleitbilder ihre suggestive Wirkung. In dieser Kultur misstrauischer Feindseligkeit geht es dem Kinderwunsch wie einer empfindlichen Zimmerpflanze, die man draußen dem grellen Sonnenlicht und den wechselnden Witterungsverhältnissen aussetzt: Er verkümmert. Von allen Seiten zu hören, was man falsch machen kann und was man richtig machen muss, sobald man eine Familie gründet, fördert nicht die Lust auf Kinder, sondern die Neigung, den Kinderwunsch aufzuschieben, bis das eigene Leben neben dem passenden Partner vielleicht irgendwann die von allen Seiten angemahnten Rahmenbedingungen bietet. Wer auch immer vorsichtig in Erwägung zieht, die entspannte Lebensphase der Postadoleszenz, in der man unbehelligt von fremder Leute Werturteil sein Leben leben kann, zwecks Familiengründung zu beenden, muss bei unseren gesellschaftspolitischen Diskussionen den Eindruck gewinnen, Familie sei ein ziemlich verwegenes Unterfangen mit Dauer-Abo auf die Verachtung wohlmeinender Mitmenschen.

Nicht minder schwer wiegt, dass es mit den notwendigen strukturellen Reformen noch langsamer vorangeht, wenn uns jeder Versuch der Verständigung auf Schlachtfelder führt, auf denen hinterher kein Gras mehr wächst. Fanatismus verhindert nicht nur Pragmatismus, sondern erstickt notwendige Diskussionen schon im Keim: zum Beispiel über den weiter steigenden Bedarf an guter Ganztagsbetreuung und Ganztagsschulen. Diese Themen markieren in Deutschland vermintes Gelände. Das Argument, etwas Grundsätzliches stehe auf dem Spiel – Werte! Familie! Zusammenhalt! –, lenkt ab von dem, was doch eigentlich in der

Familienpolitik zählen sollte: die Bedürfnisse von Familien, von Kindern, von Eltern und von all denen, die es vielleicht einmal werden wollen. Das Insistieren auf der Vorzugswürdigkeit eines wie auch immer gearteten Rollenleitbilds führt zu einem Schwarz-Weiß-Denken, das Kompromisse ausschließt. So erschwert der nicht enden wollende Streit auch die Verständigung auf bessere Rahmenbedingungen für Eltern und Kinder.

Bisher ist es nicht gelungen, das vielfach wahrgenommene Spannungsverhältnis zwischen Familienwirklichkeit und Familienleitbild auf eine Art und Weise aufzulösen, die eine pragmatische, das heißt: an der Vielfalt unterschiedlicher Bedürfnisse von Müttern, Vätern und Kindern orientierte Diskussion ermöglicht. Dazu wäre es zunächst einmal notwendig, von der Vorstellung Abschied zu nehmen, klassische Familienwerte wie Verantwortung, Fürsorge und Solidarität könnten nur innerhalb einer ganz bestimmten Arbeitsteilung zwischen Mann und Frau gelebt werden. Als verlässlichster Rahmen für das Aufwachsen von Kindern und als Versprechen lebenslanger Verantwortung steht die Ehe zu Recht unter dem besonderen Schutz unseres Grundgesetzes. Doch egal, ob Einverdiener-Ehe oder Doppelverdiener-Patchwork, ob klassische, vertauschte oder gemischte Rollenverteilung – Menschen können auf unterschiedliche Weise Verantwortung übernehmen und den Bedürfnissen ihrer Familie und ihrer Kinder gerecht werden. Der bunte Flickenteppich unterschiedlicher Lebensentwürfe, auf dem der einstige Musterfamilienlebensentwurf nur noch ein Flicken unter vielen anderen ist, setzt Toleranz gegenüber unterschiedlichen Formen des Familienlebens und Vertrauen in das Verantwortungsbewusstsein von Müttern und Vätern unabhängig von der Rollenverteilung in der Partnerschaft voraus.

Es lohnt sich deshalb, die von Amos Oz aufgeworfene

Frage, wie man Fanatiker kuriert, auf unsere gesellschaftspolitischen Debatten um Fertilität, Feminismus und Familie
zu übertragen. Denn hier stehen Feministinnen und Strukturkonservative, Kinderlose und Eltern, berufstätige Mütter
und Vollzeitmütter sich unversöhnlich gegenüber und berufen sich auf die moralische Überlegenheit eines bestimmten
Lebensmodells, auf die natürliche Ordnung der Geschlechter, auf höhere Ziele wie Gleichberechtigung oder schlicht
auf die glücksmehrenden Eigenschaften des eigenen Lebensentwurfs. Das schärfste Schwert in diesem Kampf ist das
schlechte Gewissen – das schlechte Gewissen der arbeitenden Mütter, dass sie Kinder haben und trotzdem arbeiten,
das schlechte Gewissen der Nichtmütter, dass sie arbeiten
und keine Kinder haben, und das schlechte Gewissen der
nicht arbeitenden Mütter, dass sie sich der Arbeitswelt als
Humankapital und der Emanzipation als Rollenvorbild
verweigern.

Woher diese Dominanz ideologischer Positionen in einer
liberalen Gesellschaft, deren größte Stärke doch gerade
darin besteht, mit der eigenen Vielfalt umzugehen und den
gesellschaftlichen Zusammenhalt von weltanschaulicher
Übereinstimmung zu entkoppeln? Wäre für Familie, Gleichberechtigung und die Realisierbarkeit von Kinderwünschen
nicht viel mehr gewonnen, wenn wir die Realität unterschiedlicher Lebensentwürfe und Bedürfnisse tolerierten,
statt Emanzipation einerseits und Verantwortung andererseits mit der Entscheidung für ein ganz bestimmtes Rollenleitbild zu verknüpfen?

Mit dem gebetsmühlenhaften Beschwören von Leitbildern jedenfalls verfehlen die Rollenleitbildfanatiker ihr Ziel:
Strukturkonservative wollen die Familie stärken – knüpfen
ihr berechtigtes Anliegen aber an Bedingungen, unter denen
immer weniger Menschen bereit sind, eine Familie zu gründen. Feministinnen wiederum wollen Frauen in ihrem Recht

auf Selbstverwirklichung stärken – sehen aber nicht, dass dafür nicht nur der Beruf entscheidend ist, sondern dass Familie, Kinder und auch die klassische Mutterrolle ein Teil weiblicher Selbstverwirklichung sein können. Das Ergebnis ist weder eine Stärkung der Familie noch eine Stärkung der Gleichberechtigung, sondern eine Fortsetzung der Gefangenschaft mit anderen Mitteln: mit samtenen Fesseln, die uns binden, ohne zu schmerzen – und mit gläsernen Wänden, die uns gefangen halten, ohne dass wir sie sehen.

2 Samtene Fesseln: Die bindende Kraft traditioneller Rollenleitbilder

»Das Neue und Aufregende, das den Beginn unseres Jahrhunderts Prägende, ist die Tatsache, dass die alten Ordnungskräfte des Lebens durch keine neuen ersetzt wurden«, schreibt der Autor und Journalist Gabor Steingart in seinem Buch *Das Ende der Normalität.* »Für den Einzelnen ist diese Tatsache eine unerhörte, eine ihn verstörende und zugleich erregende Botschaft: Er ist frei. (…) Er ist nicht mehr nur Zeuge seiner Biografie. Die große gesellschaftliche Prägemaschine hat ihn aus ihren metallischen Pressbacken entlassen.«[1] Die große gesellschaftliche Prägemaschine hat ihre Arbeit aber nicht eingestellt. Mögen ihre metallischen Pressbacken, die Männer zum Ernährer und Frauen zur Hausfrau formten, heute auch ins Leere laufen: Zur Erzeugung von schlechtem Gewissen taugen sie allemal. Was einst die metallischen Pressbacken einer patriarchalischen Gesellschaft schafften, erledigen fanatische Anhängerinnen und Anhänger traditioneller Rollenvorstellungen heute sozusagen von Hand. Es reicht ja schon aus, die Mutterqualitäten berufstätiger Mütter anzuzweifeln. Diese Keule zielt auf den größten Wunsch und die größte Angst wohl jeder Mutter – den Wunsch, ihrem Kind eine gute Mutter zu sein, und die Angst, als Mutter zu versagen. Und sie verfehlt ihre Wirkung nicht.

Die britische Journalistin Allison Pearson hat diese Wirkung in ihrem Romanbestseller *Working Mum* mit viel Witz und Ironie beschrieben. Der Roman beginnt damit, dass Kate Reddy, einzige weibliche Führungskraft in einer Londoner Investmentfirma und Mutter zweier kleiner Kinder, nachts um halb zwei in der Küche steht und gekauftes Gebäck mit Nudelholz und Puderzucker bearbeitet: Es muss am nächsten Tag bei der Weihnachtsfeier im Kindergarten ihrer Tochter unbedingt wie selbst gemacht aussehen. Sie wird sonst, glaubt sie, im gnadenlosen Wettbewerb mit den fürsorglichen Vollzeitmüttern nicht bestehen können und wieder einmal alle gängigen Vorurteile gegenüber berufstätigen Müttern bestätigen. »Sehen Sie, ehe ich wirklich alt genug war zu verstehen, was es heißt, eine Frau zu sein, hatte ich schon verstanden, dass die Welt der Frauen zweigeteilt war: Es gab ordentliche Mütter, aufopfernde Bäckerinnen von Apfelstrudel (...), und dann gab es diese andere Sorte. Im Alter von 35 Jahren weiß ich nun genau, zu welcher Sorte ich gehöre, und ich nehme an, deshalb befinde ich mich in den frühen Morgenstunden des 13. Dezember hier, deshalb schlage ich mit dem Nudelholz auf Mince Pies ein, bis sie wie etwas aussehen, was Muttern gemacht hat.« Früher, kommentiert sie ihr nächtliches Werk lakonisch, hätten Frauen Zeit gehabt, den Kuchen selbst zu backen, mussten aber den Orgasmus vortäuschen – heute sei es umgekehrt: Der Orgasmus sei echt, aber der Kuchen gefälscht. »Und das nennt man nun Fortschritt.«[2]

Wie Strukturkonservative den Gewissenskonflikt schüren

Den Generalverdacht der Kindesvernachlässigung kennen alle berufstätigen Mütter kleiner Kinder. Die Überzeugung, es schade Kleinkindern, wenn sie sich nicht ununterbrochen in mütterlicher Obhut befinden, sondern vom Vater, von der Oma, von einer Tagesmutter oder in einer Kita umsorgt werden, hält sich in Deutschland so hartnäckig wie die

Angst vorm Waldsterben. Zwar gelten Länder wie Frankreich und Dänemark trotz ihrer gut ausgebauten Betreuungsinfrastruktur und einer hohen Zahl berufstätiger Mütter nicht als Heimat besonders bindungsgestörter, asozialer Menschen. Trotzdem beharren strukturkonservative Verfechterinnen der traditionellen Mutterrolle unbeirrt darauf, dass eine Frau, die ihr kleines Kind zeitweise einem anderen Menschen anvertraut, dessen Wohlbefinden und späteres Lebensglück gefährde – unabhängig davon, wer diese anderen Menschen sind und wie liebevoll sie sich kümmern. Sie berufen sich dabei auf die Bindungstheorie aus den 1950er-Jahren von John Bowlby: Sie besagt, dass allein die Mutter ihrem Kind emotionale Geborgenheit geben kann, während selbst dem Vater dazu die biologischen Voraussetzungen fehlten. Vielleicht gelten Männer deshalb schon als Helden, wenn sie ein paar unfallfreie Stunden mit ihrem Kind verbringen können, während bei Frauen jede Stunde Abwesenheit schwerer wiegt als die Liebe und Fürsorge in zehn Stunden Anwesenheit. Dass diese schlichte, vielfach widerlegte Theorie aber immer noch herhalten muss, um Müttern und Vätern jeden Entscheidungs- und Gestaltungsspielraum bei der familiären Arbeitsteilung abzusprechen, sagt mehr über die Weltanschauung ihrer Anhängerinnen und Anhänger als über die Lebensumstände von Kindern in den vielfältigen Familienformen.

Die meisten Entwicklungspsychologen argumentieren viel differenzierter, als die fanatischen Anhängerinnen und Anhänger eines traditionellen Familienbildes es darstellen: Sie gehen davon aus, dass ein kleines Kind nicht nur zu *einer* Person eine enge Bindung aufbauen kann.[3] Sie weisen darauf hin, dass all das, worauf es für die gesunde emotionale Entwicklung eines Kindes ankommt – Liebe, Geborgenheit, Verlässlichkeit –, nicht von der ausschließlichen Betreuung durch die Mutter und deren Rund-um-die-Uhr-Präsenz abhängt, sondern von ihrem einfühlsamen Umgang mit ihrem Kind und einem stabilen familiären Umfeld.[4] Sie machen deutlich, dass sich eine frühe Beteiligung von Vätern an der Betreuung ihrer kleinen Kinder positiv auf die Vater-Kind-Bindung, auf die Qualität der Partnerschaft der Eltern und damit langfristig auch auf den Familienzusammenhalt und die gesunde Entwicklung des Kindes auswirkt.[5] Sie unterstreichen, dass für das Wohlergehen eines Kindes auch das Wohlergehen seiner Mutter und seiner Eltern als Paar wichtig ist – und damit die Frage, ob Frauen die Hausfrauenrolle mit Freude ausfüllen, was eben nicht jeder Frau gegeben ist. Vor allem bestärken sie Eltern dabei, auf ihr eigenes Gefühl zu hören, was die Entwicklung ihres Kindes betrifft. Belegen lässt sich auch, dass die Berufstätigkeit der Mutter keinen Einfluss darauf hat, ob Menschen als Kinder ein enges Verhältnis zu ihrer Mutter hatten und ihre Kindheit rückblickend positiv beurteilen[6], und die Kinderstudie 2010 des Kinderhilfswerks World Vision zeigt: Kinder haben kein Problem damit, wenn Mama arbeitet. »Sie sind mit der zeitlich eingeschränkten Zuwendung ihrer Eltern unter der Bedingung zufrieden, dass diese zuverlässig und sicher ist«, fasst der deutsche Jugendforscher Klaus Hurrelmann die Ergebnisse der repräsentativen Befragung von 6- bis 11-jährigen Kindern zusammen.[7] Wichtig sei Kindern, Eltern zu haben, die sich in ihrer Mutter- und Vaterrolle wohlfühlen.

Im Übrigen ist das mütterliche Fürsorgemonopol sowohl historisch betrachtet als auch im globalen Vergleich nicht die Regel, sondern die Ausnahme. In vielen Kulturen wachsen Kinder, so wie früher auch in Deutschland, in Großfamilien auf, in denen sich neben der Mutter auch Vater, Großeltern, ältere Geschwister, Tanten und Onkel um sie kümmern. Selbst in der immer wieder als Vorbild gepriesenen deutschen Hausfrauenehe der 50er-Jahre kam die mütterliche Präsenz zu Hause nicht ausschließlich dem Kind zugute, sondern vor allem der Hausarbeit, die damals wesentlich mehr Zeit in Anspruch nahm als in den mit Waschmaschine, Spülmaschine und Mikrowelle ausgestatteten Haushalten des 21. Jahrhunderts. Die deutsche »Rabenmutter« von heute hat vermutlich in vielen Fällen mehr Zeit, die sie ausschließlich ihrem Kind widmen kann, als früher manche Hausfrau, die sich nicht nur um ihre Kinder, sondern auch um die Mahlzeiten, die Wäsche und das Heim einer Großfamilie zu kümmern hatte. Es ist deshalb eine reichlich verschrobene und ziemlich anmaßende Vorstellung, dass ausschließlich Hausfrauen und rund um die Uhr zu Hause präsente Vollzeitmütter ihren Kindern ein gesundes und glückliches Aufwachsen ermöglichen können. Wenn das zuträfe, dürfte es in vielen Ländern dieser Erde keine glücklichen, bindungsfähigen Menschen geben, und wir müssten uns fragen, wieso die Menschheit überhaupt noch existiert.

Trotz alledem ist und bleibt das Vertrauen in die Mutterqualitäten berufstätiger Frauen in Deutschland sehr gering ausgeprägt. Das belegt eine Allensbach-Umfrage, die Frauen und Männer ab 16 Jahren mit folgender Frage konfrontierte: »Jemand sagte uns neulich: ›Die immer stärkere Berufsorientierung von Frauen geht oft zu Lasten der Familie und speziell der Kinder.‹ Glauben Sie, das stimmt, oder glauben Sie das nicht?« Die Hälfte der Befragten stimmte der Aussage zu, nur 34 Prozent sahen das nicht so. Bei den über 50-Jährigen äußerten sogar 60 Prozent Bedenken gegen die Berufstätigkeit von Müttern, und diese Vorbehalte teilten selbst bei den 30- bis 49-Jährigen und bei den unter 30-Jährigen jeweils 40 beziehungsweise 42 Prozent.[8]

Diese Vorurteile richten sich heute gegen die Mehrheit der Familien in Deutschland. Denn in den meisten Haushalten mit Kindern, nämlich in 52 Prozent, sind heute beide Elternteile berufstätig – oft deshalb, weil die Familie auf beide Einkommen angewiesen ist. Selbst bei den Haushalten mit Kleinkindern sind es noch 28 Prozent, in denen sowohl Vater als auch Mutter arbeiten. Das von Struktur-konservativen favorisierte Alleinverdienermodell lebt nur ein gutes Drittel der Familien.[9] Studien belegen außerdem, dass eine überwältigende Mehrheit der jungen Frauen sich nicht zwischen Familie und Beruf entscheiden will, sondern ein Leben möchte, in dem sowohl Familie als auch Beruf Platz haben. »Insgesamt sehen sich 82 Prozent als Erwerbs-tätige mit Kind«, heißt es in der viel zitierten *Brigitte*-Stu-die »Frauen auf dem Sprung« über die Lebensplanung von Frauen zwischen 20 und 30. »Frauen wollen zügig nach der Geburt ihres Kindes wieder arbeiten gehen: 52 Prozent spä-testens nach einem Jahr oder sobald ein Krippenplatz gefun-den ist, weitere 28 Prozent nach drei Jahren.[10] Diese Frauen treffen auf eine Gesellschaft, die ihrem Wunsch nach einem erfüllten Familienleben *und* einem erfüllten Berufsleben mit Misstrauen und Skepsis begegnet.

Das ist auch meine persönliche Erfahrung. Als meine Schwangerschaft im Frühjahr 2011 nicht mehr zu überse-hen und in den Medien immer wieder Thema war, bekam ich die ersten empörten Zuschriften, die mir den Rück-zug aus dem Berufsleben nahelegten. Eine mir unbekannte Frau, die es sicherlich nur gut meinte, schrieb mir folgen-den Brief:

Sehr geehrte Frau Schröder,

da Sie in wenigen Wochen selbst Mutter werden, möchte ich Ihnen als Mutter von vier Söhnen und [mit] einigen Erfahrungswerten auf diesem Gebiet nachstehend Fol-gendes mitteilen.

Zum Thema »mehr Frauen in Führungspositionen und Mindestquote« ist zu sagen, dass Frauen in Führungspo-sitionen eigentlich gar nicht Mutter werden dürften. Das gilt auch für Sie! Babys, Kleinkinder und Schulkinder haben keine Lobby und können sich nicht wehren, wenn sie Tag für Tag zur Betreuung in fremde Hände abgegeben werden müssen, weil die Mutter ja Wichtigeres zu tun hat, als sich um ihr Kind zu kümmern. Ich möchte nicht Ihr Kind sein, verzeihen Sie bitte!, aber wenn Ihr Kind vom Schlaf erwacht, schaut es die überwiegende Zeit nicht in das Gesicht ihrer Mutter, nicht in das liebende Gesicht des Vaters, sondern in fremde, wechselnde Gesichter. Die Nestwärme wird dem Baby schon in der Wiege gestohlen! Wann wollen Sie mit Ihrem Kind spielen? Wann wollen Sie mit Ihrem Kind spazieren fahren, wann wollen Sie Ihr Kind liebevoll im Arm halten, wenn es weint? Sie haben einen Posten in führender Position und sind am Abend froh, wenn Sie Ihr Kind schnell ins Bett bekommen. Das reicht aber nicht aus, um dem Kind die elterliche, die mütterliche Geborgenheit zu geben.

Vätermonate, Frauen-Mindestquote, Ganztagsschulen, Kinderhorte, Kinderbetreuung rund um die Uhr etc. können die Mutterliebe, die Nestwärme und Geborgenheit der frühen Kindheit nicht ersetzen. Alle diese Kinder sind »elterngeschädigt«, weil die Eltern ihre Pflicht zur Fürsorge um ihren eigenen Nachwuchs Fremdkräften, staatlichen Einrichtungen anvertrauen. Wo, bitte, bleibt die Achtung vor der Mutter, die sich selbst um ihr Kind kümmert und Fremdbetreuung ablehnt? Warum werden nur die Frauen in unserer Gesellschaft anerkannt, welche den Spagat »Kinder und Beruf« (auch in führender Position) schaffen? Es reicht nicht aus, Kinder ordentlich zu versorgen, versorgen zu lassen besser gesagt, sondern Kinder haben von Geburt an das Recht auf Liebe und Geborgenheit (...) Beruf und Kinder, das geht immer zu Lasten der Kinder, wenngleich auch die Mütter dem Stress ausgeliefert sind durch die Doppelbelastung.

Sehr geehrte Frau Ministerin, ihr, die junge Genera-
tion, wollt alles zugleich: Muttersein, Erfolg im Beruf,
Erfolg im gesellschaftlichen Leben, Anerkennung auf
allen Gebieten und vor allem Anerkennung in der Män-
nerwelt! Seht her, ihr Männer, wir Frauen können das
mit links, wir stehen unseren Mann in der Frauenwelt!
Doch da meldet sich das Baby wieder, das alleingelassen
von der Mutter (vom Vater) jeden Morgen hopp, hopp
im schnellen Ablauf zur Betreuung transportiert wird
und am Abend von den erschöpften Elternteilen wie-
der in Empfang genommen wird. Ein Kind wird wie eine
Ware behandelt, es wird nicht gefragt, ob es gut für das
Kind ist! Wichtig ist der Erfolg und der Beruf, das Kind
lässt sich alles gefallen, weil es seine Meinung noch nicht
äußern kann, weil es nicht weiß, wie ihm geschieht. (...)
Bei allem, was Sie als Familienministerin zu verantwor-
ten haben, vergessen Sie bitte das Wohl des Kindes nicht!
Danke.

Eine andere Frau, nach eigenen Angaben Mutter von drei
erwachsenen Söhnen »mit Hochschulabschluss«, schrieb
mir zur Geburt meiner Tochter:

Sehr geehrte Frau Ministerin!

Ich gratuliere Ihnen zu Ihrer Tochter Lotte Marie und
wünsche gutes Gedeihen und Gottes Segen für Eltern
u. Kind. Zugleich bin ich entsetzt über Ihr Verhalten als
Mutter (...) Wie kann man ins Berufsleben zurück und
eine 2½ monatl. Tochter verlassen ohne schwerwiegende
Gründe. Welch negatives Beispiel für alle jungen Frauen
in Deutschland. Das nennt sich Familienministerium!
Wenn der Wert der echten Familie, und speziell der Mut-
ter für das Baby, schon in Ihrem Ministerium so schlecht

angesehen ist, wie können Sie dann zum Positiven in der Regierung mitwirken? (...) Frage ist: Warum wollen Sie (...) überhaupt ein Kind? Beruf und Kinder gehen in den ersten Lebensjahren n i c h t unter einen Hut! – Darüber denken Sie einmal nach.

Mit diesen Vorwürfen bin ich heute beinahe täglich in irgendeiner Form konfrontiert. Ich könnte wortreich erläutern, wie mein Mann und ich unsere Arbeit so organisieren, dass unsere Tochter auf die Liebe und Fürsorge ihrer Eltern nicht verzichten muss. Ich könnte erklären, wie wir es einrichten, dass sie nicht in »fremde, wechselnde Gesichter« schauen muss. Ich könnte beteuern, dass unser Kind selbst dann in besten (und keineswegs fremden) Händen ist, wenn wir beide berufliche Termine wahrnehmen müssen. Ich könnte in diesem Zusammenhang meine Dankbarkeit gegenüber meinen Eltern zum Ausdruck bringen, die immer dann bei meiner Tochter sind, wenn weder ich noch mein Mann zu Hause sein können. Ich könnte erzählen, dass meine eigene Mutter, zu der ich immer ein sehr enges und herzliches Verhältnis hatte und habe, ganz selbstverständlich wenige Monate nach meiner Geburt nachmittags wieder in der Apotheke meines Großvaters arbeiten ging und mein Vater dann zu Hause den Staffelstab übernahm. Ich könnte deutlich machen, dass ich sofort bereit wäre, mein Amt als Ministerin aufzugeben, wenn ich den Eindruck hätte, dass dies die Voraussetzung für ein glückliches und geborgenes Aufwachsen meiner Tochter ist.

Aber warum muss ich mich öffentlich rechtfertigen und entlastende Argumente anführen, wenn ich überzeugt bin, dass es meinem Kind und meiner Familie gut geht und dass wir ein für unsere Familie – ich wiederhole: *für unsere Familie,* nicht für alle Familien in Deutschland! – gutes Lebensmodell gefunden haben? Warum soll ich auf der Anklagebank Rede und Antwort stehen und darlegen, dass ich meinem Kind eine gute Mutter sein kann, auch wenn unsere Familie nicht dem traditionellen Familienbild entspricht? Ich möchte, dass Frauen sich endlich nicht mehr rechtfertigen müssen: ob sie nun als Mutter berufstätig bleiben – oder ob sie sich für ihre Familie eine berufliche Auszeit nehmen und mit Freude Hausfrau sind. Ich wünsche mir ein Grundvertrauen, dass Mütter und Väter in der Regel das Beste für ihr Kind wollen und ihren eigenen Weg dafür finden, ihm alles zu geben, was es für ein glückliches und gesundes Aufwachsen braucht. Mein persönlicher Weg ist dabei weder der einzig mögliche noch der einzig richtige. Es ist einfach nur mein Weg für meine Situation und für meine Familie, den ich weder zum Feindbild degradiert noch zum Vorbild erhoben sehen will.

Die Pelikanmutter: Das traditionelle Rollenleitbild für die Frau

Eine Gesellschaft, in der die Vorbehalte gegen die Berufstätigkeit von Müttern so tief verwurzelt sind wie bei uns, macht es Frauen nicht leicht, ihr Leben nach den eigenen Vorstellungen zu gestalten und Wege zu finden, diese Vorstellungen mit den Bedürfnissen ihrer Familie und ihres Kindes in Einklang zu bringen. Wo immer berufstätige Mütter für das Lebens- und Familienmodell, für das sie sich entschieden haben oder gerne entscheiden würden, Geringschätzung erfahren, drücken die samtenen Fesseln des traditionellen Rollenleitbilds.

Dieses Leitbild kommt heute vergleichsweise zwanglos daher. Keine Spur mehr von den metallischen Pressbacken, die Frauen mit dem Druck einer darauf ausgerichteten Erziehung, Moral, Weltanschauung und Rechtsordnung für die ihnen zugedachte Rolle prägten. Vorbei die Zeiten, als Frauen von frühester Jugend an durch eine entsprechende Erziehung auf ihr aufopferndes Dasein für andere und auf ihre natürliche Rolle als Untergebene des Mannes vorbereitet wurden! Vergangenheit sind auch Gesetze und Sitten, die Frauen in Ketten legten und den Radius ihres Wirkens auf Kinder, Küche, Kirche beschränkten. Mit seinen berühmten Zeilen »Dienen lerne beizeiten das Weib nach ihrer Bestimmung (…). / Dass sie sich ganz vergisst und leben mag nur in anderen!« wäre Goethe heute ein Fall für die Gleichstellungsbeauftragte oder zumindest für die Rubrik »Pascha des Monats« in der *Emma*. Trotzdem lebt der Mythos der aufopfernden Mutter in Deutschland als Rollenleitbild fort.

Was immer noch vielfach zur »natürlichen Rolle der Frau« verklärt wird, ist das Ergebnis gesellschaftlicher Veränderungen gegen Ende des 18. Jahrhunderts. Mit dem Übergang von der vorindustriellen Gesellschaft zur Industriegesellschaft trennten sich die Lebenswege von Mann und Frau. Aus der Wirtschaftsgemeinschaft Familie, in der Frauen und Kinder genauso wie Männer hart auf Feld und Hof arbeiten mussten und gemeinsam zum materiellen Wohlergehen der Großfamilie beitrugen, wurde im Zuge der Industrialisierung die arbeitsteilig organisierte, bürgerliche Familie, in der Männer sich draußen auf dem Arbeitsmarkt behaupteten und Frauen sich auf ihre Aufgaben als Mutter, Hausfrau und Gattin konzentrierten. Männer übernahmen die ökonomische Existenzsicherung, Frauen die emotionale Bindungssicherung. Entsprechend schrieb man Leistung, Kraft, Durchsetzungsstärke und Verstand der männlichen Natur zu, Fügsamkeit, Selbstlosigkeit, Bescheidenheit und Gefühl dagegen der weiblichen Natur. Es gab im 19. Jahrhundert nur wenige Stimmen, die die vermeintlich natürliche Bestimmung der Frau zur Hausfrau und Mutter für »etwas durch und durch künstlich Erzeugtes« hielten, wie der liberale Philosoph John

Stuart Mill. Er warf der von Männern dominierten Gesellschaft vor, durch eine »Treibhaus-Erziehung« nur diejenigen Seiten der weiblichen Natur zu fördern, die dem Wohlbehagen des Mannes dienen sollten. »Weil nun gewisse Zweige in dieser heißen Atmosphäre und bei sorglicher Pflege und Bewässerung üppig emporschießen (...), während andere, welche derselben Wurzel entstammten, aber draußen dem Winterfrost preisgegeben (...) sich nur kümmerlich entwickeln (...), glauben die Menschen mit jener Unfähigkeit, ihr eigenes Werk zu erkennen, (...) der Baum wachse von selbst so, wie sie ihn zu wachsen gezwungen haben (...).«[11]

Mit seiner Streitschrift gegen die »Hörigkeit der Frau« kam Mill Mitte des 19. Jahrhunderts gegen den Zeitgeist nicht an. Denn als Folge der Philosophie der Aufklärung und auf der Grundlage der Erkenntnisfortschritte in Medizin und Psychologie hatte sich neben der Arbeitsteilung zwischen Mann und Frau auch ein Bewusstsein für die Bedeutung von Kindererziehung und Bildung entwickelt. Adressatin dieser neuen Verantwortung war die Mutter, deren ganze Aufmerksamkeit nun ihren Kindern zu gelten hatte. Die neue Definition der Mutterrolle, die sich vor allem im Bürgertum durchsetzte, bescherte der Frau einerseits eine Aufwertung ihrer häuslichen Autorität, andererseits aber auch eine Beschränkung ihrer Lebenschancen außerhalb ihres häuslichen Wirkungskreises. Man hob sie auf einen Sockel und sprach ihr gleichzeitig jeden Anspruch auf ein eigenes Leben ab. Als Ergebnis einer »eigentümlichen Vermischung von Freuden und Leiden«[12] beschreibt die Soziologin Elisabeth Beck-Gernsheim das damals aufkommende und bis heute in unseren Köpfen und Herzen präsente Mutterwunschbild, das »mütterliche Selbstentsagung als höchstes Glück der Frau«[13] preist.

Die französische Feministin Elisabeth Badinter hat für dieses Leitbild die treffende Bezeichnung »Pelikanmutter«

geprägt, weil man dem Pelikan einst unterstellte, seine Jungen mit eigenem Blut zu nähren. Die Pelikanmutter ist eine Mutter, die sich persönliche Interessen und Ambitionen versagt und für den Nachwuchs jedes Opfer bringt. Bindende Kraft hat dieses Leitbild bis heute gerade deshalb, weil es seine suggestive Kraft nicht durch Zwang entfaltet, sondern durch Überhöhung. Das Rollenleitbild der Pelikanmutter verklärt die Frau zum besseren Menschen: altruistisch, fürsorglich und selbstlos bis zur Selbstaufgabe. Damit verbunden ist eine hohe Erwartungshaltung: Eine Mutter soll in jeder Hinsicht bereit sein zum Verzicht. Legt sie Wert auf ein Stück eigenes Leben oder gar auf beruflichen Erfolg, wirft das traditionelle Rollenleitbild ein ungünstiges Licht auf sie. »Wenn ein Mann Bilder von seinen Kindern auf seinem Tisch stehen hat, macht ihn das menschlicher, eine Frau macht es weniger menschlich. Warum? Weil von ihm nicht verlangt wird, dass er zu Hause bei den Kindern bleibt, von ihr aber sehr wohl«[14], stellt die berufstätige Mutter Kate Reddy in Allison Pearsons Roman *Working Mum* lakonisch fest. Das traditionelle Rollenleitbild spiegelt Müttern, dass ihre selbstbezogenen Ziele und Bedürfnisse moralisch minderwertig sind. Es weckt Schuldgefühle, wenn sie eigenen Interessen Raum geben. Das Rollenleitbild der Pelikanmutter gleicht deshalb einer samtenen Fessel: Es schmückt und schmeichelt wie edler Samt, bleibt dabei aber doch eine Fessel, weil keine Frau sich seinem normativen Zwang entziehen kann.

Ob Frauen das Leitbild der Pelikanmutter heute eher als schmeichelnden Samt oder eher als freiheitsraubende Fessel empfinden, ist von persönlichen Präferenzen, Zielen und Lebensumständen abhängig. Zweifellos gibt es – auch wenn Feministinnen das nicht wahrhaben wollen – Frauen, die ihren Beruf liebend gerne gegen die Mutterschaft tauschen und darin mehr Zufriedenheit und Erfüllung finden als am Schreibtisch, in einer Arztpraxis, am Fließband oder hinter einer Ladentheke. Es gibt Frauen, die die samtenen Fesseln des Mutterideals nicht als einengend empfinden, weil dieses gesellschaftliche Mutterideal mit ihren individuellen Bedürfnissen und Wünschen harmoniert. Diese Frauen verdienen für ihre Arbeit in der Familie dieselbe Anerkennung und Wertschätzung wie andere für ihre Arbeit im Beruf. Umgekehrt empfinden Frauen, die auch als Mutter berufstätig bleiben wollen, die samtenen Fesseln des klassischen Rollenleitbilds als schmerzhaft und einengend und fühlen sich hin- und hergerissen zwischen eigenen Bedürfnissen und dem Wunsch, den gesellschaftlichen Erwartungen zu genügen. In jedem Fall ist das traditionelle Rollenleitbild im Leben einer Mutter immer präsent, sei es als Selbstbestätigung für die Überlegenheit des eigenen Lebensentwurfs als Hausfrau und Mutter, sei es als Selbstzweifel an den eigenen Mutterqualitäten.

Diese ambivalente Wirkung hat die deutsche Autorin Anna Katharina Hahn in ihrem großartigen Familien- und Gesellschaftsroman *Kürzere Tage* anklingen lassen. In den beiden weiblichen Hauptfiguren des Romans, Judith und Leonie, stehen sich zwei entgegengesetzte Lebensentwürfe gegenüber. Das traditionelle Rollenleitbild veredelt für Judith die Flucht aus einer gescheiterten Langzeitstudenten-Existenz in die Rolle der Hausfrau und Vollzeitmutter. Judith hat Kunstgeschichte studiert, ihr Studium aber nicht beendet, weil sie mit dem Leistungsdruck und ihrem hohen Anspruch an sich selbst nicht zurechtkam. Sie findet an der Seite ihres Mannes, eines Professors, Erfüllung im Familienleben und kompensiert mit der Perfektionierung der Mutterrolle ihre quälenden Minderwertigkeitskomplexe: »Wenn sie Ulrich und Kilian in ihrem plastikfreien Kinderzimmer spielen oder in Küche und Garten eifrig ihre eigenen hausfraulichen Tätigkeiten nachahmen sieht, hat sie den Eindruck, noch nie in ihrem Leben so erfolgreich gewesen zu sein.«¹⁵ Das Leben nach dem Mutterideal ist die Krönung ihrer Biografie. Die nicht dem Ideal entsprechenden Mütter in der Nachbarschaft dagegen, die sie »mit ihrem Kind blass und hektisch die Straße entlanghetzen sieht«¹⁶, beäugt Judith aus der Sicherheit ihres wohlgeordneten, dem Glück ihrer Kinder gewidmeten Lebens mit Verachtung. Die berufstätige Leonie von gegenüber weckt dabei jedoch ihre alten Komplexe. »Das *working girl* mit ihrer Tasche und den eleganten Büro-Klamotten trägt einen nicht unwesentlichen Teil zum Haushaltsbudget bei. (…) Sie kann in den Spiegel schauen, ohne dass ihr eine Verliererin entgegenglotzt.«¹⁷

Leonie wiederum, verheiratet und Mutter zweier kleiner Töchter, liebt ihren Job in der Kommunikationsabteilung einer Bank, leidet dabei aber chronisch unter schlechtem Gewissen. Für sie ist das traditionelle Rollenleitbild verhasster Spiegel ihres eigenen Ungenügens als Mutter, die ihre Kinder zwar über alles liebt, aber nicht alles für sie aufgeben will. »Als größten Verrat empfindet sie das Gefühl der Erleichterung, wenn sie im Büro ankommt und hinter ihrem Schreibtisch Platz nimmt. (…) Sie genießt Telefonate und Meetings, oft nur aus dem Grund, dass sie dort die Kinder ausblenden kann. Sie liebt es, zwischendurch auf die schwarzgekachelte Toilette der Abteilung zu gehen, in aller Ruhe zu pinkeln und die Lippen nachzuziehen, ohne dass vor der Tür gejammert oder dagegengetreten wird.«¹⁸ Die Vollzeitmütter in der Nachbarschaft, »diese Jeans- und Pulli-Trägerinnen, deren Watschelfüße Turnschuhsohlen sind und aus deren Schnäbeln es über Biogemüse und Triple-P-Elterntraining quakt«, beobachtet Leonie mit einer Mischung aus Abscheu und Neid. Als Mutter zweiter Klasse fühlt sie sich vor allem im Vergleich mit Judith. »Wenn Leonie in das Fenster auf der anderen Straßenseite schaut, hat sie das Gefühl, ein Bilderbuch aufzuschlagen, in dem alles so ist, wie es sein soll. Sie gönnt sich den Anblick der heiligen Familie, wie sie die Nachbarn nennt, fast täglich. Wenn sie in ihr eigenes Leben zurückkehrt, verspürt sie Gewissensbisse, teils wegen ihrer Neugier, teils wegen ihres schlechten Abschneidens bei diesem unwürdigen Wettstreit.«[19]

Anna Katharina Hahn beschreibt diesen unwürdigen Wettstreit in der bürgerlichen Idylle der fiktiven Stuttgarter Constantinstraße als Gefängnis selbst auferlegter Zwänge inmitten einer trügerischen Illusion der Freiheit. Die Frage »Wer ist die bessere Mutter?« ist Teil des täglichen Statuskampfs, und der Anspruch der beiden Protagonistinnen an sich selbst, in diesem Wettbewerb zu bestehen, hält das Rollenleitbild und seine samtenen Fesseln, Überhöhung und Verzicht, lebendig – so lebendig wie im wirklichen Leben.

Frei und kinderlos – oder gefesselt und Mutter?

Ohne schmückenden Samt und frei von Fesseln sind also offenbar nur die Nicht-Mütter. Viele von ihnen haben genau aus diesem Grund Angst davor, Mutter zu werden, ihre Freiheit aufzugeben und sich den Gewissenskonflikten des Mutterseins auszuliefern. Denn hat die emanzipierte Frau erst Kinder, ist sie – für jeden sichtbar – gefangen in einem Netz von Widersprüchen: in der Widersprüchlichkeit ihrer eigenen Wünsche, in der Widersprüchlichkeit gesellschaftlicher Rollenerwartungen und in der Widersprüchlichkeit zwischen eigenen Wünschen und gesellschaftlichen Rollenerwartungen. Frauen hören die anklagenden Stimmen der Rollenleitbildfanatisten schon, bevor sie überhaupt Mutter werden, und haben das Gefühl, sich gegen ihr bisheriges Leben entscheiden zu müssen, sobald sie sich für Kinder entscheiden. »Sie haben Angst, dass alles, was sie bislang in ihrem Leben getan, gelernt, erfahren und erlebt haben, dass all die Anstrengung umsonst war, wenn sie einmal in der Windelfalle sitzen«, schrieb die Journalistin Katja Kullmann 2002 in ihrem Bestseller *Generation Ally* über Frauen um die 30. Sie befürchten, »sich in der Mütterlichkeit nicht mehr wiederzuerkennen, sich in ihrem eigenen Leben nicht mehr auszukennen. Deshalb zögern sie.«[20]

Anders als der Mythos der kinderlosen Akademikerin nahelegt, ist es keineswegs so, dass das Bedürfnis nach persönlichem Freiraum nur für aufstrebende Juristinnen, Ärztinnen, Architektinnen oder Betriebswirtinnen mit dem traditionellen Rollenleitbild kollidiert. Auch Frauen, die als Sekretärin oder als Verkäuferin ihr Geld verdienen, wollen nicht auf Unabhängigkeit, Selbstbestimmtheit und Lebensperspektiven jenseits der Mutterschaft verzichten. Die Soziologin Elisabeth Beck-Gernsheim stellt fest, »dass es zwar schichtspezifisch unterschiedliche Variationen und Ausdrucksformen gibt, aber eine Grundtendenz ist dennoch unverkennbar: Bei immer mehr Frauen kreisen die Gedanken um ein Stück persönliche Selbstständigkeit.«[21] Was vielfach als Weigerung einer hedonistischen Spaßgeneration abgetan wird, endlich erwachsen zu werden und Verantwortung zu übernehmen, ist das Zurückschrecken vor den als Zumutung empfundenen fremden Ansprüchen, mit denen die Mutterrolle verknüpft ist. Es ist das Ergebnis der Verklärung eines nicht für jeden gleichermaßen geeigneten Lebensentwurfs zum Rollenleitbild.

Dieses Hadern mit den Fesseln des Mutterideals ist keineswegs ein Phänomen des 21. Jahrhunderts. Man muss nicht die feministischen Schriften von Simone de Beauvoir und Betty Friedan und die darin zitierten Tagebücher, Briefe und Gespräche studieren, um festzustellen, dass das Gefühl der Gefangenschaft im Rollenkorsett so alt ist wie die traditionelle Mutterrolle selbst. Viele Frauen empfanden sich in dieser Rolle als Gefangene, verloren ihre Lebensfreude und versanken mangels Alternativen in Selbstmitleid, Depressionen und Verbitterung. So offenbart beispielsweise der eheliche Briefwechsel zwischen Lew Tolstoj und seiner Frau Sofja Tolstaja in der Zeit zwischen 1862 und 1910 das Leiden einer begabten und vielseitig interessierten Schriftstellergattin an der Beschränkung auf die Hausfrauen- und Mutterrolle. »Ich sitze in Deinem Arbeitszimmer und weine«, schrieb Sofja Tolstaja am 7. Dezember 1864 an ihren Ehemann. »Ich erinnere mich meiner Jugend, weine, (...) die Musik, die ich schon so lange nicht mehr gehört habe, trug mich mit einem Mal aus meiner Welt der Kinderstube und Windeln heraus, die ich so lange schon mit keinem Schritt verlassen habe, sie trug mich weit weg dorthin, wo alles anders ist. Mir wurde sogar ängstlich zumute, längst habe ich all diese Dinge in mir erstickt, die ich liebte und die ich bei den Klängen der Musik empfand (...). Ich habe stets bereut, dass ich allzu wenig Verständnis für alles Schöne besitze, nun aber wünschte ich, dass in mir niemals dieses Gefühl erweckt wird, das Dir, dem Dichter und Schriftsteller unentbehrlich, mir aber, der Mutter und Hausfrau, nur schmerzlich ist, da ich mich ihm nicht hingeben kann und darf.«[22]

Die österreichische Schriftstellerin Marlen Haushofer beschrieb das Dilemma, das viele Frauen im Hinblick auf Mutterschaft empfinden, 1957 in ihrem Roman *Die Tapetentür* als zunehmende Selbstentfremdung einer schwangeren Frau, die in Erwartung ihrer baldigen Niederkunft versucht, sich in ihr Schicksal zu fügen: »Eine Frau, die ein Kind hatte, hörte auf, ein freier Mensch zu sein. Man war eine gute Mutter und nichts sonst, oder man versagte als Mutter und behielt seine Persönlichkeit.«[23] An diesem Rollenkonflikt zwischen Frau und Mutter hat sich – bei allen Fortschritten in Sachen Gleichberechtigung und Emanzipation – bis heute nicht viel geändert. Elisabeth Badinter hat diesen Konflikt nicht umsonst in den Mittelpunkt ihres

2010 auf Deutsch erschienenen Buches *Der Konflikt. Die Frau und die Mutter* gestellt.

Mögen die Wahlmöglichkeiten für Frauen in den letzten Jahrzehnten auch gewachsen sein – die samtenen Fesseln des traditionellen Rollenleitbilds sind nicht verschwunden. Feministinnen und karriereorientierte Frauen sehen vor allem die Fesseln, wenn sie über Mütter reden, während Strukturkonservative die Vollzeitmutter in prächtiges Ornat kleiden und ihre Einzigartigkeit und Unersetzlichkeit betonen. Diese Ambivalenz spiegelt sich auch in der Bedeutung, die die Geburt eines Kindes hat. Mutter zu werden gilt als Zäsur im doppelten Sinne: als Krönung des weiblichen Lebensentwurfs – und gleichzeitig als größte Bedrohung des individuellen Lebensentwurfs. Zu diesem Ergebnis kommt auch Barbara Vinken in ihrem Buch *Die deutsche Mutter. Der lange Schatten eines Mythos*. Einerseits gelten »Kinder als mit dem normalen, erwachsenen Leben, das sich durch finanzielle Autonomie auszeichnet, nicht vereinbar. Man kann sie erst bekommen, wenn man das Leben gelebt, seine Freiheit und Unabhängigkeit genossen und im Beruf seinen Mann gestanden hat. Denn schließlich glaubt man hierzulande, die intellektuelle Stimulanz, die finanzielle Autonomie und das damit einhergehende Selbstwertgefühl aufgeben zu müssen, um Mutter zu werden.«[24] Andererseits aber biete das traditionelle Rollenleitbild, das Selbstaufgabe und Verzicht verlangt, der Frau »eine unüberbietbare narzisstische Befriedigung (…). Sie ist einzig und unersetzlich; in dieser Weise gebraucht wird sie nur als Mutter.«[25] Für viele Frauen vermischt sich deshalb der berechtigte Wunsch, ein selbstbestimmtes Leben zu führen, in dem auch eigene Ziele und Interessen Raum haben, mit der eigentlich unberechtigten, aber aus der suggestiven Macht des traditionellen Rollenleitbilds gespeisten Angst, unter diesen Umständen keine gute Mutter zu sein.

Damit wird der Abgesang auf unsere Gesellschaft zur selbsterfüllenden Prophezeiung: Je lauter die Rufe nach Rückbesinnung auf angeblich weibliche Tugenden selbstaufopfernder Fürsorge, desto penetranter riecht Familie nach Verzicht auf ein eigenes Leben und Verlust der eigenen Identität, und je mehr sich der Eindruck verfestigt, für Kinder auf ein eigenes Leben verzichten zu müssen, desto größer wiederum die Neigung, lieber erst einmal auf Kinder zu verzichten statt auf ein eigenes Leben.

Der Familienernährer: Das traditionelle Rollenleitbild für den Mann

Zu den offensichtlichen Schieflagen in den Leitbilddebatten der letzten Jahre gehört die Tatsache, dass der Mann bis heute entweder nur als Problemfall oder als Ankläger in Erscheinung tritt. In der feministischen Weltanschauung ist der Mann der Privilegien hütende Profiteur weiblicher Benachteiligung und als solcher die Wurzel allen Übels. In den Reihen der strukturkonservativen Kritiker weiblicher Emanzipation wiederum finden sich auffällig viele Männer, die Frauen zum Vorwurf machen, was sie für sich selbst mit bemerkenswerter Selbstverständlichkeit in Anspruch nehmen: Erfolgsorientierung, Ehrgeiz und Entschlossenheit, persönliche Ziele zu erreichen. Die traditionelle Rolle des Mannes als Versorger, Ernährer und Alphatier scheint nach wie vor in Stein gemeißelt, während der traditionellen Fürsorgerolle der Frau zumindest eine ganze Bandbreite weiblicher Lebensentwürfe gegenübersteht, deren Vor- und Nachteile unermüdlich gegeneinander aufgerechnet werden. Immerhin: Das Spektrum dessen, was als mannlich gilt, hat sich in den letzten Jahren deutlich erweitert. Das zeigen nicht nur Umfragen, wonach die meisten Männer an anderen Männern mittlerweile auch Eigenschaften wie Fürsorglichkeit und Sensibilität sympathisch finden, während ehemals als typisch männlich geltende Eigenschaften wie Härte und Überlegenheit nur noch bei einer Minderheit gut ankommen.[26] Auch die Werbung spielt mittlerweile mit neuen Bildern von Männlichkeit. So warb ein Hersteller von Männerkosmetik im Frühjahr 2011 mit dem Slogan »Schatzi? Bärchen? Hengst? Wann ist ein Mann ein Mann?« für Deo und Duschgel.

Wann ist ein Mann ein Mann? Für die meisten Männer (und auch für viele Frauen) ist die Antwort klar. Ob Schatzi, ob Bärchen, ob Hengst: Die Leistungs- und Erfolgsbilanz des Mannes muss stimmen. Sein Status und sein Selbstverständnis definieren sich weiterhin über seine Visitenkarte, über seinen Platz in der Firmenhierarche, über seine Kontoauszüge, über die Aufmerksamkeit, die man seinen Erfolgen schenkt – kurz und gut: über seine Performance außerhalb der Familie. Auch das gilt keineswegs nur für Gutverdiener. »Für den Mann ist der Beruf das Terrain, das den ganzen Mann fordert«, schreibt Barbara Vinken. »Worin diese Arbeit, die den Mann zum Mann macht, im Einzelnen besteht, ist schichtenspezifisch. Sie kann als Übernahme von Verantwortung, als gesellschaftsbildende Kulturleistung, als körperliche Kraftanstrengung, als abenteuerliche Herausforderung interpretiert werden. Seine Karriere ist auch und gerade mit Rücksicht auf die Familie seine erste Priorität; sie fixiert seinen Platz unter Gleichen.«[27] So wird Männern die Rolle des familienfernen Brotverdieners zugeschrieben, nicht aber die Verantwortung für das Schmieren von Pausenbroten, das Trocknen von Tränen und die Organisation von Kindergeburtstagen.

Dieses Rollenleitbild des männlichen Familienernährers hat seine historischen Wurzeln im Übergang von der vormodernen zur industrialisierten Gesellschaft und entwickelte sich parallel mit dem Idealbild der aufopfernden Mutter Anfang des 19. Jahrhunderts, als die Industrialisierung die Lebens- und Arbeitsformen einschneidend veränderte und eine Arbeitsteilung zwischen den Geschlechtern erforderte. Der Vater stand nun nicht mehr der bäuerlichen Haus- und Wirtschaftsgemeinschaft Familie vor, sondern behauptete sich draußen als Sicherer des materiellen Wohls der Familie. Was ehemals familiäre Gemeinschaftsleistung war, wurde mit den Umbrüchen in der Arbeitswelt also gewissermaßen aus der Familie outgesourced und dem Vater als alleinige Aufgabe und Verantwortung übertragen. Sein Status in der bürgerlichen Familie beruhte zunehmend auf Leistung in der harten, vom Wettbewerb geprägten Wirtschafts- und Arbeitswelt statt wie zuvor auf ererbter Autorität. Für den Mann bedeutete dies gleichermaßen Privilegierung wie auch Beschränkung: Er hatte das Privileg der Präsenz im öffentlichen Raum, bezahlte dafür aber mit dem Druck, dem rauen Wind der Arbeitswelt standhalten zu müssen. Robert Habeck, Autor des Buches *Verwirrte Väter* über das Selbstverständnis moderner Väter, sieht darin zu Recht auch einen Machtverlust. »Das interfamiliäre Kräfteverhältnis verschob sich. Und zwar gegenüber früher zu Ungunsten des Mannes. (…) Den Frauen fiel faktisch die Haushalts- und Erziehungsmacht zu.«[28]

Daran hat sich bis heute wenig geändert. Mögen Männer mittlerweile auch am Herd, am Wickeltisch und im Kinderzimmer eine passable Figur machen: Das gilt als Kür – die Pflicht ruft woanders. Wenn Männer Väter werden, geraten Männer- und Vaterrolle in einen Konflikt. Als Mann müssen sie sich weiterhin im Leistungswettbewerb der Berufswelt behaupten. Als Vater wollen sie Erzieher ihrer Kinder sein und Zeit mit ihrer Familie verbringen. Der Wissenschaftliche Beirat für Familienfragen beim Bundesfamilienministerium stellt in seinem *Kompendium der Familienpolitik* fest:

»Sich als Vater in die Kinderbetreuung und das Familienleben voll einbringen zu können, ist der Wunsch vieler junger Männer (...). Gleichzeitig ist Männlichkeit weiterhin untrennbar verbunden mit beruflichem Engagement und der Konzentration auf die Erwerbsarbeit.«[29] Die Zerrissenheit zwischen einem traditionellen Verständnis von Männlichkeit und dem persönlichen Bedürfnis, Vaterschaft anders zu leben als frühere Vatergenerationen, ist selbst bei der Generation der jungen Männer zwischen Anfang 20 und Anfang 30 stark ausgeprägt. Die *Brigitte*-Studie beschreibt sie als eine Generation, die ihre Rolle noch nicht gefunden hat und zwischen traditionellen und modernen Einstellungen hin- und hergerissen ist. Sie wünschen sich Kinder, wollen Zeit für die Familie und eine Aufteilung der Erziehungsarbeit mit der Partnerin, doch gleichzeitig sehen sie sich in der Versorgerrolle und damit in der Pflicht, das Bedürfnis nach Zeit für die Familie den Erfordernissen der Arbeitswelt mit langen Arbeitstagen und hohem Leistungsdruck zu opfern.[30]

Das legt den Schluss nahe, dass bisher vor allem die Frauen neues Terrain erobert haben, während Männer gerade erst anfangen, ihre Lebensentwürfe jenseits der traditionellen Rollenleitbilder auszurichten und ihre Rolle innerhalb der Familie und im Berufsleben neu zu definieren. Den Boden dafür haben Feminismus und Frauenbewegung bereitet, indem sie traditionelle Vorstellungen von Männlichkeit erschüttert haben. Abgedankt hat der Patriarch, wie die deutsche Schriftstellerin Birgit Vanderbeke ihn in ihrem entlarvenden Familienporträt *Das Muschelessen* aus der Perspektive der fast erwachsenen Tochter beschreibt: »Mein Vater hat oft gesagt, wie behandelt ihr eure Mutter (...), seht ihr denn nicht, wie sich für euch abrackert, sie schuftet den ganzen Tag; wir haben das Schuften und Rackern natürlich gesehen, wie sie die schweren Tüten und Taschen geschleppt hat; auch abends, wenn mein Vater nach Hause kam, hat sie noch ziemlich geschuftet und gerackert, und wenn kein Bier da war, ist sie schnell gelaufen, auch für die Zigaretten, alles, was mein Vater vergessen hat, auf dem Heimweg sich mitzubringen, das hat sie am Abend noch schnell geholt, mein Vater hat viel geraucht, und da hat meine Mutter oft laufen müssen, aber er hat das abgespannte Gesicht nicht sehen können von meiner Mutter, und da hat sie sich also umgestellt, das war dann ihr Feierabendgesicht, was sie sich abends um halb sechs im Bad schnell angemalt hat, bevor mein Vater nach Hause kam, dieses Feierabendgesicht hat aber nur eine Stunde etwa gehalten und musste dann nachgezogen werden (...).«[31]

Vanderbekes Erzählung beschreibt den Sturz des Patriarchen als stille Revolution, die sich vollzieht, während Ehefrau, Sohn und Tochter vergeblich mit dem Abendessen auf das sich verspätende Familienoberhaupt warten, dessen Beförderung man an diesem Abend feiern wollte. Versammelt um einen Berg Muscheln, die niemand außer der Vater gerne isst, kommen sie über die Diktatur seiner unerfüllbaren Erwartungen ins Gespräch, die von allen Familienmitgliedern ein permanentes Sichverstellen erfordern, ohne dabei jemals den väterlichen Ansprüchen an eine seinem Status angemessene Vorzeigefamilie genügen zu können. Vier Stunden später erinnert nur noch ein Haufen kalter Muscheln an die alte, auf die Autorität des Patriarchen und die Selbstverleugnung seiner Ehefrau gegründete Ordnung. Als das Telefon klingelt, nimmt niemand ab, obwohl alle vermuten, dass es der Vater ist, der anruft. Die Mutter wirft die Muscheln in den Müll.

Die Auflehnung gegen die als Unterdrückung empfundene männliche Vormachtstellung, die sich in Birgit Vanderbekes Erzählung aus der emotionalen Dynamik eines von den üblichen Abläufen abweichenden Abends entwickelt, haben Feministinnen Frauen unter dem Motto »Das Private ist politisch« immer wieder als notwendige Bedingung für Gleichberechtigung und Selbstbestimmung ans Herz gelegt. Männer sahen sich zu Grundsatzdiskussionen über ihre emotionalen Defizite und ihre Blindheit für überquellende Wäschekörbe genötigt. »Selbst den hartnäckigsten Chauvis dämmerte (…), dass sie ein historisches Auslaufmodell waren, Höhlenmenschen aus einer anderen Menschheitsepoche«[32], erinnert sich der Journalist und Autor Reinhard Mohr an diese Zeit. Doch die neue Rolle, die Feministinnen dem Mann antrugen, löste bei selbigem oft eher Fluchtreflexe aus: »Das Projekt lief im Grunde auf die totale Entmännlichung des Mannes hinaus, auf die Zähmung des unrasierten, vor Testosteron dampfenden Alphatiers zu einem in Birkenstocksandalen herumwatschelnden Hausangestellten«[33], kommentierte Roger Koppel in der WELT am Sonntag anlässlich des 30. Geburtstags der von Alice Schwarzer herausgegebenen Emma. Männer konnten es den Frauen nicht mehr recht machen. »Softi wurde zum Schimpfwort, ›Mann‹ ein Synonym für Krise, und nicht wenige der militantesten Feminismus-Theoretikerinnen sah man aufgeputzt im Porsche eines Machos aus grauer Vorzeit in die Vergangenheit zurückbrausen. Also zurück zur alten Macho- und Chauvi-Nummer? Wurde offiziell auch nicht gewünscht. Was aber dann? Wussten die Frauen selber nicht. Wissen sie bis heute nicht. Die Männer haben allerdings auch keine Ahnung, wer sie noch sind und wie sie sein sollten«[34], schrieb Christian Nürnberger, ein weiterer Zeitzeuge der Geschlechterrevolution, in einem Essay für die Süddeutsche Zeitung.

Wann ist der Mann ein Mann?

Offensichtlich ging es in den Jahrzehnten des Geschlechterkampfs vor allem darum, dem Mann seine (vermeintlichen)

Privilegien zu nehmen und ihn umzuerziehen, ohne die Rollenzwänge mit zu reflektieren, denen Männer sich nicht einfach entziehen können. Der moderne Mann hat seine Lektion deshalb zwar in der Theorie gelernt; die Bewährung in der Praxis aber steht vielfach noch aus. Knapp 80 Prozent der Männer sind der Meinung, dass alle Aufgaben im Haushalt von beiden Partnern erledigt werden sollten, über 70 Prozent würdigen die Frauenbewegung als wichtig und gut, 70 Prozent finden es gut, wenn beide Partner berufstätig sind.[35] Woran liegt es dann, dass gleichzeitig nur ein Drittel der Männer Bereitschaft bekundet, nach der Geburt eines Kindes zu Hause zu bleiben[36] und viele Männer sich in den Niederungen des Familienlebens – dort, wo es staubig, dreckig oder laut ist – immer noch vergleichsweise selten blicken lassen? Es sind die samtenen Fesseln des traditionellen männlichen Rollenleitbilds, deren Druck Männer vor allem als Väter spüren.

Feministinnen haben ein Umdenken der Männer erreicht, aber wenig dazu beigetragen, die Fesseln des traditionellen männlichen Rollenleitbilds zu lösen, was nicht verwundert, weil der Feminismus stets nur die Fesseln der Frau im Blick hatte und blind war für jene des Mannes. Diese Fesseln passen nicht in ein Weltbild, in dem der Mann als in jeder Hinsicht privilegiert gilt und die Frau als Leidtragende der traditionellen Rollenverteilung. Für die Frau entwarf der Feminismus die Vision eines neuen Lebens in Freiheit und Selbstbestimmung – etwas, für das es sich zu kämpfen lohnte. Für den Mann dagegen blieb nur der schwach motivierende Appell »Ändere dich« – und das dumpfe Gefühl, dass es hier nichts zu gewinnen, sondern nur etwas zu verlieren gibt. Dass auch der Mann Gefangener seiner traditionellen Rolle ist und sich in vielen Fällen ähnlich wie die Frau durch die Fesseln traditioneller Rollenvorstellungen an einem Leben jenseits des klassischen Leitbilds gehindert sieht, findet daher in den familien- und gleichstellungspolitischen Debatten bis heute wenig Beachtung – ebenso wie der weibliche Anteil an der ungebrochenen Bindungskraft dieser Fesseln.

So erweist sich das traditionelle Rollenleitbild des Familienernährers auch deshalb als so stabil, weil die gut ausgebildete, emanzipierte Frau zwar die Nachteile des Ernährermodells ablehnt, während sie auf die Vorzüge eines gut verdienenden, erfolgreichen Mannes an ihrer Seite aber häufig nicht verzichten will. Catherine Hakim, Soziologie-Professorin an der London School of Economics, hat in ihrer Studie *Feminist Myths and Magic Medicine* nachgewiesen, dass Frauen nach wie vor »nach oben« heiraten wollen und sich einen Mann wünschen, der besser verdient und eine höhere berufliche Position hat als sie selbst. Frauen nutzen die Ehe als alternative oder ergänzende Karriere – eine Option, die Männer nicht haben, weil »nach oben« heiraten keinen Statusgewinn für sie verspricht, eher im Gegenteil.[37] Frauen haben damit im Moment mehr Wahlmöglichkeiten als Männer: Sie können an der Seite eines Familienernährers Hausfrau oder Zuverdienerin sein oder sich mit voller Kraft ins Berufsleben stürzen, während Männer auf den Beruf festgelegt und quasi zum Erfolg verdammt sind.

Dass Frauen bei der Wahl ihres Partners den alten Mustern folgen, obwohl sie auf einen Ernährer nicht mehr angewiesen sind, zeigen auch Studien zur Partnersuche. So hieß es im *Zeit Magazin* unter Berufung auf eine Untersuchung des Suchverhaltens weiblicher Singles in Online-Partnerbörsen, »dass niemand so streng auswählt wie gut ausgebildete Frauen: Die Tradition des Nach-unten-Heiratens kennen sie noch nicht. Früher haben sie nach oben geheiratet, jetzt wollen sie auf Augenhöhe bleiben. Eine Apothekerin, die einen Werkzeugmacher ehelicht, ist so selten wie eine 40-Jährige, die einen 20-Jährigen heiratet. Wo ein Mensch die Liebe hinfallen lässt, ist eine sehr persönliche, sehr private Entscheidung.

Aber meist wird sie ziemlich rational getroffen. Jahrzehntelang haben die Frauen in Deutschland um ihren Aufstieg gerungen (…). Jetzt wollen sie ihren Erfolg und sich selbst nicht durch den falschen Partner herabstufen.«[38] Das Magazin *Stern* stellte im Sommer 2011 in einer Reportage Paare vor, in denen Männer weniger verdienen als ihre Frauen, was nur in jeder zehnten Beziehung der Fall ist. Besser zu verdienen als der Mann sei ein Tabu, wird die Managerin eines mittelständischen Betriebs darin zitiert. Ein Wirtschaftsprofessor, der für eine Studie 10 000 Frauen und Männer über Jahre begleitet hat, bescheinigt Partnerschaften, in denen der Mann weniger verdient, weniger Stabilität: Je höher das Einkommen der Frau über dem des Mannes liege, desto höher die Wahrscheinlichkeit einer Scheidung.

Männer nehmen das durch die weibliche Erwartungshaltung geprägte Leitbild des Ernährers offenbar als sehr ausgeprägt war: 80 Prozent der Männer im Alter zwischen 20 und 50 glauben gemäß einer repräsentativen Untersuchung des Instituts für Medien- und Konsumentenforschung (IMUK) im Auftrag des Magazins *Focus*, dass Frauen von ihnen erwarten, eine Familie versorgen zu können. Etwa genauso viele gehen allerdings davon aus, dass Frauen eine gleichberechtigte Beteiligung an der Kindererziehung erwarten.[39] Männer sollen und wollen deshalb als Väter mehr für ihre Familie da sein, müssen aber gleichzeitig Hauptverdiener bleiben. Der Mann soll beides bieten können, ist unter den gegebenen Rahmenbedingungen überfordert und konzentriert sich im Zweifel auf die Rolle, die ihm als Mann mehr öffentliche Anerkennung verschafft – die Ernährerrolle.

Aus dieser Perspektive ist die Bilanz der Privilegierung und Benachteiligung zwischen Frau und Mann in der klassischen Rollenverteilung keineswegs so klar, wie der Feminismus sie bis heute zeichnet. Eine Frau, die es erfüllender findet, für ihre Familie da zu sein statt für ihren Arbeitgeber, weiß das traditionelle Rollenleitbild der Pelikanmutter als moralische Rückendeckung hinter sich. Ein Mann, der es erfüllender findet, sich mehr Zeit für seine Familie zu nehmen, statt zum nächsten Karrieresprung anzusetzen, handelt gegen gewachsene, gesellschaftliche Normen und steht, gemessen am traditionellen Rollenleitbild, schnell als Versager da. Von einer Frau wird nicht erwartet, ihre Familie allein ernähren zu können. Auf den Schultern des Mannes aber lastet – ob er will oder nicht – immer noch die Erst- und Hauptverantwortung für den Lebensunterhalt der Familie. Die traditionellen Rollenleitbilder binden den Mann genauso wie die Frau: Das Pendant zum schlechten Gewissen der Frau ist die Statusangst des Mannes.

Vor diesem Hintergrund gelangt die Berliner Schriftstellerin Monika Maron in ihrem Essay mit dem vielsagenden Titel »Der Mann als Mensch« zu einer im gleichstellungspolitischen Diskurs eher seltenen Regung. »Meistens enden meine Ausflüge in das Männerleben mit Anfällen von tiefem Mitleid«, schreibt sie. Mitleid empfinde sie bei der Vorstellung, sie müsse »nicht nur als Ernährer, sondern natürlich als erfolgreicher Ernährer durch mein Berufsleben jagen (...) wie ein Pferd über die Rennbahn, damit ich glitzernde Pokale gewinne, die meine Frau in die Vitrine stellen und wöchentlich putzen kann und die sie für ihre mir geopferte Karriere entschädigen«.[40] Das ist sehr zugespitzt formuliert, lasst die vermeintlichen männlichen Privilegien aber in einem etwas anderen Licht erscheinen als die feministische Weltanschauung.

Statussymbole wie Macht, Geld, Erfolg, ein schnelles Auto und all die anderen glitzernden Pokale, die – ein Blick in die Boulevardpresse genügt! – ihre Wirkung auf Frauen nicht verfehlen, sind der Samt, aus dem die Fesseln für den Mann gemacht sind. Es mag Männer geben, die für diese Art der Anerkennung gerne wie ein preisgekröntes Zuchtpferd die Karriererennbahn entlanghetzen und tiefe persönliche Befriedigung aus ihrem beruflichen Erfolg ziehen. Sie mögen sich damit ihrer Kraft vergewissern – eine Begleiterscheinung »jenes tief sitzenden Begehrens, nicht so sehr, dass *sie* die Unterlegene, als vielmehr, dass *er* der Überlegene sein möge«[41], die Virginia Woolf in ihrem Essay *Ein eigenes Zimmer* süffisant beschrieben hat: »Frauen haben seit Jahrhunderten als Spiegel gedient, Spiegel mit der magischen und erhebenden Kraft, die Gestalt des Mannes in doppelter Größe wiederzugeben. (...) Wie soll er weiterhin Urteile fällen, Eingeborene zivilisieren, Gesetze erlassen, Bücher schreiben, Ornat anlegen und auf Banketts Reden schwingen, wenn er sich beim Frühstück und beim Dinner nicht mindestens doppelt so groß sehen kann, wie er wirklich ist? (...) Das Spiegelbild (...) lädt die Lebenskraft auf; es regt das Nervensystem an. Nimm es fort, und ein Mann kann sterben, wie der Drogensüchtige, dem sein Kokain entzogen wird.«[42]

Diese klassischen Alphatiere, gegen die Feministinnen immer noch kämpfen, sind heute aber in der Minderheit. Nur noch 14 Prozent der Männer identifizieren sich mit einem Ideal von Männlichkeit, das mit einem hierarchischen Gefälle zwischen Frauen und Männern einhergeht. Weitere 23 Prozent favorisieren das Rollenbild des starken Familienernährers aus einem Gefühl der Verantwortung gegenüber ihrer Familie heraus. Sie verstehen beruflichen Erfolg in Übereinstimmung mit dem traditionellen gesellschaftlichen Rollenleitbild als Ausdruck väterlicher Fürsorge und Verantwortung für Frau und Kinder.[43] Die Mehrheit der Männer allerdings würde für sich persönlich heute ein anderes Rollenbild wählen als das immer noch dominante Leitbild des Familienernährers. Ein Drittel findet für sich selbst in bewusster Abgrenzung vom traditionellen Mann das Rollenbild des modernen, neuen Mannes am attraktivsten, der sowohl die Ernährer- als auch die Fürsorgerolle in der Familie mit der Partnerin teilt. Diese Männer sind es, die das traditionelle Leitbild als Fessel empfinden: Sie wollen Lasten und Chancen mit ihrer Partnerin teilen und auf Augenhöhe Entscheidungen über die der jeweiligen Familiensituation angemessene Form des Zusammenlebens treffen. Gleichzeitig fühlen sie sich aber durch die emanzipierte Frau an ihrer Seite oft überfordert, weil es noch keine erprobten und anerkannten Alternativen zum männlichen Lebensmodell des Familienernährers gibt. So erfahren Männer im Arbeitsalltag noch weniger Unterstützung als Frauen bei der Vereinbarkeit von Beruf und Familie: Uneingeschränkte Verfügbarkeit und unbegrenzte Mobilität wird bei ihnen als selbstverständlich vorausgesetzt, und ein Mann, der mehr als zwei Monate Elternzeit in Anspruch nimmt, gilt immer noch als Exot.

Hinzu kommt, dass Frauen für sich selbst zwar neues Terrain im Berufsleben erobert haben, umgekehrt aber oft nicht bereit sind, zu Hause ein Stück Macht abzugeben. Frauen fühlen sich selbst in Doppelverdiener-Partnerschaften nach wie vor hauptverantwortlich für alle häuslichen Belange. Sie geben die Maßstäbe vor, an denen der zur partnerschaftlichen Zusammenarbeit bereite Mann sich messen lassen muss. Dabei haben Frauen immer noch das antiquierte Männerbild des familienfernen Versorgers vor Augen, der zwar eine Bilanzpressekonferenz organisieren, am Bau eines Wolkenkratzers mitwirken oder einen Luftröhrenschnitt durchführen kann, aber mit der Beaufsichtigung von Grundschulkindern und der Zubereitung einer warmen Mahlzeit überfordert ist. »Vielleicht kann er kochen, vielleicht lässt er sich dazu hinreißen«, schreibt Katja Kullmann in *Generation Ally* über den weiblichen Hoheitsanspruch zu Hause, »und vielleicht schmeckt es sogar, ist zu verzehren, und man wundert sich, wie er das hinbekommen hat. Eine Frau ist dann stolz auf den Mann, so wie unsere Väter vielleicht stolz auf ihre Frau waren, wenn sie ihr ausnahmsweise einmal den Wagen überließen und die Frau den Heimweg von der erkrankten Cousine in der abgelegenen Kleinstadt über das Autobahndreieck Mönchhoff ganz alleine gefunden hat.«[44] Frauen trauen ihren Männern vielfach nicht zu, sich genauso gut um Kinder und Haushalt zu kümmern wie sie selbst. Auch *Working Mum* Kate Reddy in Allison Pearsons gleichnamigem Roman begegnet ihrem aufrichtig um Haushalt, Kinder und Entlastung der Gattin bemühten Ehemann Richard mit der Autorität und Überheblichkeit einer traditionellen Mutter: »An einem Samstag gegen Ende des letzten Jahres kam ich von einer Reise nach Boston wieder und traf Richard im Flur an, bereit, unsere Kinder zu einer Geburtstagsfeier zu bringen. Emily hatte ungekämmte Haare und anscheinend einen Schmiss von einem Duell auf der Backe – es war Ketchup vom Mittagessen. Ben krümmte sich indessen in einem sehr kleinen gepunkteten Kleidungsstück, das mir nicht bekannt vorkam. Bei näherer Betrachtung stellte sich heraus, dass es der Strampler von einer von Emilys Puppen war. Als ich meinen Mann darauf aufmerksam machte, dass unsere Nachkommen ganz so aussahen, als sollten sie in der U-Bahn zum Betteln geschickt werden, sagte Richard, wenn ich etwas auszusetzen hätte, sollte ich es doch selber machen. Ich hatte etwas auszusetzen. Ich würde es selber machen.«[45]

Neben gesellschaftlichen Erwartungen und einer immer noch am männlichen Ernährermodell ausgerichteten Arbeitswelt sind es also oft auch Rollenstereotype und Ansprüche von Frauen, die die samtenen Fesseln des traditionellen männlichen Rollenleitbilds stabilisieren und Männern wenig Freiraum für alternative Rollen lassen – was wiederum die Befreiung der Frau aus den samtenen Fesseln des Mutterideals blockiert, weil sie bei Kindererziehung und Haushaltsaufgaben wenig Unterstützung hat.

3 Gläserne Wände: Die einschränkende Wirkung feministischer Rollenleitbilder

Die Dominanz der traditionellen Rollenleitbilder in der Bewertung der Lebensentwürfe von Mann und Frau steht offenbar in einem Widerspruch zur Lebenswirklichkeit und zu den Wünschen und Bedürfnissen von Paaren und Familien. Obwohl sich insbesondere in der jungen Generation nur eine Minderheit der Frauen und Männer mit den traditionellen Leitbildern identifiziert und sie als persönliches Ideal betrachtet, setzen »Familienernährer« und »Pelikanmutter« nach wie vor die gesellschaftlichen Maßstäbe zur Beurteilung der Mutter- und Vaterqualitäten und der Güte des familiären Zusammenlebens.

Der Kampf der Feministinnen galt und gilt deshalb bis heute der Etablierung eines neuen Rollenleitbilds für die Frau, das an die Stelle des traditionellen Rollenleitbilds treten soll. Besser auf Kinder verzichten als auf beruflichen Erfolg, hieß es in den 70er-Jahren. Die zeitgemäße Variante lautet: Wenn Kinder, dann aber ohne dafür in Sachen Beruf und Selbstbestimmung Kompromisse einzugehen. Der jüngste Aufruf an alle Frauen, sich im Beruf selbst zu verwirklichen, stammt von der Journalistin Bettina Wündrich. *Einsame Spitze? Warum berufstätige Frauen glücklicher sind* lautet der programmatische Titel ihres 2011 erschienenen Buchs, das die Autorin als Plädoyer für die wirtschaftliche und persönliche Unabhängigkeit der Frau verstanden wissen will. Zwar beklagt sie den Druck der widersprüchlichen Rollenerwartungen, mit denen Frauen im Allgemeinen und sie selbst als kinderlose Karrierefrau im Besonderen heute konfrontiert sind: »Es findet sich immer jemand (…), der uns sagt, wir sollten doch ein bisschen anders sein: Ehrgeiziger. Kinderreicher. Verheirateter. Häuslicher. Karrierebezogener.«[1] Doch auch sie reiht sich mit ihrem Buch in die lange Liste derer ein, die aus der eigenen Biografie genaue Vorstellungen für ein gelingendes Frauenleben ableiten und die Fesseln des traditionellen Rollenleitbilds mithilfe des feministischen Rollenleitbilds der beruflich erfolgreichen Frau durchtrennen wollen.

Karrierefrau oder Karrieremutter: Das feministische Rollenleitbild für die Frau

Der Feminismus erhebt die Karrierefrau zum Leitbild der emanzipierten Frau. Die fürsorgliche, eigene Bedürfnisse hintanstellende Mutter, von strukturkonservativen Rollenleitbildfanatikern als besserer Mensch gepriesen, kommt bei den feministischen Rollenleitbildfanatikerinnen schlecht weg: Als feige gilt sie, als mäuschenhaft, als naiv, weil sie ihre persönliche und materielle Unabhängigkeit für die Familie einschränkt oder gar aufgibt. Wo das traditionelle Rollenleitbild Frauen sagt, dass sie verzichten *müssen*, sagt das feministische ihnen, dass sie auf nichts verzichten *dürfen*: Sie sollen ihren Beruf für die Kinder nicht an den Nagel hängen, weil sie sich damit abhängig machen. Sie sollen keine Kompromisse eingehen, weil sie diese später bereuen könnten. Sie sollen das Projekt »Kind« durchkalkulieren wie den Kauf einer Immobilie und dabei ja auf gerechte Verteilung der damit verbundenen Nachteile zwischen Frau und Mann achten, wobei vom Glück eines Lebens mit Kindern fast nie die Rede ist.

Nun trifft es zweifellos zu, dass viele Paare sich zumindest zeitweise in der klassischen Rollenverteilung – von Feministinnen gern als »Traditionalisierungsfalle« bezeichnet – wiederfinden, obwohl sie davon in kinderlosen Zeiten wenig gehalten haben. Doch viele Paare finden sich nach der Familiengründung auch im Reihenhaus mit Garage und Gartenanteil wieder, obwohl sie in kinderlosen Zeiten freiwillig keinen Fuß in eine Reihenhaussiedlung am Stadtrand gesetzt hätten und lieber drei Kneipen als einen gepflegten Rasen vor der Haustür hatten. Trotzdem spricht keiner davon, dass hier die »Reihenhausfalle« zuschnappt und Frauen zum Opfer einer Gesellschaft werden, die sie gegen ihren Willen in Reihenhäuser zwingt. Hier geht man also offensichtlich davon aus, dass Menschen sich bewusst für eine Abweichung von ihrer ursprünglichen Lebensplanung entscheiden, weil ihre Prioritäten sich mit ihren Lebensumständen verändern. Gleichzeitig aber versucht man, Frauen weiszumachen, dass mit ihnen etwas nicht in Ordnung ist, wenn sie weniger karriereorientiert denken als in Zeiten ohne Kinder.

All diejenigen, die gegen das Zurückstecken von Frauen für die Familie agitieren, beziehen nicht mit ein, dass Entscheidungen innerhalb von Partnerschaft und Familie – glücklicherweise! – immer noch mit dem Herzen und nicht allein mit dem Rechenschieber getroffen werden, wenn die finanzielle Situation der Familie es zulässt. Als »Ausstieg aus dem Hamsterrad des Vorteilsdenkens« hat Iris Radisch die Entscheidung für das Glück eines Lebens mit Kindern in ihrem Buch *Die Schule der Frauen* beschrieben und trifft damit den blinden Fleck im Auge des Feminismus: »Eltern wechseln offenbar nicht nur die Arbeits- und Freizeitgewohnheiten. Sie verlassen die offizielle, das heißt die ökonomische Zeitrechnung (…) Sie verrechnen Arbeit nicht mehr nur mit Geld und Ruhm, sondern auch mit Zeit und Liebe. Im Grunde sind sie Aussteiger. Aussteiger aus dem alles erfassenden Effizienzprinzip.«² Feministinnen dagegen argumentieren auf der Basis kühler Vorteils- und Nachteilskalkulation. Sie erklären Karriere und Unabhängigkeit zur höchsten Form der Selbstverwirklichung und übersehen dabei, dass auch die Sorge für die Familie eine Form der Selbstverwirklichung sein kann. Deshalb dürfen Frauen aus feministischer Sicht keinesfalls auf Berufstätigkeit verzichten.

Ins selbe Horn bläst, wenn auch aus ganz anderen Motiven, die postideologische Variante des Feminismus. Hier handelt es sich um einen ökonomisch motivierten Rollenleitbildfanatismus, der nicht die Selbstverwirklichung der Frau im Blick hat, sondern funktionale Erfordernisse des Staates und der Wirtschaft. Statt um den Schutz der Frau vor der »Traditionalisierungsfalle« geht es um den Schutz der Wirtschaft vor dem drohenden Fachkräftemangel und des Sozialstaats vor dem Kollaps. Weil dazu sowohl der Nachwuchs als auch die Arbeitskraft gut qualifizierter Frauen gebraucht werden, sollen gut qualifizierte Frauen Kinder bekommen und nach jeder Geburt schnell und am besten in Vollzeit wieder als Humankapital zur Verfügung stehen, auf dass die Rente sicher ist, die Wirtschaft brummt und später jemand unsere Herzschrittmacher und Hüftgelenke bezahlt. Auch hier spielen die individuellen Bedürfnisse von Frauen keine Rolle. Das Rollenbild »Karrieremutter« wird zum Leitbild erklärt, während der Lebensentwurf »Hausfrau und Vollzeitmutter« – immerhin das Rollenideal von 15 Prozent der bis 45 Jahre alten Frauen³ – nur noch in der Rubrik »verschenkte Potenziale« auftaucht. Mag diese Form der Leitbildpropaganda auch ganz unideologisch daherkommen: Sie wirkt am freiheitseinschränkenden Diktat der Rollenbilder ebenso mit wie der gleichstellungspolitisch motivierte Feminismus.

Meredith Haaf, Susanne Klingner und Barbara Streidl

haben in ihrem Buch *Wir Alphamädchen. Warum Feminismus das Leben schöner macht* in klassisch feministischer Tradition den Versuch unternommen, junge Frauen auf das Rollenleitbild der im Beruf erfolgreichen Frau einzuschwören. Die »Alphamädchen« sind beseelt vom Wunsch, mit dem Mann gleichzuziehen: »Wir wollen berufstätig sein und Kinder großziehen – zur gleichen Zeit, und das kann einfach nicht zu viel verlangt sein. Wir wollen etwas, das für Männer ganz normal ist. Mehr nicht.«[4] Denselben Anspruch formulieren sie auch für die Arbeitswelt: »Einzelne Frauen haben es geschafft, sich ein Stück vom Machtkuchen zu erobern. Nun stellt sich die Frage: Warum holen sich nicht alle Frauen die Hälfte, die ihnen zusteht?«[5]

Die Ursache dafür könnte schlicht und ergreifend darin liegen, dass viele Frauen die ihnen zustehende Hälfte von Macht und beruflichem Erfolg nicht unbedingt für sich beanspruchen wollen und das Leitbild der Karrierefrau beziehungsweise der Karrieremutter für sich selbst nicht für erstrebenswert halten. In einer Allensbach-Umfrage unter Frauen im Alter bis 45 Jahre favorisierten jedenfalls nur 18 Prozent die Kombination von Vollzeitberufstätigkeit und Mutterschaft und 13 Prozent die Vollzeitberufstätigkeit unter Verzicht auf Kinder. Damit liegt die Vollzeitberufstätigkeit im Beliebtheitsranking weiblicher Lebensentwürfe zwar über der Hausfrauenrolle – 15 Prozent der Frauen sehen darin ihr persönliches Ideal –, aber weit abgeschlagen hinter dem beliebtesten Lebensentwurf: der Kombination von Mutterrolle und Teilzeitbeschäftigung. Knapp 60 Prozent der unter 45-jährigen Frauen würden sich damit am wohlsten fühlen.[6] Der Wunsch, um jeden Preis beruflich richtig durchzustarten, ist unter Frauen also viel weniger verbreitet, als das feministische Rollenleitbild der Karrierefrau beziehungsweise der Karrieremutter es glauben machen will. Das bestätigt auch eine repräsentative Umfrage im

Auftrag des Magazins *Focus*: Knapp 70 Prozent der Frauen würden ihrem Partner bei gleichen Ausgangsbedingungen den Vortritt lassen, wenn beide die Chance auf einen Karrieresprung hätten; nur 17 Prozent sehen sich selbst am Zug.[7]

Es gibt sogar Frauen, die ihren familienbedingten Ausstieg aus dem Beruf nicht als Benachteiligung, sondern als Privileg empfinden. Die Soziologin Jutta Allmendinger, die in Zusammenarbeit mit dem Bundesfamilienministerium die Lebensläufe von nicht erwerbstätigen Frauen untersucht hat, lässt in ihrem Buch *Verschenkte Potenziale?* auch solche Frauen zu Wort kommen. »Wenn ich ja zu Kindern sage, möchte ich auch hundertprozentig für sie da sein, ihnen ein schönes Zuhause bieten«, sagt beispielsweise eine vierfache Mutter. »Mir ist es wichtig, Zeit für die Kinder zu haben. (…) Ich genieße es sehr, dass ich nicht arbeiten gehen muss und mich um die Kinder kümmern kann.«[8]

Dass eine solche bewusste Entscheidung gegen Karriere eine emanzipierte Entscheidung sein kann, zeigen auch die Äußerungen einer 36-jährigen, in Teilzeit arbeitenden Mutter:

»Mein Lebenspartner arbeitet jetzt Vollzeit. Er hat sich selbstständig gemacht und inzwischen viel zu tun. Insofern leben wir schon nach dem klassischen Modell. Er geht morgens in sein Büro und kommt abends wieder nach Hause. Ich halte ihm den Rücken frei, gehe halbtags arbeiten, kümmere mich um den Haushalt und die Kinder. Für mich fühlt es sich gut und richtig an. Früher hätte ich das nicht gedacht. (…) Doch mir ist es sehr wichtig, jetzt Zeit für die Kinder zu haben. Es ist einfach eine Herzenssache. Ich habe das bewusst entschieden. (…) Ich kenne viele Dolmetscherinnen, die in ihrem Beruf weiterarbeiten. Das geht auch mit Kindern, da springt der Mann ein oder die Oma oder Freunde. Für mich passte das nicht. Die Zeit zwischen 20 und 30 hat Spaß gemacht, doch jetzt ist eine neue Zeit. Ich finde das Muttersein sehr schön. Ich war gern schwanger und mit meinen Kindern zu Hause. Diese Zeit hat mich emotional tief berührt. Meine Kinder erfüllen mich. Ich wachse hier in anderer Hinsicht, als ich es in meinem Beruf oder in einer Karriere tun könnte. (…) Bisher hat mein Lebenspartner die Kinder am Wochenende übernommen, wenn ich meinen Kurs hatte. (…) Wir helfen uns gegenseitig, gehen respektvoll miteinander um. Diesen Respekt würde ich mir auch von meiner Umwelt wünschen. Doch oft spüre ich einen mitleidigen Blick. Es wird so getan, als ob studierte Frauen in der Elternzeit quasi ihren Kopf abgeben würden und dadurch in unterqualifizierten Jobs landen. Das stört mich. Tatsächlich war es von mir eine bewusste Entscheidung, den Assistentinnen-Job anzunehmen, genauso wie das Muttersein ein großer Wunsch war. Ich habe zu den Kindern ja gesagt und möchte ihnen ein stabiles Fundament für ihr Leben geben. Mir war klar, dass ich dann an anderer Stelle nein sagen muss. Ich wünsche mir, dass akzeptiert wird, dass ich mich aus freien Stücken für diesen Weg entschieden habe. Ich fühle mich nicht als Opfer von irgendwelchen Prozessen. Natürlich sehe ich auch, dass manche Frauen hier nicht frei entscheiden können. Doch weil das bei denen so ist, muss es nicht für alle Frauen gelten. Will man Beruf und Familie miteinander vereinbaren, muss man ein kleines Mosaik bauen. Doch entscheidend ist, dass man es für sich selbst und bewusst zusammensetzt.«[9]

Diese Frau hat auf den Punkt getroffen, was Emanzipation und Selbstverwirklichung wirklich bedeuten: Entscheidend ist, dass man das Mosaik seines Lebens selbst und bewusst zusammensetzt. Dagegen scheint der Versuch, Frauen in schwesterlicher Eintracht – »Wir Alphamädchen«! – hinter dem neuen Leitbild der Karrierefrau zu versammeln, ebenso sinnlos und lebensfern wie der Versuch, allen Frauen gleichermaßen das Leben nach dem traditionellen Leitbild der Vollzeitmutter schmackhaft zu machen. Die Argumentationsmuster der Rollenleitbildfanatikerinnen jedenfalls sind hier wie dort dieselben: Das feministische Rollenleitbild erhebt weibliche Selbstverwirklichung zum Mantra – so wie das traditionelle Rollenleitbild die mütterliche Fürsorge. Feministinnen erklären Selbstverwirklichung zur Frage des Lebensentwurfs – so wie Strukturkonservative mütterliche Verantwortung. Selbstverwirklichung gibt es für Feministinnen nur innerhalb der Berufstätigkeit – so wie Fürsorge für Strukturkonservative nur in Vollzeitmutterschaft denkbar, jedenfalls aber nicht mit Vollzeitberufstätigkeit vereinbar ist. Und so wie Strukturkonservative berufstätigen Müttern die Verantwortungsfähigkeit absprechen, so sprechen Feministinnen nicht berufstätigen Müttern das Emanzipiertsein ab. Was unter Emanzipation zu verstehen ist, wird von Feministinnen genauso apodiktisch in ein Leitbild gepresst wie bei den Strukturkonservativen das, was unter Verantwortung zu verstehen ist.

Es gibt nur einen einzige Unterschied zwischen dem feministischen und dem strukturkonservativen Diktat der Rollenbilder: Das Gefängnis des feministischen Rollenleitbilds ist nicht so leicht als solches erkennbar – alles geschieht ja im Namen weiblicher Freiheit und Selbstverwirklichung. Feministinnen gaukeln Frauen vor, dass sie dann (und nur dann) frei, emanzipiert und selbstbestimmt sind, wenn sie Geld verdienen und keine berufliche Chance an sich vorbeiziehen lassen. Ihre Rollenleitbilder »Karrierefrau« und »Karrieremutter« sind wie gläserne Wände rechts und links des Berufs- und Karriereweges: Man sieht durch sie hindurch auf eine Welt, in der alles möglich scheint, und solange man nicht dagegen anrennt im Wunsch, sich abseits des Weges für eine kürzere oder längere Pause niederzulassen oder einen anderen Lebensweg einzuschlagen, wird man sie nicht als Einschränkung wahrnehmen. Karrierefrauen *fühlen* sich also weniger gefangen, doch ob das schon ein Fortschritt im Vergleich zu den samtenen Fesseln des traditionellen Rollenleitbilds ist, darf bezweifelt werden. Zumindest für all diejenigen Frauen, deren persönliche Lebensziele und Präferenzen nicht oder nicht ausschließlich auf Selbstverwirklichung im Beruf hinauslaufen, sind die feministischen Rollenleitbilder und die daran geknüpften Erwartungen deutlich als Einschränkungen ihrer Entscheidungsfreiheit wahrnehmbar.

Weil es unter Frauen unterschiedliche Lebensziele und Präferenzen gibt, ist die vielfach gehegte Hoffnung, die Macht des traditionellen weiblichen Rollenleitbilds ließe sich dadurch brechen, dass man es durch ein neues Rollenleitbild der Karrierefrau beziehungsweise Karrieremutter ersetzt, eine trügerische Illusion. Das fanatische Festhalten an traditionellen Rollenbildern auf der einen Seite und das nicht minder fanatische Dagegenhalten mit neuen, »modernen« Rollenbildern hat niemanden freier gemacht, sondern das Diktat der Rollenleitbilder nur um weitere Formen der Gefangenschaft ergänzt: Die emanzipierte Frau, gut ausgebildet und dem Manne in jeder Hinsicht ebenbürtig, soll ihre Potenziale ausschöpfen, und das heißt: voll erwerbstätig sein und sich in einer Partnerschaft keinesfalls freiwillig in Abhängigkeiten begeben.

Die emanzipierte Frau steht damit vor einem Dilemma: Sie hätte gerne Kinder, sieht sich aber nicht als Mutter. Denn Mutter sind entweder bessere Menschen (altruistisch, selbstlos, aufopferungsbereit) oder schlechtere Menschen (feige, ambitionslos, mäuschenhaft). Die konservative Neigung, Mütter zu besseren Menschen zu stilisieren, und die feministische Neigung, Mütter zu schlechteren Menschen zu degradieren, führen zum selben Ergebnis: Mutterschaft lässt sich für viele Frauen nicht in den eigenen Lebensentwurf *integrieren* – Mutterschaft *konkurriert* mit ihm.

Die Macht des Zeitgeistes

Anders als das traditionelle Rollenleitbild verdankt das feministische seine suggestive Kraft nicht der Tradition, sondern dem Zeitgeist: Die attraktive Karrieremutter, die Job, Kind, Mann und Haushalt »wuppt« und völlig entspannt wirkt, während sie nach ihrem straff durchorganisierten Bürotag noch schnell Spaghetti Bolognese zubereitet, Hausaufgaben beaufsichtigt, Gutenachtgeschichten vorliest und danach, endlich zu zweit mit dem Gatten, wahlweise als inspirierende Gesprächspartnerin oder als inspirierende Verführerin in Erscheinung tritt, bevor sie mit einer gesichtsstraffenden Creme ihr Tagwerk abschließt, steht in der öffentlichen Hierarchie weiblicher Lebensentwürfe ganz oben. Frauen wie Heidi Klum und Angelina Jolie – erfolgreich, sexy, kinderreich – werden in den Medien zu Rollenvorbildern stilisiert nach dem Motto: Geht doch! Der Hype um prominente Mütter, die ihre steile Karriere selbst nach Kind Nummer vier unbeirrt fortsetzen und in der Boulevardpresse mit Bildern ihres trauten Familienglücks aufwarten, setzt Frauen genauso unter Druck wie die Fesseln des traditionellen Rollenleitbilds. »Je mehr solcher *Drei-Wetter-Taft*-Frauen es gibt, je öfter sie betonen, dass alles bloß eine Frage der Organisation ist, desto weniger trauen wir uns, den Mund aufzumachen. Desto kleiner, schäbiger, unvollkommener müssen wir uns selbst erscheinen, sei es als gestresste Erfolgsmutter, sei es als kinderlose Arbeitnehmerin oder Unternehmerin«, schreibt Katja Kullmann in *Generation Ally*.[10]

Doch nicht immer sind es die beruflich erfolgreichen Frauen selbst, die den irreführenden Mythos des »Alles ist möglich« aufrechterhalten. In der Regel wird jede Mutter, die dem Ideal der Karrieremutter nach außen hin zu entsprechen scheint, von Anhängerinnen eines »modernen«

Rollenleitbilds als leuchtendes Beispiel für die Überlegenheit des feministischen Leitbilds der Karrierefrau vereinnahmt – genauso wie sie von der Gegenseite als abschreckendes Beispiel einer egoistischen Rabenmutter verdammt wird. Was nicht ins Bild passt, wird wegretuschiert.

Judith Holofernes, Sängerin der Band »Wir sind Helden« und Mutter von zwei Kindern, hat ihren vergeblichen Versuch, sich gegen die mediale Vereinnahmung durch das zeitgeistige Rollenklischee zu wehren, in einem Interview mit der *Frankfurter Allgemeinen Sonntagszeitung* beschrieben: »Vier Wochen nach der Geburt meines Sohnes war ich mal auf der Aftershowparty vom ›Echo‹, also zu einem Zeitpunkt, wo Heidi Klum längst wieder Unterwäsche präsentiert. Ich dagegen hatte so ein Sackkleid an, in dem man schlicht gar nichts von mir sehen konnte – auch nicht die 15 Kilo Mehrgewicht. Da fragte mich ein Journalist allen Ernstes, wie ich es geschafft hätte, schon wieder so schlank zu sein. Ich hab gesagt: Komm mit aufs Klo, ich zeig' dir meinen Kängurubauch – und dass er genau von dem bitte schreiben soll. Ich möchte auf keinen Fall an dem Mythos beteiligt sein, Frauen müssten nach der Geburt aussehen, als hätte ihr Kind im Blumentopf gekeimt oder es wäre ihnen aus der Nase gezogen worden.« Der Journalist habe aber nichts davon geschrieben. »Das zeigt, wie groß der Wille zum Klischee ist, zum übermenschlichen Ideal.«[11]

Ein übermenschliches Ideal, mit dem das Leitbild der Karrieremutter Frauen konfrontiert, ist auch das Vereinbarkeitsideal: die Vorstellung, sie könnten Kind und Karriere so selbstverständlich und kompromisslos miteinander vereinbaren, wie es lange den Männern vorbehalten war. Dieses Vereinbarkeitsideal hat für Letztere zwar nur deshalb funktioniert, weil sie familiäre Verantwortung an ihre Ehepartnerin delegieren konnten, de facto also selbst kaum etwas zu »vereinbaren« hatten. Trotzdem erwecken Feministinnen den Eindruck, ein Kind müsse sich doch geräuschlos und ohne Einschränkungen in eine Frauenkarriere integrieren lassen. »Das Vereinbarkeitsideal hat keine Zukunft, weil es in Wahrheit gar nichts zu vereinbaren, sondern immer nur etwas zu addieren gibt«[12], hält Iris Radisch mit der Lebenserfahrung einer berufstätigen Mutter von drei Kindern in ihrem Buch *Die Schule der Frauen* zu Recht dagegen. Kind und Karriere lassen sich selbst bei optimaler Unterstützung durch gute Kinderbetreuung oder engagierte Großeltern nicht beliebig addieren: Wenn im Leben Platz sein soll für Kind *und* Karriere, dann kommt es vor allem darauf an, Grenzen zu ziehen, Familienzeiten zu definieren und den Schutzraum Familie gegen den grenzenlosen Verfügbarkeitsanspruch unserer Arbeitswelt zu verteidigen.

Warum es bei der Vereinbarkeit auf Grenzen ankommt

Schon in der Endphase meiner Schwangerschaft, als ich meine Abendtermine schlicht aus Erschöpfung deutlich reduzieren musste, habe ich mir vorgenommen, öffentlich niemals den Eindruck zu vermitteln, dass Mutterschaft und Berufstätigkeit sich ganz locker zu einem Leben addieren lassen, in dem alles weitergeht wie bisher – nur eben mit Kind. Ich kenne genügend junge Mütter, die an sich selbst zweifeln, weil der eigene Alltag sich vom weich gezeichneten Bild der alles miteinander vereinbarenden Karrieremutter so deutlich unterscheidet. Das Bild der Karrieremutter aber hat mit dem Kräfte zehrenden Vereinbarkeitsalltag ungefähr so viel zu tun wie Heidi Klums *After Baby Body* mit dem postnatalen Schwangerschaftsspeck jeder anderen Mutter. Vereinbarkeit hat Grenzen, selbst unter optimalen Bedingungen, und solange darüber nur hinter vorgehaltener Hand gesprochen wird, um dem

strahlenden Bild keine Kratzer zuzufügen, bleibt das Leitbild der Karrieremutter der Maßstab, an dem Mütter sich
messen lassen müssen – auch und gerade in der Arbeitswelt, wo das Verständnis für eine Krankschreibung häufig größer ist, wenn die Mutter krank ist, als wenn ihr
Kind krank ist. »Die moderne Arbeitswelt fordert (…)
ununterbrochenen Einsatz; wer da unterbricht, pausiert,
die Arbeitszeit reduziert, muss immer mit erheblichen Ein-
bußen rechnen«, schreibt die Soziologin Elisabeth Beck-
Gernsheim und rät dazu, diesen Umstand als gesellschaftliches Problem sichtbar zu machen und entsprechend nach
gesellschaftlichen Lösungen zu suchen, statt es weiterhin
als privates Problem der Frau zu betrachten.[13]

Deshalb will ich nicht verschämt mit den Grenzen umgehen, die ich in meinem Berufsleben ziehe, um für meine
Tochter da zu sein. Ich will nicht verdruckst von »anderen terminlichen Verpflichtungen« reden, wenn es mir in
Wirklichkeit um Zeit für die Familie geht. Ich will offen
dazu stehen, dass ich dem in politischen Spitzenämtern wie
in anderen Führungspositionen weitverbreiteten Anspruch,
an jedem Tag zu jeder Uhrzeit verfügbar zu sein, nicht mehr
genügen kann. Das bedeutet, Zweifel an der persönlichen
Eignung für eine Spitzenposition aushalten zu müssen, weil
von einer Karrieremutter erwartet wird, dass sie ihr Privatleben der Karriere jederzeit unterordnet – so wie ihre kinderlosen Kollegen und Kolleginnen oder ihr Vorgesetzter,
dem zu Hause eine Frau den Rücken freihält. Den Maßstab
für gelingende Vereinbarkeit setzen Menschen, die nichts zu
vereinbaren haben. Das ist absurd.

Ich bin als Mutter eines kleinen Kindes nicht bereit und
auch nicht in der Lage, mich dem grenzenlosen Verfügbarkeitsanspruch zu unterwerfen, der in Führungsetagen und
Spitzenämtern bisher kaum infrage gestellt wird. Termine
abends und am Wochenende gibt es für mich nur noch

in Ausnahmefällen, und solange meine Tochter klein ist, werde ich Reisen so weit wie möglich auf solche zwischen Berlin und meiner Heimat Wiesbaden beschränken. Das sind Grenzen, mit denen ich permanent Erwartungen enttäusche: die Erwartung, dass ich um 20.00 Uhr noch selbstverständlich für Besprechungen oder Gremiensitzungen zu haben bin; die Erwartung, dass ich in beliebiger Zahl und zu beliebiger Zeit Fachkongresse besuche, um dort eine Rede zu halten oder an Podiumsdiskussionen teilzunehmen; die Erwartung, dass ich regelmäßig Abendempfänge besuche, um dort Kontakte zu pflegen und Gespräche zu führen; die Erwartung, dass ich um 23.00 Uhr abends in politischen Talkshows sitze; die Erwartung, dass ich auch am Wochenende sofort per Smartphone auf jede E-Mail reagiere. Diese Standards können nur Menschen erfüllen, die entweder keine Kinder haben – oder jemanden, der ihnen alle familiären Fürsorgeaufgaben abnimmt. Obwohl auf der Hand liegt, dass man als Mutter eines kleinen Kindes im Wettbewerb um das höhere Arbeitspensum nicht mithalten kann, war mir von Anfang an klar, dass Vorwürfe vorprogrammiert sind, wenn ich im politischen Alltag mit seinen 70-Stunden-Wochen etwas kürzer trete und einen Teil meiner Arbeit abends von zu Hause aus erledige, wenn Lotte schläft.

Mit dem Anspruch auf Zeit für Familie ist es insofern ein bisschen wie mit der Ankündigung grundlegender politischer Reformen: Jeder findet die Entscheidung gut, solange sie nicht die eigene Person oder das eigene Anliegen betrifft. »Natürlich verstehe ich, dass Sie abends bei Ihrem Töchterchen sein wollen«, höre ich oft. »Aber *diese* Veranstaltung/ *diese* Besprechung/*dieser* Termin ist so wichtig für Sie/für uns/für Deutschland – da *müssen* Sie kommen!« Oft frage ich dann, ob so bedeutsame Gespräche oder Veranstaltungen möglicherweise auch zu familienverträglicheren Zeiten stattfinden können. Spätestens dann ist es mit dem Verständnis in vielen Fällen vorbei. Umso mehr habe ich mich über ein Erlebnis während meiner Schwangerschaft gefreut: Ich war als Gast in die Talkshow »Maybritt Illner« eingeladen, die normalerweise nach 22.00 Uhr live übertragen wird. Solche Termine nach einem ohnehin langen Tag wollte ich mir während meiner Schwangerschaft nicht mehr zumuten und bat deshalb um Verständnis dafür, dass ich nur kommen könnte, wenn die Sendung schon um 18.00 Uhr aufgezeichnet – also nicht live übertragen – würde. Wider Erwarten war es tatsächlich möglich, und als ich vor der Aufzeichnung in der Maske saß, kam Maybritt Illner und sagte mir, diesen Wunsch hätte bisher kaum jemand geäußert. Sie persönlich fände es aber gut, dass ich als werdende Mutter den Mut hätte, Prioritäten zugunsten des Privatlebens zu setzen.

So viel Verständnis für die Situation von Schwangeren und Müttern ist in der familienfernen Arbeitswelt leider immer noch die Ausnahme. Gerade deshalb halte ich es für so wichtig, als in der Öffentlichkeit stehende Mutter Grenzen zu ziehen und diese klar und deutlich mitzuteilen. Denn wer sonst soll ein Bewusstsein dafür schaffen, dass berufstätige Eltern andere Arbeitsbedingungen brauchen als Männer und Frauen ohne Kinder? Berufstätige Mütter (und auch engagierte Väter) sind nicht so mobil, flexibel und allzeit verfügbar wie kinderlose Berufstätige oder Männer, denen zu Hause eine Frau den Rücken freihält.

Doch nicht die Frauen müssen sich dem Leitbild der Karrieremutter entsprechend ändern und werden wie karriereorientierte Männer: familiäre Aufgaben delegieren, ehrgeiziger sein, härter zu sich selbst und härter zu ihrem Partner. Ändern muss sich unsere Arbeitswelt! Mit diesem Wunsch sind Frauen heute glücklicherweise nicht mehr allein: Mittlerweile wünschen sich auch viele Männer Respekt vor den Grenzen beruflicher Verfügbarkeit und Arbeitsbedingungen, die ihnen Zeit für die Familie ermöglichen. Solange aber die sogenannten Karrierefrauen selbst zum Mythos der alles mit links bewältigenden Karrieremutter beitragen, indem sie ihr »Vereinbarkeitsproblem« leugnen und Standards akzeptieren, die Menschen ohne »Vereinbarkeitsproblem« gesetzt haben, können sie weder auf Verständnis noch auf Unterstützung in ihrem Arbeitsumfeld hoffen.

4 Dienst nach Vorschrift: Die kontraproduktive Wirkung häuslicher Leistungsbilanzen

Was ist das männliche Pendant zum feministischen Leitbild der Karrierefrau? Der in den Medien vielfach als modernes Rollenbild gepriesene »neue Mann«, der sich nicht in erster Linie über berufliche Leistung, sondern mindestens ebenso über ehemals »weibliche« emotionale Qualitäten als liebevoller, fürsorglicher und rücksichtsvoller Partner und Vater definiert, ist im Moment noch eher ein Wunschbild als ein Leitbild, nach dem Männer bewusst ihr Verhalten ausrichten. »Emanzipation ist für Frauen eine Befreiung auf Ziele hin, die Frauen bei Männern verwirklicht sehen und die so ein attraktives Leitbild sind«, heißt es in der Studie *Männer: Rolle rückwärts, Rolle vorwärts?*.[1] »Für Männer gibt es zwar Chiffren vom ›neuen Mann‹, aber konkrete Vorbilder sind kaum vorhanden. Das Leitbild wird Männern meist als abstraktes Prinzip kommuniziert, mehr aufgeladen mit moralischen Forderungen als attraktiven Visionen vom guten und schönen Leben.«[2]

Der Feminismus hatte für den Mann nie viel mehr übrig als die Forderung, sich gefälligst anzupassen an die Ansprüche der emanzipierten Frau. So ist es nicht verwunderlich, dass sich mit der Veränderung des Frauenbilds kein eigenständiges Rollenleitbild für den Mann entwickelt hat, sondern lediglich ein abgeleitetes. Weil das Leitbild »Karrierefrau« darauf abzielt, Frauen die Hälfte der Macht in Gesellschaft und Arbeitswelt zu sichern, sollen Männer

umgekehrt die Hälfte der häuslichen Aufgaben übernehmen. Das feministische Rollenideal für Männer läuft deshalb auf das Prinzip »Dienst nach Vorschrift« hinaus, und
die Vorschrift lautet: Mann und Frau machen halbe-halbe.
Damit wird, wie so oft, das Private zum Politikum. »Bei der
Hausarbeit geht es nämlich nicht nur darum, dass der/die
eine arbeitet und der/die andere nicht. Es geht auch darum,
wer dadurch welchen Status hat: Wer ist der Sklave und wer
der Herr?«, schreibt Alice Schwarzer in *Der große Unterschied*.[3] »Die Arbeitsteilung im Haus weist den Geschlechtern ihren Platz in der Welt zu.«

Der Fifty-fifty-Vater: Das feministische Rollenleitbild für den Mann

Das vom Feminismus propagierte Rollenleitbild für den
Mann ist also der Fifty-fifty-Vater beziehungsweise der
Fifty-fifty-Partner: der Mann, der zu Hause exakt 50 Prozent aller Aufgaben übernimmt. Die egalitäre Verteilung von
Kindererziehung und Haushaltstätigkeiten ist der Maßstab,
an dem der Mann sich messen lassen muss. Dabei wird er
seit Jahren akribisch beobachtet: Wie oft – oder besser: wie
selten – er Staub saugt, den Müll wegbringt, Windeln wech-
selt, Blumen gießt, Toiletten säubert, die Familie bekocht
und den Kühlschrank füllt, kann man in zahllosen Statistiken nachlesen. Das dominante Modell männlicher Beteiligung im Haushalt ist demnach heute mit knapp 50 Prozent die »selektive Mitarbeit zur Entlastung der Frau«. An
zweiter Stelle steht mit 26 Prozent die traditionelle Arbeitsteilung, bei der häusliche Aufgaben umfassend an die Frau
delegiert werden. Eine wirklich gleichgestellte Arbeitsteilung
dagegen leben nur 7 Prozent der Paare.[4] Insgesamt übernehmen Männer lediglich Tätigkeiten wie handwerkliche Repa-

raturen, Autowäsche sowie die Regelung von Finanz- und Versicherungsangelegenheiten häufiger als Frauen. Putzen, Bügeln, Wäsche, Kochen und Einkauf sind nach wie vor weibliche Domänen.[5] Schuld daran ist in den Augen von Feministinnen die bräsige Verweigerungshaltung der Männer, die nichts gegen eine emanzipierte Frau an ihrer Seite haben, solange sie auf den gewohnten häuslichen Komfort nicht verzichten müssen.

Die nackten Zahlen der Heimarbeitsstatistik werfen aus feministischer Sicht aber auch kein gutes Licht auf die Frau, die offensichtlich nicht strikt genug auf die Einhaltung einer ausgewogenen häuslichen Arbeitsbilanz achtet. »Plötzlich, mit dem ersten Kind, kommt Frauen unseres Alters der Gedanke abhanden, dass man Haushalt und Geldverdienen mit dem Partner auch fifty-fifty teilen könnte«[6], echauffieren sich die jungen Feministinnen Meredith Haaf, Susanne Klingner und Barbara Streidl über ihre Geschlechtsgenossinnen. Unmut erregt da stellvertretend für viele andere zum Beispiel die Schriftstellerin Alexa Hennig von Lange, weil sie in einem Interview freimütig bekannt hat, lieber Kekse zu backen als zu essen, während es bei ihrem Mann gerade umgekehrt sei. »Solche Bekenntnisse sind wohl lustig gedacht, tatsächlich aber zum Weinen«[7], finden Haaf, Klingner und Streidl.

Zum Weinen finden kann man ein solches Statement, das ich für meine Ehe genauso schmerzfrei unterschreiben würde wie offenbar Alexa Hennig von Lange, nur mit einer sehr dogmatischen Haltung zur Frage, welcher Typ Mann ins Leben der emanzipierten Frau passt. Der Fifty-fifty-Partner ist die feministische DIN-Norm für den Mann an der Seite der emanzipierten Frau – eine Norm, die in erster Linie dem alten feministischen Wunsch geschuldet ist, zwischen den Geschlechtern messbare Gleichheit im Ergebnis herzustellen. Da hilft es dann auch nichts, wenn der eine oder andere Mann seine Inkompetenz beim Backen von Keksen mit überragender Kompetenz im Umgang mit Schlagbohrmaschinen und Kreuzschraubenziehern wieder ausgleicht. »Durchgefallen!« lautet das Urteil, wo auch immer die männliche Leistungsbilanz im häuslichen Bereich Defizite aufweist, und nachdem es den feigen, häusliche Konflikte scheuenden Frauen allen feministischen Appellen zum Trotz bisher nicht gelungen ist, sich den Mann ebenso DIN-Norm-gerecht hinzubiegen wie Europa angeblich seine Gurken, muss jetzt ein Gesetz her. So wurden Frauen im September 2011 auf der Website www.frauen-machen-druck.de dazu aufgerufen, folgenden Brief ans Bundesfamilienministerium zu schicken:

Sehr geehrte Frau Dr. Schröder,

im § 1356 des Bürgerlichen Gesetzbuches heißt es: »Die Ehegatten regeln die Haushaltsführung im gegenseitigen Einvernehmen.« (...)
Es ist größenteils die ungerechte Aufteilung der Familienarbeit, die ungleiche Löhne und ungleiche Chancen schafft, sei es durch Berufsunterbrechung, Teilzeitarbeit, schlechte Wiedereinstiegschancen. Der Mann, befreit von den Lasten der Familienarbeit, kann Beruf und Familie auf wunderbare Weise vereinen. Er genießt den wohlverdienten Feierabend, während die berufstätige Gattin die so genannte zweite Schicht antritt.
Die Erledigung der Hausarbeit darf nicht länger Privatsache jedes einzelnen Paares bleiben. Der § 1356 des Bürgerlichen Gesetzbuches muss neu geschrieben werden. Inhaltsgemäß könnte der Vorschlag lauten: »Sind beide Ehepartner voll berufstätig, übernehmen sie die Haus- und Familienarbeit zu gleichen Teilen, d. h. die anfallenden Stunden werden zu gleichen Teilen geleistet. Ob dieser Anteil persönlich oder durch dritte Personen geleistet wird, bleibt den Ehepartnern überlassen.«

Familienarbeit ist unbezahlte Arbeit, deswegen muss sie
von beiden Partnern geleistet werden. Um die Reformre-
sistenz der Männer zu brechen, brauchen Frauen einen
Gesetzestext, auf den sie sich berufen können, wenn sie
die Arbeitsteilung einfordern. Die Vereinbarkeit von
Beruf und Familie darf kein Privileg der Männer bleiben.

Als ich diese Zeilen gelesen habe, habe ich mir vorgestellt, wie
reformresistente Männer sofort zu Staubtuch und Schrub-
ber greifen werden, wenn sie abends in Erwartung einer warmen Mahlzeit und eines Feierabendbierchens zu ihrer Gattin
heimkehren und selbige ihnen, mit einer Kopie von § 1356
BGB wedelnd, statt einen Kuss auf den Mund den neuen
Koch- und Putzplan aufs Auge drückt. Als Nächstes wäre
dann wohl der Trauschein um ein Zertifikat zu ergänzen, das
dem Mann die Eignung zur Haushaltsführung gemäß § 1356
BGB bescheinigt.

Im Ernst: Wenn der Mann tatsächlich so veränderungs-
resistent wäre, wie Feministinnen es unterstellen, wäre das
apodiktische Beharren auf einer gleichen Verteilung der
Haushalts- und Erziehungsaufgaben sinnlos. Wer sich an
der Erziehung seiner Kinder nicht beteiligen möchte, wer
sich standhaft weigert, Wäsche aufzuhängen und Geschirr
zu spülen, und wer beim Genörgel der frustrierten und
genervten Partnerin jahrelang einfach auf Durchzug gestellt
hat, wird sich auch durch eine Änderung des BGB nicht zu
einer Verhaltensänderung motivieren lassen. Und wenn eine
Frau wirklich glaubt, sich auf einen Paragrafen im Bürgerlichen Gesetzbuch berufen zu müssen, um ihren Bedürfnissen
in einer Partnerschaft zu mehr Anerkennung zu verhelfen,
wäre spätestens das ein zuverlässiges Indiz, dass eine gleichberechtigte Partnerschaft mit dem Mann an ihrer Seite ewig
ein frommer Wunsch bleiben wird.

Wenn unter Männern aber Veränderungsbereitschaft besteht, und darauf deutet alles hin, dann wäre es klüger, die Wünsche und Bedürfnisse der veränderungswilligen Männer ernst zu nehmen, statt das traute Heim zum Kriegsschauplatz zu erklären und die Frage der Arbeitsteilung zur gesamtgesellschaftlichen Machtfrage zu stilisieren. Denn in vielen Fällen leiden nicht nur Frauen, sondern auch Männer darunter, wenn die häusliche Arbeitsteilung sich nach der Geburt des ersten Kindes allen zuvor getroffenen Abmachungen zum Trotz nach traditionellen Mustern einspielt und männlicher Stress und weiblicher Frust die Freude am Familienglück trüben.

Männer zwischen Veränderungsresistenz und Veränderungswunsch

In einem Beitrag für das Magazin *Chrismon* hat ein Vater, dem sein Arbeitgeber kündigte, nachdem er zwei Monate Elternzeit genommen hatte, auf sehr berührende Weise seine Erfahrungen beschrieben: »Es tat mir so leid, dass ich von den ersten Lebensmonaten meines Sohnes wegen meiner 40-Stunden-Woche nicht viel mitbekam – außer dem Geschrei nach Milch am Morgen und dem Schlafritual am Abend. Ich war nicht da, als er zum ersten Mal durch die Küche krabbelte. Und ich konnte mich nicht mit ihm freuen, als er sich erstmals aufrecht hinsetzte. Dabei wollte ich doch auf keinen Fall wie mein Vater sein: Der hatte seine Kraft und Zeit nur dem Beruf geschenkt. Als er in Rente ging, wollte er endlich Zeit verbringen mit der Familie. Stattdessen bekam er Krebs. Mein Vater legte sich hin und starb. Und wir blieben geschockt zurück. Mein Sohn wurde kurz darauf geboren. Dass es die Elternzeit gibt, empfand ich als Segen. (…) Zu Hause habe ich schnell gemerkt, dass ich meinen Sohn eigentlich nur aus Erzählungen kannte. Und von den selbst gedrehten Kurzfilmen, die mir meine Frau abends oft gezeigt hatte. Nun lernte ich, dass er am liebsten Pastinake isst und darauf besteht, sich selbst zu füttern. Ich lernte auch seinen Schmerz beim Zahnen kennen und wie anstrengend es ist, den Haushalt zu führen und zugleich ein Baby bei Laune zu halten. Meinen Sohn zu erleben, gab mir viel Trost in der Trauer um meinen Vater. Es macht mich glücklich, dass er seit dieser Zeit – anders als die meisten Kleinkinder – nicht einseitig auf seine Mama fixiert ist. Wir sind als Familie noch viel enger zusammen gewachsen. An meinem ersten Arbeitstag nach 61 Tagen zuhause (…) rief mich der Prokurist in sein Büro (…) und überreichte mir die Kündigung. (…) Ich zucke zusammen, wenn in den Medien die modernen Väter gepriesen werden, die mehr von ihren Kindern haben wollen, als ihnen morgens und abends den Kopf zu streicheln. Trotzdem würde ich es wieder so machen. Weil ich nicht sterben will wie mein Vater, ohne jemals Zeit gehabt zu haben für meinen Sohn. Ich will mehr haben vom Leben.«[8]

Männer *wollen* vielfach anders leben und auch anders mit ihren Partnerinnen zusammenleben als die Männergenerationen vor ihnen. Sie fühlen sich wie ihre Väter und Großväter in der Pflicht, für die materielle Sicherheit ihrer Familie zu sorgen, wollen aber anders als jene auch fürsorgliche und liebevolle Erzieher ihrer Kinder sein. »Sie wollen nicht mehr nur die abwesenden Väter sein, sondern sich einbringen«, schreibt Robert Habeck, vierfacher Vater und Fraktionsvorsitzender von Bündnis 90/Die Grünen im schleswig-holsteinischen Landtag, in seinem Buch *Verwirrte Väter. Oder: Wann ist der Mann ein Mann?*. »Sie wollen Vaterschaft nicht mehr allein quantitativ verstehen, sondern qualitativ. Das ist ein beachtlicher Wertewandel – für die Gesellschaft, aber auch für das Selbstverständnis von Männern.«[9]

Dieses Selbstverständnis ist aber im beruflichen Alltag

noch nicht angekommen. Arbeit und Familie sind für Männer noch schwieriger zu vereinbaren als für Frauen, weil von Ersteren in der Arbeitswelt nach wie uneingeschränkte Verfügbarkeit erwartet wird – auch dann, wenn sie Vater werden. Frauen, die nach der Geburt ihres Kindes beruflich kürzertreten, *entsprechen* der Norm. Männer, die nach der Geburt ihres Kindes beruflich kürzertreten, *verstoßen* gegen die Norm. Die Befürchtung, unter Kollegen und Vorgesetzten schon als Low-Performer zu gelten, wenn man pünktlich und ohne Überstunden Feierabend macht, teilen viele junge Väter. Knapp drei Viertel der Väter, die Familie und Beruf nach eigener Aussage nicht gut miteinander vereinbaren können, antworten auf die Frage, was ihnen am meisten bei der Vereinbarkeit helfen würde: »Wenn ich beruflich nicht so stark eingespannt wäre, zum Beispiel durch Überstunden«[10], und nur rund ein Viertel der männlichen Bevölkerung ist der Meinung, Väter könnten heutzutage Elternzeit nehmen, ohne schief angesehen zu werden.[11] »Wer sich als Mann stark in der Familie engagiert, betritt immer noch Neuland – für sich und für die Gesellschaft. Gerade als Elternzeit-Vater muss man sich immerfort erklären, man bastelt ständig an seinem Selbstbild. All das ist reizvoll, aber auch irritierend«[12], so der Väterforscher Dieter Thomä, der über die Krise der Vaterschaft das Buch *Väter. Eine moderne Heldengeschichte* geschrieben hat.

Dass fehlendes männliches Engagement zu Hause oft mit der Fremdbestimmtheit des Mannes im Beruf zu tun hat, bestätigen auch Frauen. Von den Müttern, die sich mehr Unterstützung bei der Erziehung und Betreuung wünschen, sagen 49 Prozent: »Mein Partner muss von seinem Arbeitgeber aus sehr viel arbeiten, da bleibt nur wenig Zeit für die Familie«, und 34 Prozent: »Mein Partner hat ungünstige Arbeitszeiten, z. B. abends und am Wochenende.« 19 Prozent sagen: »Mein Partner will Karriere machen und arbeitet deshalb sehr viel.« Dagegen erklärt ein relativ geringer Anteil von 26 Prozent: »Mein Partner findet, dass das nicht seine Aufgabe ist.«[13] Am fehlenden guten Willen scheint es also in den allermeisten Fällen nicht zu liegen, dass der Mann seine Rolle zu Hause noch nicht in dem Maße neu definiert hat wie die Frau ihre Rolle im Berufsleben. Woran dann?

An dieser Frage haben sich Wissenschaftler in zahlreichen Studien und Forschungsarbeiten abgearbeitet. Dabei kristallisierten sich verschiedene Erklärungsansätze heraus, ohne dass eine einzelne Ursache für das Beharrungsvermögen der traditionellen Arbeitsteilung auszumachen wäre.[14] Belegen lässt sich zum Beispiel der Einfluss der Partnerwahl: Männer heiraten nach wie vor häufig »abwärts« – eine jüngere Frau, die weniger verdient als sie selbst – und Frauen umgekehrt »aufwärts«. Der dadurch häufig vorhandene Unterschied an Einkommen und Status führt dazu, dass die Frau, da sie beruflich weniger zu verlieren hat, eher zurücksteckt und mehr Hausarbeit erledigt. Dabei spielt auch eine Rolle, dass Frauen vielfach weniger prestigeträchtige und schlechter bezahlte Berufe wählen als Männer. Belegen lässt sich auch, dass erlernte Geschlechterrollen Einfluss auf die Arbeitsteilung in Partnerschaften haben: Männer definieren sich viel mehr als Frauen über ihre Leistung im Beruf, während Frauen selbst dann, wenn sie in Vollzeit berufstätig sind, eine gute Hausfrau sein wollen. Ebenfalls eine Rolle spielt die Macht der Gewohnheit: Wenn die traditionelle Arbeitsteilung sich einmal eingespielt hat, wird es schwieriger, die Rollen neu zu definieren, und da direkt nach der Geburt aus nachvollziehbaren Gründen eher Frauen beruflich aussetzen, erscheint es vielen Paaren zunächst angemessen und bequem, dass die Frau den größeren Teil der Aufgaben im Haushalt übernimmt und dafür bei allen familiären Belangen wie Kindererziehung, Ernährung oder der Farbe der neuen Couch den Ton angibt. Einfluss haben nicht zuletzt auch die politischen Rahmenbedingungen: das Vorhandensein oder Nicht-vorhandensein von Kinderbetreuungsangeboten, die Option der beitragsfreien Mitversicherung in der gesetzlichen Kran-kenversicherung für Ehepartner, die Möglichkeit des Ehegat-tensplittings. Doch keine dieser Ursachen kann das Fortbe-stehen der traditionellen Arbeitsteilung zu Hause vollständig erklären, was den Schluss nahelegt, dass es ein ganzes Bündel an Motiven für die Rollenverteilung in einer Partnerschaft gibt, die bei jedem einzelnen Paar auf unterschiedliche Weise und mit unterschiedlichen Ergebnissen zusammenwirken. Pauschale Schuldzuweisungen an veränderungsresistente Männer greifen deshalb zu kurz.

Zu denken geben sollte auch, dass das Phänomen der »Retraditionalisierung« nicht nur zwischen Mann und Frau, sondern ebenso in gleichgeschlechtlichen Partner-schaften und damit unabhängig von Geschlechterstereoty-pen auftritt. Das *Zeit Magazin* beleuchtete im Februar 2011 in einer Reportage den Familienalltag eines seit vielen Jah-ren in fester Partnerschaft zusammenlebenden lesbischen Paares mit zwei kleinen Kindern, das in der traditionellen Rollenverteilung gelandet ist.

»Schmitts hatten sich vorgenommen, auch nach der Geburt alles gleichberechtigt zu teilen. Jede sollte beim Kochen und Putzen, Kindergroßziehen und Geldverdie-nen möglichst den gleichen Beitrag leisten. Dass auch Les-ben innerhalb ihrer Beziehung in die klassische Rollenfalle tappen könnten, hielten sie für ein Klischee. (...) Dass sich dann nach der Geburt der Kinder genau dieses Muster her-auskristallisiert hat, hat sie verblüfft. Yvi ist die Ernähre-rin, Catrin die Glucke. (...) Yvi arbeitet heute weiterhin fünf Tage die Woche zehn Stunden lang im eigenen Friseursalon und sichert das Einkommen der Familie. Catrin kümmert sich um Haushalt und Kinder – und arbeitet, seit Annie im Kindergarten ist, so gut es geht, freiberuflich. Das Geld hat die Rollenverteilung definiert. Der Rest ergab sich aus der Tatsache, dass Catrin die Kinder ausgetragen und gestillt hat. Und wie in vielen Familien gibt es auch bei den Schmitts manchmal Unmut über die Aufteilung.«[15] Die Rollenmuster und Rollenkonflikte in dieser Partnerschaft sind also dieselben wie in vielen heterosexuellen Beziehungen, obwohl hier von »weiblicher« Diskriminierung und »männlicher« Veränderungsresistenz augenscheinlich keine Rede sein kann.

Das legt die Vermutung nahe, dass solche Konflikte unabhängig von Geschlechterstereotypen immer zum Beziehungs- und Familienalltag gehören werden. Sie müssen innerhalb der Partnerschaft von den Betroffenen selbst gelöst werden – und das nicht nur einmal im Leben, sondern immer wieder, wenn die Umstände sich ändern oder die getroffenen Abmachungen einen von beiden unzufrieden machen. Die feministische Volkspädagogik der Umerziehung des Mannes zum Fifty-fifty-Partner stößt deshalb spätestens dort an ihre Grenzen, wo Paare – auch das ist möglich und legitim! – gar keine egalitäre Arbeitsteilung wollen. Warum soll eine traditionelle Arbeitsteilung falsch sein, wenn zwei Menschen sich darauf verständigen, sich gegenseitig in ihrer Rolle wertschätzen und sich selbst mit der eigenen Rolle wohlfühlen?

Der Fifty-fifty-Vater als Rollenleitbild für den Mann lässt weder Raum für individuell abweichende Vereinbarungen und Beziehungserwartungen noch für Flexibilität zum Beispiel in Abhängigkeit vom Alter der Kinder oder von besonderen beruflichen Herausforderungen. Statt Gleichberechtigung in einer Partnerschaft an die Frage zu knüpfen, wer wie oft die Wäsche aufhängt, sollte das Wohlbefinden aller Familienmitglieder mit einer bestimmten Rollenverteilung den Ausschlag geben. Nicht Gleichheit im Ergebnis ist entscheidend, sondern die Frage, auf welcher Grundlage dieses Ergebnis zustande gekommen ist: als Vereinbarung zwischen zwei Menschen, die sich mit ihren unterschiedlichen

Interessen, Lebenszielen und Fähigkeiten auf Augenhöhe begegnen, oder auf der Basis von äußerem Druck und damit als erzwungene Form der familiären Arbeitsteilung, mit der beide Partner unzufrieden sind?

5 Abschied vom Diktat der Rollenbilder

»Die Zeit der einfachen Rezepte, wie man sein Leben ein-
zurichten hat, ist wohl endgültig vorbei«, schreibt Robert
Habeck in seinem Buch über moderne Väter. »So vielschich-
tig die Familienformen und Lebensumstände, so unterschiedlich wird auch das Glücks- und Selbstverständnis von
Männern und Frauen sein. Das auszuhalten und nicht alles
über einen Kamm zu scheren, wäre wohl schon ein halber
Schritt.«[1] Offenbar halten Männer das eher aus als Frauen:
Sie haben – anders als Frauen – auf der Suche nach ihrer
neuen Rolle nicht das Verhältnis der Geschlechter insgesamt
und die fanatische Zwangsbeglückung aller Geschlechtsgenossen im Sinn, sondern schlicht und einfach ihr privates
Familien- und Lebensglück und die Chancen, die sie für sich
selbst in einer gleichberechtigten Partnerschaft und in mehr
Zeit mit ihrer Familie sehen. »Die Transformation zum
›neuen Mann‹ ist radikal privatisiert«[2], konstatieren die
Autoren der Männerstudie *Männer: Rolle rückwärts, Rolle
vorwärts?*, und das ist auch gut so. Denn mit der Auswei-
tung der Kampfzone auf die Frage nach dem richtigen Männerleben wäre niemandem gedient.

Von der Frage, wie wir leben sollen ...

Wohin es führt, wenn im Streit um den besseren Lebensentwurf Freiheit und Verantwortung, Beruf und Familie, persönliche Identität und Elternrolle gegeneinander ausgespielt werden, wissen wir aus den geschlagenen Schlachten um die gesellschaftliche Rolle der Frau. Das Leben als Mutter gilt als Gegenentwurf zum Leben als emanzipierte Frau. Dazu tragen nicht nur feministische Kassandraruferinnen bei, die Frauen vor der Eigenheimidylle mit Mann, Kind, Hund und Volvo warnen. Dazu tragen auch strukturkonservative Emanzipationskritikerinnen und -kritiker bei, die die niedrige Geburtenrate als Sieg des Egoismus über den Altruismus geißeln, als Sieg des Individualismus über den Gemeinsinn, als Sieg der Selbstverwirklichung über die Selbstlosigkeit, als Sieg von Karrierewünschen über Kinderwünsche, als Sieg der Freiheit über die Verantwortung, kurz: als Sieg der Emanzipation über die Familie.

Mag der Anspruch der Frau auf ein selbstbestimmtes Leben gesellschaftlich auch akzeptiert sein: Derselbe Anspruch kollidiert mit einer Betonwand aus gesellschaftlichen Erwartungen, sobald aus Frauen Mütter werden. Diese Betonwand ist das Erbe, das jahrzehntelange Kulturkämpfe über Rollenleitbilder und das richtige Frauenleben uns hinterlassen haben, und die emanzipierte Frau hat auf diese Betonwand mit einer entsprechenden Lebensplanung reagiert: erst die Karriere, dann das Kind; erst die Selbstverwirklichung, dann die Selbstlosigkeit; erst der Egoismus, dann der Altruismus; erst das Für-sich-Sein, dann das Für-andere-Sein; erst die Freiheit, dann der Verzicht. Das Aufschieben des Kinderwunsches ist oft nichts anderes als die internalisierte gesellschaftliche Überzeugung, wonach Emanzipation und Elternschaft, Freiheit und Verantwortung, Selbstverwirklichung und Familie sich ausschließen.

Der Versuch, die traditionellen Rollenleitbilder durch neue zu ersetzen, darf deshalb als gescheitert betrachtet werden. Rollenleitbilder haben den Charakter einer Handlungsanweisung, sie führen zum Diktat der Rollenbilder, sie erheben Lebensentwürfe, die sich für eine bestimmte Gruppe von Menschen eignen, zum Musterlebensentwurf, der für alle gelten soll. Genau dieses Denken ist unserer Zeit nicht mehr angemessen. Den samtenen Fesseln zu entkommen, um dann hinter gläsernen Wänden zu sitzen oder nach DIN-Norm zurechtgebogen zu werden, ist keine Befreiung, sondern eine Gefangennahme mit anderen Mitteln. Was uns in Deutschland bisher fehlt, ist einerseits die Überzeugung, auch als Mutter ein selbstbestimmtes Leben führen zu können, und andererseits das Vertrauen, dass Selbstverwirklichung die Verantwortung für Familie und Partnerschaft mit einschließen kann. Der immer wieder aufbrechende Zielkonflikt zwischen unterschiedlichen legitimen Bedürfnissen wird erst verschwinden, wenn es uns endlich gelingt, der Überwindung der drei K – Kinder, Küche, Kirche – Rechnung zu tragen, ohne die drei F – Fertilität, Feminismus und Familie – gegeneinander auszuspielen. Statt weiter darüber zu diskutieren, wie wir leben *sollen*, wäre es deshalb sinnvoller, darüber zu reden, wie wir leben *wollen*.

… zur Frage, wie wir leben wollen

Ein Bürger hat mir im August 2011 einen nicht unfreundlichen, aber sehr kritischen Brief zur niedrigen Geburtenrate in Deutschland geschrieben. Darin stand der schöne Satz: »Ich möchte nicht uncharmant sein, aber als wir hier noch männliche Familienminister hatten, hatten wir immer ausreichend Nachwuchs.« Das stimmt nicht ganz, aber es trifft zumindest bis zum letzten männlichen Familienminister vor dem Pillenknick, Franz-Josef Wuermeling, zu. Damals gab es im Bundeskabinett noch kein einziges weibliches Kabinettsmitglied; dafür vertrat Konrad Adenauer die ebenso falsche wie verhängnisvolle Auffassung »Kinder kriegen die Leute immer«. Man konnte als Familienminister nicht viel verkehrt machen. Familienpolitik war Familienpolitik von der Stange, zugeschnitten auf die männliche Ernährer- und die weibliche Hausfrauenrolle. Diese an einem klaren Leitbild orientierte Politik hat nicht deshalb so gut funktioniert, weil der Entfaltung männlicher Genialität im Bundeskabinett keine Grenzen durch die Präsenz von Frauen gesetzt waren, sondern weil sie den damals weitgehend homogenen Biografien von Menschen entsprochen hat.

Heute bietet unsere Gesellschaft wesentlich mehr Chancen für Frauen und auch für Männer. Darauf können wir stolz sein. Wo Menschen die Wahl haben, wollen sie aber auch die Wahlfreiheit. Dafür brauchen wir zum einen ein gesellschaftliches Klima der Akzeptanz für die Vielfalt unterschiedlicher Rollen- und Partnerschaftsmodelle. Denn Mut und Lust auf Familie entstehen nur dort, wo Frauen und Männer Wertschätzung erfahren, unabhängig davon, wie sie leben. Zum anderen brauchen wir eine familienfreundliche Arbeitswelt, in der es selbstverständlich ist, dass Frauen *und* Männer für ihre Familie da sein können, ohne dafür mit dem dauerhaften Verzicht auf berufliche Entwicklungsmöglichkeiten zu bezahlen. Denn nur dann haben Eltern Gestaltungsspielräume, um im Spannungsfeld zwischen Freiheit und Verantwortung, zwischen beruflichem Erfolg und Familienglück zu wählen, wie sie leben wollen.

Die Verengung sowohl des gleichstellungspolitischen als auch des familienpolitischen Diskurses auf die Rolle der Frau ist deshalb ein folgenschwerer Fehler. Mancher Streit ums Frauen- und Familienbild wäre vermutlich mit weit weniger fundamentalistischem Säbelrasseln ausgekommen, hätte man die Rolle des Mannes als Variable betrachtet statt als Konstante. Denn unter der Prämisse, dass auch Männer sich Zeit für familiäre Fürsorgeaufgaben nehmen wollen, verschwindet der immer wieder heraufbeschworene Zielkonflikt zwischen weiblicher Emanzipation und familiärer Verantwortung: Wo Männer nicht nur Ernährer, sondern auch Erzieher ihrer Kinder sind, ist der Verzicht der Frau auf Selbstbestimmung keine notwendige Bedingung für ein gelingendes Familienleben mehr – und der Verzicht der Frau auf Familie auch keine notwendige Bedingung für die Chancengleichheit zwischen den Geschlechtern im Beruf. Umgekehrt nimmt es einen Teil der Last von den Schultern des Mannes und vergrößert seinen Gestaltungsspielraum, wenn er für die wirtschaftliche Situation der Familie nicht allein verantwortlich ist. Mehr weibliche und männliche Individualität in Fragen der Lebensführung und des familiären Zusammenlebens spielt deshalb eine Schlüsselrolle für die Vollendung der Emanzipation der Frau, aber auch für die Zukunft der Familie in unserer Gesellschaft. Die Zukunft der Familie wird nicht von zu viel Freiheit, sondern von zu wenig Freiheit bedroht: von zu wenig Gestaltungsfreiheit bei der Verteidigung des familiären Schutzraums gegen die auf permanente Präsenz und Verfügbarkeit beruhende Logik unserer Arbeitswelt.

Iris Radisch hat das Spannungsfeld zwischen Emanzipation und Familie sehr einleuchtend als Konflikt zwischen Arbeit und Liebe beschrieben, den jeder Einzelne für sich und jedes Paar miteinander austragen muss. »Die Familie ist einer der letzten Zufluchtsorte. Sie ist keine Idylle (...). Aber sie ist dem Ideal nach noch immer ein Gegenmodell zur Allgewalt der Ökonomie und der Beschleunigung. Sie organisiert sich nach dem Prinzip der Solidarität, nicht nach dem der Konkurrenz. Ihr Kapital ist der glücklich erlebte Augenblick, nicht das irgendwann erreichte Ziel, der abgearbeitete Dienstplan. Sie gehorcht dem Herzens-, nicht dem Effizienzprinzip. Wenn sie diese Eigenschaften verliert, verliert sie sich selbst. Wenn sie sich nicht schützt, zerstört sie ihre Existenzgrundlage. Aber wie soll sie sich schützen? Wie kann sie ihre eigene Logik gegen die der Arbeitswelt behaupten? Darum wird es in Zukunft gehen. Und nicht darum, weiterhin daran herumzurätseln, wie man die Frauen dem Arbeitsprozess teilweise oder ganz und gar entzieht, um sie als lebende Schutzschilder vor dem bedrohten Familienraum aufzustellen.«[3]

Wie Menschen Grenzen ziehen können zwischen Arbeit und Familie, ist heute die familien- und gleichstellungspolitische Herausforderung. Deshalb sollten wir endlich das Thema wechseln. Hören wir auf, darüber zu streiten, wie Menschen leben sollen. Fangen wir an, darüber zu reden, wie wir leben wollen – als Partner, als Eltern, als Berufstätige. Das ist der Ausgangspunkt moderner Gesellschaftspolitik.

Familie zuerst! –
Was kommt nach dem Abschied
vom Diktat der Rollenbilder?

1 Wie wollen wir leben? – Für Freiheit zur Individualität

Das Private ist politisch, lautete der alte Schlachtruf der Frauenbewegung[1], der heute sowohl dem strukturkonservativen wie dem feministischen Diktat der Rollenbilder vordergründig moralische Berechtigung verleiht. So ist das Private zum politischen Schlachtfeld geworden. Frauen werden von beiden Seiten für das jeweilige gesellschaftspolitische Anliegen in die Pflicht genommen: von Strukturkonservativen als Bollwerk zum Schutz der Familie, von Feministinnen als Bodentruppen im Kampf für die Gleichheit von Frau und Mann.

Freiheit zur Individualität dagegen spielt in den öffentlichen Debatten kaum eine Rolle – und zwar auch nicht bei denen, die die Befreiung der Frau jahrzehntelang mit so viel Leidenschaft vorangetrieben haben. Stattdessen empört man sich über die Benachteiligung der Frau, die aus jeder Statistik zu Frauen in Führungspositionen, zu den Durchschnittsgehältern von Frauen und Männern und zur Arbeitsteilung bei Haushalt und Kindererziehung herausgelesen wird. Ja, die männliche Dominanz in Aufsichtsräten, Vorständen und Management-Etagen ist völlig inakzeptabel – ebenso inakzeptabel wie die männliche Dominanz in Spitzenpositionen auch außerhalb der Wirtschaft, also beispielsweise bei Gewerkschaften[2], in der Kommunalpolitik[3], in Forschung und Lehre[4], in der Verwaltung[5], im ehrenamtlichen Engagement[6], ja selbst unter Sterneköchen[7]. Und keine Frage: Eine

Angleichung der Durchschnittsgehälter von Frauen und Männern wäre wünschenswert – ebenso wie mehr männliches Engagement beim Spülen, Bügeln, Wickeln, Waschen und Putzen. Ich glaube aber, dass Feministinnen Frauen heute keinen Gefallen mehr tun, wenn sie die Gleichheit mit dem Mann zum maßgeblichen Kriterium für Gleichberechtigung erklären. Dass heute überall das Etikett »weibliche Diskriminierung« klebt, wo Frauen und Männer nicht mit den gleichen Anteilen beteiligt und vertreten sind, verstellt den Blick auf die Ursachen dieser Ungleichheiten und damit auf geeignete Wege zur Veränderung.

Die Gleichberechtigungsfrage heute: Faire Chancen für Mütter und Väter

Der Kern des Gleichberechtigungsproblems ist: Menschen, die sich in unserer Gesellschaft Zeit für Verantwortung in der Familie nehmen (oder die auch nur im Verdacht stehen, dies tun zu wollen![8]), bezahlen dafür meist mit dauerhaft eingeschränkten beruflichen Aufstiegschancen und schlechteren Einkommensperspektiven. Grundsätzlich gilt das auch für Männer, die familienbedingt beruflich kürzertreten. Frauen sind aber offensichtlich eher bereit und in der Lage, für die Familie auf Chancen im Beruf und im gesellschaftlichen Leben zu verzichten, während Männer offensichtlich eher bereit und in der Lage sind, für Beruf und Prestige auf Zeit mit der Familie zu verzichten. Beides hat mit den samtenen Fesseln der traditionellen Rollenbilder zu tun, die es Frauen nahelegen, sich auf die Mutterrolle zu konzentrieren statt auf die Rolle der Familienernährerin, und die es Männern umgekehrt nahelegen, sich auf die Rolle des Familienernährers zu konzentrieren statt auf die Vaterrolle. Die Kompromisse, die daraus in Partnerschaften und Familien entstehen, entsprechen allerdings in vielen Fällen weder den weiblichen noch den männlichen Vorstellungen von einem guten Leben.

Deshalb ist es wichtig, die Ursachen anzugehen, die dem mit steigender Hierarchiestufe schwindenden Frauenanteil und damit auch den Einkommensunterschieden zwischen den Geschlechtern und der geringen Beteiligung von Männern an familiären Fürsorgeaufgaben zugrunde liegen. Zu diesen Ursachen gehört vor allem eine Arbeits- und Unternehmenskultur, in der familiäre Aufgaben als Handicap gelten und in der diejenigen am erfolgreichsten sind, die familiäre Verantwortung weitestmöglich an andere – und das heißt meist: an die Lebenspartnerin – delegieren können. Dadurch wird die traditionelle Rollenverteilung in einer Partnerschaft quasi zur Erfolgsvoraussetzung: Anders könnten viele männliche Leistungsträger, sofern sie Familie haben, im knallharten Leistungswettbewerb nicht bestehen.

Für die grenzenlosen Ansprüche an Flexibiliät, Mobilität, Präsenz und Verfügbarkeit in unserer Arbeitswelt bezahlen viele Frauen deshalb gleich doppelt: zum einen mit eigenen eingeschränkten beruflichen Aufstiegschancen und Einkommensperspektiven, weil sie diese Ansprüche insbesondere als Mütter nicht im selben Maße erfüllen wollen und können wie Männer. Zum anderen mit dem Verzicht auf Unterstützung durch den Ehemann oder Partner, weil Männer, die sich familiäre Fürsorgeaufgaben mit ihrer Partnerin teilen, aus denselben Gründen wie Frauen um die eigene Karriere fürchten müssen, diese Karriere als Familienernährer aber nicht aufs Spiel setzen können.

Von der Diskriminierung der Frau wegen ihres Geschlechts zu sprechen wird der Dimension dieser Herausforderungen nicht ansatzweise gerecht. Im Gegenteil: Der Versuch feministisch gesinnter Zeitgenossinnen, Gleichstellung von Frau und Mann über die Angleichung der Frau an das männliche Rollenbild (»Karrierefrau« beziehungsweise »Karrieremutter«) zu erreichen, verschärft das Problem. Für die Gestaltungsfreiheit ist nichts gewonnen, wenn Frauen zwar so familienfern leben können, wie es bisher Männern vorbehalten war, dafür aber entweder ihre Kinderwünsche so lange aufschieben, bis es zu spät ist, oder hinnehmen müssen, dass das Familienleben auf ein letztes bisschen abendliche »Quality Time« zusammenschrumpft, die sich auf den gemeinsamen Verzehr eines Fertiggerichts und je nach Alter des Nachwuchses auf das Absingen von *Weißt du, wie viel Sternlein stehen* oder das Abfragen von Englischvokabeln beschränkt.

Natürlich gibt es gute Gründe und bei aller finanziellen Unterstützung für Familien vielfach auch schlicht ökonomische Zwänge dafür, dass beide Partner auch als Eltern kleiner Kinder Vollzeit arbeiten. Die Glücks- und Freiheitsgarantie, mit der Feministinnen Vollzeitkarrieren für alle Mütter propagieren, ist unter den gegebenen Bedingungen aber ein leeres Versprechen. Dem feministischen Rollenleitbild der Vollzeit berufstätigen Powerfrau mit dem Label »modern« einen fortschrittlichen Anstrich verpassen zu wollen mutet geradezu grotesk an, wenn man bedenkt, dass dieses Rollenleitbild vor allem der möglichst geräuschlosen Eingliederung der Frau in eine Arbeitswelt dient, die ihre Modernisierung in weiten Teilen noch vor sich hat. Kontraproduktiv ist das Gleichziehen der Frau mit dem Mann, weil die notwendige Modernisierung der Arbeitswelt sich weiter verzögert, wenn nun auch Frauen sich bereitwillig ihren familienfernen Regeln unterordnen.

Familie wird als Verantwortungsgemeinschaft in unserer Gesellschaft nur dann eine Zukunft haben, wenn Frauen und Männer sich gleichermaßen Zeit für Verantwortung nehmen können und als Mütter und Väter dafür nicht dauerhaft mit beruflichen Nachteilen bezahlen müssen. Dasselbe gilt für Gleichberechtigung in Partnerschaft und Beruf. Eine moderne Gleichstellungspolitik sollte sich darum nicht auf Frauenförderung beschränken, sondern sich auch und ganz besonders die Mütter- und Väter-Förderung auf die Fahnen schreiben.

Die Hälfte der Welt oder Freiheit zur Individualität?

Abschied zu nehmen vom Diktat der Rollenbilder heißt also zunächst einmal: Abschied zu nehmen von der feministischen Fixierung auf Ergebnisgleichheit zwischen den Geschlechtern. Zum einen, weil Gleichheit niemandem nützt, wenn es sich um Gleichheit in Gefangenschaft handelt oder wenn sie nur durch Nivellierung nach unten erreichbar ist, und zum anderen, weil Freiheit vom Diktat der Rollenbilder und Gleichheit der Geschlechter nicht gleichzeitig zu haben sind. Freiheitsfeindlich ist die feministische Utopie insbesondere dort, wo Frauen für die gesamtgesellschaftlich angestrebte Vollendung der Gleichheit zwischen den Geschlechtern Angriffe auf ihren individuellen Lebensentwurf in Kauf nehmen müssen. »In einer freiheitlichen Gesellschaft, in der sich Präferenzen unterscheiden und unterschiedliche Lebensentwürfe verfolgt werden können, kann ein (…) Leitbild nicht Ergebnisgleichheit als Ziel vorgeben«[9], stellt auch das Sachverständigengutachten zum Ersten Gleichstellungsbericht der Bundesregierung klar.

Trotzdem skandalisieren viele Feministinnen jeden Unterschied in der Geschlechterbilanz zum Diskriminierungstatbestand. Dieses Festhalten am Bild der grundsätzlich benachteiligten Frau geht nicht nur Frauen meiner Generation gewaltig auf die Nerven. Auch feminismuskritische Feministinnen wie die »geprüfte Alt-Emanze«[10] Katharina Rutschky haben dieses Wahrnehmungsmuster heftig kritisiert. »Zu den Sonderbarkeiten des Feminismus gehört eine anhaltende Obsession mit dem, was Frauen fehlt und was ihnen vorenthalten wird«[11], so Rutschky. »Feministinnen aller Art, und Berufsfeministinnen ganz besonders, halten das Dogma der Diskriminierung täglich in Ehren. (…) Mit einer Selbstverständlichkeit, die mir den Atem nimmt, sonnen sie sich alle im Gefühl, nicht nur Rechte zu haben, sondern Ansprüche anmelden zu dürfen.« Damit nährten Feministinnen eine Beschwerdekultur, die Politik im »moralisch konnotierten Lobbyismus« ersticke.[12] Weil Kritikerinnen aus den eigenen Reihen der feministischen Orthodoxie als Fahnenflüchtige gelten, die man getrost ignorieren kann, hat sich an dieser Beschwerdekultur bis heute nichts geändert. Statt Frauen unabhängig von ihrer Lebensweise zunächst einmal als emanzipierte, gleichberechtigte und selbstbestimmte Menschen ernst zu nehmen, erklärt man sie – rechtliche Gleichstellung hin oder her – zum diskriminierten Geschlecht.

Im feministischen Gesellschaftsbild sind Ungleichheiten deshalb keine Folge individueller Präferenzen und Entscheidungen, die respektiert werden müssen, sondern Auswüchse gesellschaftlicher Unterdrückung, die eliminiert werden müssen: Man(n) lässt die Frauen nicht, man(n) legt ihnen Steine in den Weg, man(n) zieht gläserne Decken ein, man(n) hält sie fern von Chefsesseln und verbannt sie in Reservate traditioneller Weiblichkeit, wo sie sich mit dem begnügen müssen, was Männer ihnen übrig lassen. Egal, ob es um die Zahl der Aufsichtsratsposten für Frauen geht oder um die Zahl der zu Hause an Herd und Spüle geleisteten Arbeitsstunden: Unterschiede in den Geschlechterbilanzen gelten Feministinnen als selbstevidente Beweise dafür, dass Frauen etwas vorenthalten wird. Aus diesem Gefühl heraus sehen sie sich politisch berufen und moralisch genötigt, Frauen für ihr Frauenschicksal zu entschädigen – und denen, die sich nicht als Opfer fremder Mächte, sondern als selbstbewusste Gestalterinnen des eigenen Lebens empfinden, mit allen Mitteln klarzumachen, dass sie einem Irrtum aufsitzen oder sich in weiblicher Geiselmentalität gar mit dem Feind, den Männerbünden, verschworen haben.

Weil sich aus der Empörung über vermeintliche Benachteiligung eine Menge politisches Kapital schlagen lässt, verwundert es nicht, dass sich die Mär von der anhaltenden umfassenden gesellschaftlichen Diskriminierung der Frau auch und gerade unter Politikerinnen großer Beliebtheit erfreut. »Mädchen haben die besseren Abiturnoten, dann haben sie die besseren Studienabschlüsse – und dann kommt das schwarze Loch. Diese Frauen sind nicht zu bequem, sondern sie werden von patriarchalischen Netzwerken daran gehindert, in die obersten Etagen aufzusteigen«[13], erklärte beispielsweise die Parteichefin der Grünen, Claudia Roth, im Februar 2011 in einem Interview. Ein Plädoyer zweier SPD-Politikerinnen für einen neuen, politisierten Feminismus kam zum 100. Weltfrauentag im Frühjahr 2011 zu der Erkenntnis, »die Diskriminierung hält an«[14], was aber dummerweise, bedauert eine der Autorinnen, viel zu viele Frauen gar nicht mitbekämen. »Paradoxerweise ist die gefühlte Geschlechtergerechtigkeit in Deutschland wesentlich größer als die reale.«[15]

Entlarvend war in diesem Zusammenhang die Diskussion über den geringen Frauenanteil der internetaffinen Piratenpartei, die nach ihrem Überraschungserfolg bei den Berliner Abgeordnetenhauswahlen im September 2011 mit 14 Männern und nur einer Frau ins Abgeordnetenhaus einzog und damit für Aufregung und Verärgerung sorgte. Man lasse das ohnehin von Männern dominierte Parlament damit noch männerlastiger werden, klagten die Anwältinnen der angeblich wieder einmal benachteiligten Frauen und forderten von den Piraten, schleunigst etwas gegen den geringen

Frauenanteil in den eigenen Reihen zu unternehmen. Nun würden den Piraten ein paar Piratinnen zweifellos guttun, doch darum ging es den Gleichheitsaktivistinnen nicht – es ging um den Anspruch der Frauen auf die gleiche Zahl politischer Posten. Wie üblich, wenn die Geschlechterbilanz nicht stimmt, wurde genörgelt und gejammert, als hätten böse Mächte sich gegen die Frauen verschworen, was den Kolumnisten Harald Martenstein veranlasste, das vielstimmige Klagen in einer Glosse ad absurdum zu führen: »Bei den Piraten stehen Frauen sämtliche Ämter offen. Die Partei hat aber nur wenige weibliche Mitglieder. (…) Viele fordern, dass die Piraten jetzt, wie alle anderen, eine Frauenquote einführen. Das können die doch gar nicht. Wenn du laut Quote fünf Posten für Frauen frei halten sollst, du hast aber nur zwei Mitgliederinnen, was machst du denn dann? Man könnte eine Zwangsmitgliedschaft für Frauen einführen. Dies aber widerspricht dem freiheitlichen Denkansatz der Partei. Ähnliche Probleme werden, wenn sie sich erst mal gegründet haben, die Anglerpartei, die Partei der Modelleisenbahnfreunde und die Deutsche Biertrinkerunion bekommen. Da stößt Genderpolitik an natürliche Grenzen. Angelzwang für Frauen, ist das überhaupt verfassungskonform?«[16]

Vermutlich würde es selbst Feministinnen schwerfallen zu erklären, dass der geringe Frauenanteil unter deutschen Anglern und Modelleisenbahnfreunden seine Ursache in der Diskriminierung der Frau im deutschen Angler- und Modelleisenbahnwesen hat und deshalb durch staatliche Eingriffe für Geschlechterparität zu sorgen ist. An diesem Beispiel wird aber deutlich: Um Gleichheit zu erreichen, wo es individuelle Unterschiede gibt, muss die Freiheit zur Individualität beschränkt werden. Denn ohne Druck und Zwang wird der Frauenanteil in der Gruppe der Menschen überschaubar bleiben, die Freude daran finden, stundenlang schweigend mit einer Angel bei Hohenwutzen auf die Oder zu starren. Dasselbe gilt für den Frauenanteil unter Menschen, die Miniatur-Lokomotiven in abschließbare Sicherheitsglasvitrinen mit Staubschutz stellen. Und vielleicht gilt dasselbe auch (noch) für den Frauenanteil an politisch Interessierten mit einem besonderen Faible für Netzpolitik.

In einer Gesellschaft, die Freiheit und Individualität des Einzelnen respektiert und Gleichheit nicht durch Eingriffe in die Freiheit herbeizwingt, wird es, im Durchschnitt betrachtet, immer Ungleichheiten zwischen Frau und Mann geben, so wie es immer Ungleichheiten zwischen 30- und 60-jährigen Menschen geben wird. Mit Verschiedenheit umzugehen und dafür zu sorgen, dass Frauen und Männer die Chance haben, ihre individuellen Vorstellungen von einem guten Leben zu verwirklichen – darum geht es, und nicht um Einebnung der Unterschiede im Namen der Gleichstellung der Frau mit dem Mann! Das unterschiedliche Abschneiden von Frauen und Männern in den Berufsstatistiken als Diskriminierung des weiblichen Geschlechts zu deuten führt in die Sackgasse. Wo jeder Geschlechterunterschied zum Beweis für die Spaltung der Menschheit in diskriminierte Frauen und privilegierte Männer erklärt wird, bleiben als politische Maßnahmen nur Einschränkungen individueller Freiheit, angefangen bei Versuchen, Frauen über vermeintlich moderne Leitbilder und die Deklassierung alternativer Lebensentwürfe vorzuschreiben, wie sie zu leben haben, bis hin zur staatlichen Steuerung über Frauenquoten und andere staatsdirigistische Eingriffe.

Der kleine Unterschied und seine Folgen

Viele Feministinnen begründen das Streben nach Gleichheit zwischen den Geschlechtern damit, dass die Kategorien »Mann« und »Frau« nur soziale Konstruktionen seien, die

Menschen als Rollen von der Gesellschaft aufgezwungen würden und von denen sie deshalb befreit werden müssten. Der in diesem Zusammenhang vermutlich meistzitierte Satz ist Simone de Beauvoirs Diktum, man komme nicht als Frau zur Welt, sondern man *werde* zur Frau.[17] Weniger bekannt ist, dass die französische Feministin Unterschiede zwischen Frau und Mann damit keineswegs für nichtig oder auflösbar erklärt hat: Im letzten Kapitel ihres 1949 erschienenen feministischen Klassikers *Das andere Geschlecht* stellt sie mit Blick auf die Befreiung der Frau aus der Abhängigkeit vom Mann klar, »dass bestimmte Unterschiede zwischen Mann und Frau immer bestehen bleiben werden. (...) Ihre Beziehungen zum eigenen Körper, zum männlichen Körper, zum Kind werden nie identisch mit denen sein, die der Mann zu seinem Körper, zum weiblichen Körper, zum Kind unterhält. Diejenigen, die so viel von ›Gleichheit in der Unterschiedlichkeit‹ reden, sollten wohl die Letzten sein, die bestreiten, dass es Unterschiede in der Gleichheit geben kann.«[18]

Als erwiesen gilt in der neuro- und evolutionsbiologischen Forschung mittlerweile jedenfalls, dass Frauen und Männer sich insbesondere in ihren Motivationsmustern grundlegend unterscheiden – also nicht im *Können*, sondern im *Wollen*. »Männer und Frauen sind in allen Lebensbereichen gleichermaßen kompetent, sie scheinen nur unterschiedliche Strategien zu verfolgen und unterschiedliche Motivationslagen zu besitzen, sich mit bestimmten Dingen zu beschäftigen«, so Peter Döge, Politikwissenschaftler und Experte für Antidiskriminierungs- und Chancengleichheitspolitik. »Ob diese Motivationslagen sozialisations- oder evolutionsbedingt sind, wird Geschlechterforschung (...) niemals mit eindeutiger Sicherheit beantworten können.«[19] Interessant ist aber, dass sich diese unterschiedlichen Motivationslagen nicht nur in unserer Gesellschaft, sondern kulturübergreifend nachweisen lassen: So legen Männer kulturunabhängig mehr Wert auf Macht, Frauen dagegen auf Wohlbefinden. Das sind wohlgemerkt Durchschnittsbetrachtungen – im Einzelfall kann das anders aussehen.

Studien zeigen, dass Konkurrenz, Wettkampf und Hierarchien in der Motivation der meisten Männer eine viel größere Rolle spielen als in der Motivation der meisten Frauen[20] – eine Erfahrung, die mir auch jenseits des beruflichen Alltags nicht fremd ist. Als ich einmal, weil ich gerne jogge, über den Erwerb einer Pulsuhr nachdachte, empfahl ein befreundeter männlicher Freizeitläufer mir dringend ein teures Modell, mit dem ich beim Training gegen einen virtuellen Gegner antreten könne. Seiner heiße Holger, und der Wunsch, Holger zu besiegen, beflügle seinen Trainingserfolg ungeheuer. Mich beflügelt, wenn davon bei meiner Art des Laufens überhaupt die Rede sein kann, nur die Musik auf meinem MP3-Player. Dass Hobbyathleten beim samstäglichen Joggen im Park Befriedigung aus dem Sieg gegen einen virtuellen »Holger« ziehen, sorgt bei Frauen regelmäßig für Heiterkeit, bei Männern hingegen für zustimmendes Nicken.

Wie sind vor dem Hintergrund unterschiedlicher Motive, Werte und Prioritäten von Männern und Frauen die Statistiken zu lesen, die immer wieder dasselbe ernüchternde Bild weiblicher Präsenz (beziehungsweise Nichtpräsenz) in Führungspositionen zeichnen? Woran liegt es, dass der Frauenanteil in Unternehmen und auch im öffentlichen Dienst mit steigender Hierarchieebene abnimmt, obwohl Frauen mittlerweile ebenso häufig akademisch qualifiziert sind wie Männer? Wie kommt es, dass in den 200 größten deutschen Unternehmen im Jahr 2010 nur 10,6 Prozent der Aufsichtsräte und 3,2 Prozent der Vorstandsmitglieder weiblich waren?[21] Wie kann es sein, dass der Frauenanteil in Führungspositionen insgesamt in der Privatwirtschaft bei schlappen 27 Prozent liegt[22], im öffentlichen Dienst der Bundesverwaltung bei 30 Prozent? Wie ist zu erklären, dass es auch bei den Selbstständigen, wo von gläsernen Decken nun wirklich keine Rede sein kann, nicht besser aussieht und dass nur jede dritte Selbstständige (31,5 Prozent) in Deutschland eine Frau ist?[23] Sind all diese Zahlen Indizien für die anhaltende Diskriminierung des weiblichen Geschlechts? Oder spiegeln sie die Tatsache wider, dass Frauen und Männer, im Durchschnitt betrachtet, Vorlieben für unterschiedliche Berufe und Berufswege zeigen und im Berufsleben insbesondere nach der Geburt eines Kindes andere Prioritäten setzen wollen, können oder müssen?

Um diese Fragen zu beantworten, hat die britische Soziologin Catherine Hakim sich über viele Jahre mit den Auswirkungen befasst, die Unterschiede in der Motivationsstruktur von Frauen und Männern auf weibliche und männliche Karrieren haben. In ihrer 2011 veröffentlichten Studie *Feminist Myths and Magic Medicine*, die an die Ergebnisse internationaler Vergleichsstudien der Internationalen Arbeitsorganisation ILO und der Organisation für wirtschaftliche Zusammenarbeit und Entwicklung OECD anknüpft, zeigt sie, dass Frauen grundsätzlich mehr Wert auf eine ausgewogene Balance zwischen Arbeits- und Privatleben und auf nichtmonetäre »Wohlfühlfaktoren« wie geregelte Arbeitszeiten legen und dafür bereit sind zu verhandeln, während Männer ihre Priorität beim Gehalt setzen und diesen Aspekt in Verhandlungen mit ihrem Arbeitgeber in den Vordergrund stellen.[24] Hakim belegt klar und eindeutig, wovon Feministinnen nichts wissen wollen: dass Frauen und Männer, im Durchschnitt betrachtet, unterschiedliche Lebens- und Karriereziele verfolgen.[25] Unterschiedliche Haltungen zu Risiko, Erfolg, Aufstieg, Macht und einem hohen Einkommen seien, so Hakim, die »unsichtbare Hand«, die unterschiedliche Erwerbsbiografien und Karrierepfade formt.[26]

Auch das gern gepflegte Vorurteil, dass das Verharren von Frauen in der traditionellen Rollenverteilung vor allem Rahmenbedingungen wie dem Ehegattensplitting im deutschen Steuerrecht geschuldet sei, relativiert sich im Lichte der Erkenntnisse von Catherine Hakim. Hakim hat weibliche Lebensweisen in ganz unterschiedlichen Ländern untersucht und kam zu dem Ergebnis, dass Frauen sich in all diesen Ländern unabhängig von steuerrechtlichen und institutionellen Rahmenbedingungen auf drei ganz unterschiedliche Gruppen verteilen, was ihre Lebensentwürfe betrifft: Eine Minderheit der Frauen (je nach Land 10 bis 30 Prozent) sei berufsorientiert, verzichte auf Kinder und gebe der Karriere klar Vorrang vor dem Familien- und Privatleben. Eine weitere Minderheit der Frauen (je nach Land wiederum 10 bis 30 Prozent) sei heimorientiert, ziehe es vor, wenn möglich nicht zu arbeiten und ganz für Familie und Kinder da zu sein. Die meisten Frauen gehörten zu einer dritten Gruppe, die sowohl Kinder haben als auch arbeiten, sich dabei aber weder völlig ihrer Karriere verschreiben noch ganz in der Mutterrolle aufgehen wollten. Diese drei unterschiedlichen weiblichen Lebensweisen seien, so Hakim, quer durch alle Einkommensklassen, Bildungsniveaus und sozialen Schichten und vor allem in ganz unterschiedlichen Gesellschaften zu finden. Unter den Männern dagegen dominiere mit dem Streben nach Macht, Geld und Status klar die Karriereorientierung.[27] Die unterschiedlichen Einstellungen und Präferenzen schlagen sich daher nicht nur in unterschiedlichen Interessen und Freizeitaktivitäten, sondern auch in unterschiedlichen Erwerbsbiografien nieder.

23 Prozent: Eine Zahl schreibt Diskriminierungsgeschichte

Die Weigerung vieler Feministinnen, unterschiedliche Präferenzen ernst zu nehmen, entbehrt nicht einer gewissen
Widersprüchlichkeit. »Einerseits will man von Geschlechts-
unterschieden (...) nichts wissen (...). Andererseits klam-
mert man sich an die Frauen als das hilfs- und nachhilfebe-
dürftige Geschlecht mit einer Verbissenheit, die man nicht
nur mit inzwischen gewachsenen Interessen der Frauen-
lobby erklären kann«, schrieb Katharina Rutschky den ehe-
maligen Mitstreiterinnen in ihrer Feminismuskritik *Emma
und ihre Schwestern* ins Stammbuch. Dieses Frauenbild ent-
halte »so viel geschwärzte Stellen, so viel an verleugneter
Wirklichkeit, dass jede, die hier mitmacht oder sich engagie-
ren will, ein Sacrificium Intellectus erbringen muss, wenn sie
nicht ein Talent zum Fanatismus mitbringt«.[28]
Dass »geschwärzte Stellen« und »verleugnete Wirklichkeit« auch heute noch zum feministischen Standardreper-
toire gehören, zeigt insbesondere die Diskussion um die
Einkommensunterschiede zwischen Frauen und Männern.
23 Prozent beträgt die Lohnlücke zwischen den Geschlechtern, der sogenannte *Gender Pay Gap*. Mit dieser Zahl lässt
sich die Ungleichheit zwischen Frau und Mann ebenso einfach wie eingängig skandalisieren. Sie dient als Beweis für
die eklatante Benachteiligung der Frau und damit als uner-
schöpfliche Quelle zur Mobilisierung von Empörung. Eine
Frau, die für sich in Anspruch nimmt, weder diskriminiert
noch benachteiligt noch sonst irgendwelchen frauenschicks-
salhaften Zumutungen hilflos ausgesetzt zu sein, wird unter
Verweis auf den *Gender Pay Gap* umgehend eines Besseren
belehrt. »Wenn wir einer Kassiererin bei Lidl die problema-
tische Interferenz zwischen Sexualität und Sein der Frau in
der postmodernen Gesellschaft erläutern, geht sie vielleicht
nicht sofort auf die Barrikaden. Wenn wir jedoch versu-

chen klarzumachen, dass Frauen jedes Jahr gute 20 Prozent weniger verdienen als Männer, was für ein Bruttogehalt von 1500 Euro bereits einen gebrauchten Kleinwagen jährlich bedeuten kann, kann es schon leichter sein, die nötige Wut für ein klares ›So nicht!‹ zu entfesseln«[29], heißt es beispielsweise in den feministisch gesinnten Reihen der SPD.

Was Feministinnen denen, die sie im Kampf gegen Diskriminierung und Benachteiligung auf die Barrikaden treiben wollen, wohlweislich verschweigen, ist das Kleingedruckte. Es ist nämlich keineswegs so, dass Frauen für die gleiche Tätigkeit im gleichen Unternehmen 23 Prozent weniger verdienen. Auf 23 Prozent Gehaltsunterschied kommt man, wenn man alle Frauengehälter und alle Männergehälter zusammenzählt, für beide Geschlechter den Durchschnittswert für den Stundenlohn bildet und diese Durchschnittswerte miteinander vergleicht. Das aber heißt: Über den Gehaltsunterschied zwischen Sachbearbeiter X und Sachbearbeiterin Y oder zwischen Ingenieurin A und Ingenieur B ist mit den 23 Prozent nichts gesagt. Trotzdem arbeiten die wackeren Streiterinnen gegen die Benachteiligung der Frau wider besseres Wissen und offenbar auch in Ermangelung sachlich richtiger Argumente an der Skandalisierung der Zahl 23. So hieß es im Januar 2011 in der Tageszeitung *taz*: »Der Gender Pay Gap, die Lohnlücke zwischen Frauen und Männern, beträgt in Deutschland seit Jahren 23 Prozent. Auch dann, wenn Frauen die gleiche Arbeit machen wie ihre Kollegen, wenn sie genauso qualifiziert und genauso gut sind wie sie.«[30] Das ist schlicht und einfach falsch.

Differenziertere Darstellungen des Geschlechtervergleichs können überall dort nachgelesen werden, wo nicht mobilisiert, sondern berichtet wird. So heißt es in einer Meldung der Nachrichtenagentur AFP zu aktuellen Zahlen des Statistischen Bundesamtes: »Junge Frauen verdienen fast genauso viel wie ihre männlichen Altersgenossen – erst mit der Geburt von Kindern öffnet sich die Lohnschere zwischen den Geschlechtern. Bei Berufseinsteigern unter 25 Jahren verdienen Frauen nur zwei Prozent weniger als Männer (...). Bei den 25- bis 29-Jährigen liegen Frauen schon um acht Prozent hinter den Männern. Danach folgt ein massiver Sprung – und bei den 35- bis 39-Jährigen verdienen Frauen bereits 21 Prozent weniger als Männer.« Die Meldung endet mit der nüchternen Feststellung: »Die Zahlen des Statistischen Bundesamtes sagen nichts darüber aus, ob Frauen in gleichen Berufen schlechter bezahlt werden als Männer. Die geringen Lohnunterschiede zu Beginn der Berufslaufbahn deuten aber darauf hin, dass es in Deutschland kaum eine grundsätzlich schlechtere Bezahlung von Frauen gibt, sondern dass die Lohnunterschiede vor allem mit der Geburt von Kindern zusammenhängen.«[31] Daraus folgt selbstverständlich nicht, dass wir uns mit den Lohnunterschieden zwischen den Geschlechtern abfinden sollten! Doch ohne seriöse Analyse der Ursachen für diese Unterschiede bleibt die Empörung darüber ohne Folgen. Deshalb lohnt es sich, den *Gender Pay Gap* etwas näher zu betrachten.

Interessant sind in diesem Zusammenhang Untersuchungen in der Apothekenbranche – einer Branche mit ausgewogenem Frauen- und Männeranteil und hohem Qualifikationsniveau, in der es aber in verschiedenen Ländern einen überdurchschnittlichen Einkommensunterschied gibt. In Großbritannien etwa liegt die Lohnlücke zwischen Apothekerinnen und Apothekern bei 27 Prozent. Bedeutet diese Zahl, dass Apothekerinnen besonders unter Diskriminierung und Benachteiligung leiden? Das scheint nicht der Fall zu sein. Was sich stattdessen bei Befragungen herausstellte, war Folgendes: Die meisten Apothekerinnen legen Wert auf Teilzeitmöglichkeiten und geregelte Arbeitszeiten mit pünktlichem Arbeitsschluss. Männliche Apotheker dagegen sind deutlich häufiger als Frauen unter den Eigentümern von Apotheken zu finden – mit entsprechend längeren Arbeitszeiten, häufigeren Überstunden und der zusätzlichen Verantwortung der Selbstständigkeit. Die höhere Risikobereitschaft in Verbindung mit höherem Zeitaufwand bringt männlichen Apothekern also mehr Geld. Oder umgekehrt formuliert: Der Verzicht auf mehr Geld bringt Apothekerinnen mehr Zeit und persönlichen Freiraum – und es ist sicher nicht abwegig zu vermuten, dass viele Frauen dieses Mehr an Zeit als Gewinn betrachten und für sich höher bewerten als mehr Geld. Dass Apothekerinnen in Großbritannien durchschnittlich 27 Prozent weniger verdienen als Apotheker, hat also weniger mit direkter Geschlechterdiskriminierung als vielmehr mit unterschiedlichen Karriereorientierungen und andersartigen Entscheidungen zu tun, was die Rahmenbedingungen der Arbeit betrifft.[32]

Viele Frauen bekennen sich auch ganz offen dazu, dass sie die mit einer Führungsposition verbundenen Anforderungen ablehnen und der Zugewinn an Einkommen und Macht in ihren Augen den Verlust an Zeit und persönlichem Freiraum nicht aufwiegt. So erklärte die stellvertretende Marktleiterin eines Supermarktes, die eine Position als Marktleiterin abgelehnt hatte: »Ich bin seit 18 Jahren in den Läden des Inhabers und habe mittlerweile in allen drei Läden gearbeitet, jetzt seit langer Zeit hier. Fünf Monate hatte ich die Marktleitung in einem anderen Markt, kommissarisch, bis ein neuer Marktleiter gefunden war. Ja, ich bin gefragt worden, ob ich die Marktleitung übernehmen will, aber 70 bis 80 Stunden sind mir zu viel. Aber es hat schon Spaß gemacht, für eine Weile für alles verantwortlich zu sein. Aber zu viel Stress und Verantwortung will ich auf Dauer nicht. Es hat in dieser Zeit auch gut gepasst, weil mein Mann damals arbeitslos war und er sich um den Haushalt gekümmert hat. Da konnten wir das Geld gut gebrauchen.«[33]

Auch ich selbst habe als Arbeitgeberin die unterschiedlichen Prioritäten weiblicher und männlicher Mitarbeiter erlebt, als in meinem Abgeordnetenbüro im Deutschen Bundestag eine Mitarbeiterin Mutter und ein Mitarbeiter Vater wurde. Die Mitarbeiterin trat nach der Babypause beruflich kürzer, der Mitarbeiter trat nach seinen Vätermonaten beruflich aufs Gas – schließlich hatte er nun den Lebensunterhalt nicht nur für sich, sondern für eine dreiköpfige Familie zu verdienen. Und während die Zusammenarbeit mit meinem Mitarbeiter sich nicht wesentlich veränderte, legte meine Mitarbeiterin Wert auf Telearbeit und individuelle Zeiteinteilung. Teilzeit arbeiten zu können empfand sie nicht als hartes Frauenschicksal, sondern als Privileg.

Dass viele Frauen sich ganz bewusst und aus freien Stücken für Abstriche im Berufsleben entscheiden, bestätigen mir im Übrigen nicht zuletzt auch die erbosten E-Mails, die ich von anderen Müttern bekomme, weil ich selbst mich anders entschieden habe. So schrieb mir eine Frau kurz nach meiner Rückkehr aus der Babypause:

Sehr geehrte Frau Schröder,

mit Entsetzen und Ärger habe ich gelesen, dass Sie bereits zehn Wochen nach Geburt Ihrer Tochter wieder im Amt sind. Sie müssten sich in Grund und Boden schämen, als Familienministerin mit einem so schlechten Beispiel voranzugehen. (…) Ich hoffe, dass Sie das erste Wort Ihrer Tochter verpassen, das erste Lächeln und die ersten Schritte. Vielleicht wird Ihnen dann mal klar, was Sie alles unwiderruflich verpasst haben, wenn Ihnen diese Dinge von Ihrer Nanny erzählt werden. Und ich fände es toll, wenn Ihr Kind eines Tages zu Ihrer Nanny Mama sagt!!!!!! (…) Als ich meine damals vier Monate alte Tochter für eine gesellschaftliche Verpflichtung über

Nacht weggegeben habe, bin ich fast gestorben, so wie
übrigens alle Mütter in meinem Bekanntenkreis bei der
ersten Trennung. (...) Ich hoffe inständig, dass Sie auf
weitere Kinder verzichten werden! Hochachtungsvoll,
(...) (mit Leib und Seele MUTTER!!!!!)

PS: Im Übrigen nehme ich freiwillig drei Jahre Erzie-
hungspause von meinem sehr gut bezahlten Job als Buch-
halterin in einem internationalen Konzern!!

Ich kann verstehen, dass manche Frauen auf einen bestens
bezahlten, aber stressigen Job verzichten wollen, um ihre
Vorstellungen von einem guten Leben verwirklichen zu
können. Doch klar ist auch: Solange es nur wenige Frauen
gibt, die an sich selbst den Anspruch stellen, mit ihrem
Gehalt eine Familie zu ernähren und dazu Wohnung, Auto
und Jahresurlaub zu finanzieren, solange Frauen genau
das aber von ihren Männern erwarten, so lange wird es
im Durchschnitt betrachtet Einkommensunterschiede zwischen Frauen und Männern geben – und zwar auch dann,
wenn Frauen und Männer *individuell* für die gleiche Leistung gleich bezahlt werden. Denn solange all das der Fall
ist, werden Frauen im Durchschnitt weiterhin die schlechter bezahlten Berufe wählen, die weniger erfolgsträchtigen
Fächer studieren, weniger in Führungspositionen vertreten
sein und in Gehaltsverhandlungen weniger hartnäckig sein.
All das sind Ursachen für die große Lücke zwischen den
Durchschnittsgehältern von Frauen und Männern.
  Das Statistische Bundesamt weist deshalb in seinen Pressemitteilungen zu den Verdienstunterschieden von Frauen
und Männern darauf hin, dass zwei Drittel des *Gender Pay*
Gap durch solche Faktoren erklärt werden können, die mit
Geschlechterdiskriminierung wenig, dafür aber viel mit per-
sönlichen Präferenzen und Prioritäten von Frauen und Män-

nern zu tun haben.[34] Wenn dadurch zwei Drittel des *Gender Pay Gap* erklärbar sind, bleiben etwa acht Prozent messbarer Lohnunterschied, der sich nicht auf geschlechtsunabhängige Faktoren zurückführen lässt. Handelt es sich bei diesen acht Prozent um den gesuchten Beweis für geschlechtsbedingte Diskriminierung? Genauer gefragt: Bekommt eine Frau acht Prozent weniger als ein Mann, wenn beide die gleiche Arbeit leisten?

Bei der Klärung dieser Frage stoßen statistische Erhebungen an ihre Grenzen, weil die Angestellten eines Unternehmens de facto nicht gleich sind. Die Juristin in der Rechtsabteilung lässt sich mit dem Juristen im Büro nebenan nur dann seriös vergleichen, wenn beide denselben Abschluss mit derselben Note vorweisen können, dieselbe Berufserfahrung mitbringen, dieselben für das Unternehmen wichtigen Fremdsprachenkenntnisse aufweisen, dasselbe Arbeitspensum schaffen und dieselbe Arbeitsqualität abliefern. Dieses Beispiel zeigt, wie schwer es ist, »gleiche Arbeit« als Grundlage für seriöse Gehaltsvergleiche zu definieren. Bei Tätigkeiten, deren Ergebnisse leicht messbar sind, etwa der Arbeit am Fließband, ist das noch möglich. Doch je komplexer die Aufgaben, desto schwieriger die Vergleichbarkeit. Menschliche Klone, die sich in Erfahrung, Motivation, Produktivität, Flexibilität und damit im »Wert« für ihren Arbeitgeber vollständig gleichen, existieren nur in der Statistik. Die einzige Schlussfolgerung, die sich aus der Statistik ziehen lässt, lautet deshalb: Frauen und Männer leisten aus der subjektiven Sicht von Arbeitgebern offenbar nicht »gleiche Arbeit«, sie sind für das Unternehmen subjektiv nicht gleich viel »wert« – und genau hier liegt das Problem! Es ist ein Problem, das weniger mit der Diskriminierung der Frau als vielmehr mit der Diskriminierung eines bestimmten Lebensmodells zu tun hat.

2 Wie wollen wir arbeiten? – Für eine familienfreundliche Arbeitswelt

Unsere Arbeitswelt ist in weiten Teilen immer noch auf das Lebensmodell »Familienernährer« zugeschnitten, dem eine Frau den Rücken frei hält. Dagegen sind die Chancen von Menschen beschränkt, die sich Zeit für Verantwortung nehmen – unabhängig vom biologischen Geschlecht. Auch Männer, die sich Zeit für Familie nehmen und damit vom bisher typisch männlichen Lebensmodell abweichen wollen, haben dauerhaft Nachteile, was Einkommens- und Karriereperspektiven betrifft.

Dass vor allem Frauen für ihre Familie eingeschränkte Aufstiegschancen und den Verzicht auf die nächste Gehaltserhöhung in Kauf nehmen, liegt nicht nur daran, dass sie sich häufiger als Männer Zeit für Verantwortung nehmen *wollen*, sondern auch daran, dass sie es *können*. Denn ihr Ausstieg aus dem Hamsterrad des Berufslebens entspricht – das traditionelle Rollenleitbild mit seinen samtenen Fesseln lässt grüßen! – immer noch der gesellschaftlichen Norm, während Männern gerade deshalb oft nichts anderes übrig bleibt, als im Hamsterrad das Tempo zu steigern. Unter Gleichberechtigung verstehen die meisten Frauen aber vermutlich etwas anderes als das Recht, nach dem Vorbild karriereorientierter Männer zur familienfernen Arbeitsnomadin zu werden. Das feministische Shangri-La einer Gesellschaft ohne Geschlechterunterschiede ist deshalb bis heute ein Sehnsuchtsort geblieben.

Gleichheit in Gefangenschaft:
Die gleichstellungspolitische Sackgasse

Der Publizist Christian Nürnberger hat die erfolgreiche Befreiung der Frauen aus Abhängigkeit und Unterdrückung in einem erhellenden Streifzug durch vier Jahrzehnte feministischen Geschlechterkampfs mit der Flucht der Israeliten aus Ägypten verglichen und die feministischen Vorstellungen vom Gelobten Land entzaubert: »Schon jene kleine Sklaventruppe, die sich vor 3200 Jahren unter Moses' Führung durch Flucht aus ägyptischen Steinbrüchen selbst befreite, hatte nicht etwa vor Glück geweint, sondern frustriert gemurrt. Sie machten die Ur-Erfahrung aller nachfolgenden Freiheitsbewegungen. Im ägyptischen Sklavenhaus träumten sie davon, eines Tages frei und glücklich zu sein. In der Wüste erlebten sie, dass sie zwar frei waren, aber nicht glücklich. (...) Seit 35 Jahren irren Männer und Frauen nun durch die Wüste des Geschlechterkrieges. Nach der Zeitrechnung des alten Mythos müssten wir also in fünf Jahren am Ziel sein. Wenn der Fahrplan eingehalten werden soll, wäre es jetzt an der Zeit, sich Gedanken übers Gelobte Land zu machen. Für Feministinnen scheint es erreicht zu sein, wenn die Hälfte aller Politiker-, Aufsichtsrats- und Vorstandsposten weiblich besetzt ist. Das aber heißt: Die Sklavin will nicht frei werden, sondern Sklavenaufseherin. (...) Das Machtverhältnis zwischen den Geschlechtern ist erschüttert. In Ordnung. Nur: Bei den anderen Machtverhältnissen bebt nichts. Im Gegenteil. Die anderen Machtverhältnisse stabilisieren sich in dem Maße, in dem immer mehr brave, bestens an den Markt angepasste Streberinnen mit den anderen Strebern darum konkurrieren, ihren Herrinnen und Herren die höchste Rendite abzuliefern.«[1]

Das ist die Achillesferse der feministischen Gesellschaftsutopie: Was nützt die Gleichheit der Geschlechter, wenn es sich um Gleichheit in Gefangenschaft handelt? Das permanente Klagen über die Benachteiligung der Frau lenkt ab von einem ungelösten Konflikt, den berufstätige Mütter und Väter Tag für Tag mit sich selbst und in ihrer Partnerschaft austragen. Es ist der Konflikt zwischen Zeit für Verantwortung und Karrierechancen, zwischen Privatleben und Berufsleben, zwischen Liebe und Erfolg. Diesen Antagonismus spüren Frauen und Männer gleichermaßen. Wer sich Zeit für Verantwortung in der Familie nimmt, bezahlt dafür oft mit dem dauerhaften Verzicht auf berufliche Chancen. Wer berufliche Chancen nutzt, bezahlt dafür oft mit dem Verzicht auf Zeit mit den Kindern und für die Familie. Der ewige Streit über die Frage, wer unter diesen Bedingungen privilegiert ist und wer diskriminiert, lenkt ab vom eigentlichen Problem: Der Preis auf *beiden* Seiten ist zu hoch.

Wenn wir in einer Gesellschaft leben wollen, in der Freiheit die Möglichkeit mit einschließt, gemeinsam mit dem Partner individuelle Vorstellungen von einem guten Leben zu verwirklichen, wie auch immer diese aussehen mögen, dann geht es darum, die Kultur und die Strukturen in unserer Arbeitswelt anschlussfähig an eine Vielfalt von Rollenmodellen und Lebensentwürfen zu machen. Das ist die große gesellschaftspolitische Gestaltungsaufgabe, vor der wir stehen, und sie betrifft vor allem die Frage, wie wir künftig arbeiten wollen.

Doch während um private Lebensentwürfe öffentlich Kulturkämpfe geführt werden, bleibt die Arbeitswelt als Taktgeberin des Familienlebens bisher ein Nebenkriegsschauplatz im familien- und gleichstellungspolitischen Diskurs – und die Vereinbarkeit familiärer und beruflicher Aufgaben das private Problem von Frauen. Vermutlich deshalb habe ich, seit ich 2002 zum ersten Mal in den Deutschen Bundestag gewählt wurde, zwar unzählige Male politisch irrelevante Fragen nach meinem privaten Rollenverständnis und Familienbild gehört, aber fast nie die öffentlich relevante Frage, wie ich es eigentlich mit einem familienfreundlichen Arbeitsumfeld für meine Mitarbeiterinnen und Mitarbeiter halte.

Als Arbeitgeberin sah ich mich mit der Vereinbarkeitsfrage erstmals im Jahr 2004 konfrontiert. Die wissenschaftliche Mitarbeiterin in meinem Abgeordnetenbüro im Deutschen Bundestag eröffnete mir, dass sie schwanger sei und sich in der parlamentarischen Sommerpause in den Mutterschutz verabschieden werde. Wir studierten gemeinsam die erste Ultraschallaufnahme aus der neunten Schwangerschaftswoche und kamen überein, dass wir nach ihrer Rückkehr aus der Babypause auf jeden Fall weiter zusammenarbeiten würden. Zu diesem Zeitpunkt war ich ziemlich naiv, was die bevorstehenden Änderungen im Arbeitsalltag betraf. Ich dachte wie viele Arbeitgeber und Vorgesetzte, die selbst von familiären Fürsorgeaufgaben unbelastet sind: Alles eine Frage der Organisation – und kein Problem, solange nur die Kinderbetreuung gesichert ist.

Nicht mehr ganz so entspannt wie beim ersten Schwangerschaftsgespräch im Februar 2004 fiel meine Reaktion aus, als schon Ende 2004 auch die gerade eingearbeitete Schwangerschaftsvertretung schwanger war. Wir brauchten eine Schwangerschaftsvertretung für die Schwangerschaftsvertretung. Auf den Fluren des Jakob-Kaiser-Hauses, wo die meisten Abgeordneten und ihre Mitarbeiter ihre Büros haben, sorgte die Geburtenrate in meinem kleinen Team bereits für gutmütigen Spott (»Ihr nehmt es aber wirklich ernst mit dem Kampf gegen den demografischen Wandel!«), und ich dachte zum ersten Mal – wenn auch sehr beschämt –, dass es in meinem Interesse sein könnte, für die Referentenstelle in meinem Büro einen Mann zu gewinnen, statt zum dritten Mal eine Frau in meinem Alter einzustellen. Tatsächlich übernahm die Stelle dann ein Mann: Es war ein Mitarbeiter, der bis dato neben seinem Zweitstudium in Teilzeit für mich gearbeitet hatte und genau zum richtigen Zeitpunkt seinen Abschluss in der Tasche hatte. Als etwas später seine Lebenspartnerin schwanger war, empfand ich zugegebenermaßen eine gewisse Erleichterung, dass ich nicht eine dritte Schwangerschaftsvertretung organisieren, sondern nur seine Vätermonate überbrücken musste.

Weil ich selbst als Arbeitgeberin erst mit der Zeit und nach vielen Gesprächen mit meinen Mitarbeitern gelernt habe, wie Arbeit sich dem Rhythmus des Familienlebens entsprechend organisieren lässt, kann ich nachvollziehen, dass viele Vorgesetzte das Vorhandensein kleiner Kinder erst einmal als Gefahr für einen störungsfreien Arbeitsablauf betrachten. Auch für mich waren mit der neuen Situation zunächst unerwartete Einschränkungen verbunden.

Dass die Zeiten vorbei waren, in denen wir bis neun Uhr abends miteinander an einer Plenarrede gefeilt hatten, war mir natürlich klar. Dass die Bring- und Abholzeiten in der Kita künftig den Rahmen für Besprechungen setzen würden, war ebenfalls abzusehen. Womit ich nicht gerechnet hatte, war der ganz normale Alltag einer Mutter, die ein Kleinkind halbtags in der Kita, einen Mann im 70-Stunden-Job und die Großeltern am anderen Ende der Republik hatte. Es gab Phasen, in denen unsere Zusammenarbeit wegen der häufigen Mandel- und Mittelohrentzündungen ihrer Tochter nur per E-Mail und Telefon stattfinden konnte. Unsere regelmäßigen Bürorunden, in denen wir am Anfang der Woche im Team gemeinsam die anstehenden Termine und Projekte durchgingen, verschoben sich manchmal Tag um Tag Richtung Ende der Woche – zum Beispiel wenn in der Kita die halbe »Bären-Gruppe« vom Norovirus geplagt war, vor dem auch das mütterliche Immunsystem die Waffen streckte. Bastelnachmittage für den Laternenumzug und Fortbildungstage der Erzieherinnen und Erzieher mussten in unserer Planung Berücksichtigung finden. Reden, Vermerke und Pressemitteilungen entstanden zu bisweilen etwas unkonventionellen Zeiten zu Hause. Es gab auch Tage, an denen auf der Couch in meinem Büro eine erkältete Zweijährige schlief.

Die Situation war gewöhnungsbedürftig für alle Beteiligten, doch irgendeine Lösung für das gerade akute Problem fand sich immer, und mein Team dankte es mir mit engagierter Arbeit und absoluter Verlässlichkeit bei den Arbeitsergebnissen. Glücklicherweise waren Telearbeit und flexible Arbeitszeiten in einem Abgeordnetenbüro auch gut zu organisieren. Und wenn unsere Besprechungen sich mal wieder in die Länge zogen, mahnte mein Büroleiter – mittlerweile neben mir der einzige Kinderlose in meinem Berliner Team, aber immer verständnisvoll, wenn es um die »Büro-Kinder« ging – seine Kollegin und uns alle mit Blick auf die Uhr: »Hier, noch zehn Minuten, dann musst du los in die Kita. Jetzt lasst uns mal zu Potte kommen!« Dann kamen wir zu Potte und meine Mitarbeiterin pünktlich in die Kita.

Ohne das Gefühl, im beruflichen Umfeld mit Vereinbarkeits-Handicap akzeptiert zu sein, geht es nicht. Das kann ich mittlerweile auch aus eigener Erfahrung als Mutter bestätigen. Als Angela Merkel mich fragte, ob ich Familienministerin werden wollte, stand ich vor dem Dilemma vieler Frauen zwischen 30 und 40: Kind oder Karrieresprung? Ich war gerade auf dem Weg zum Flughafen Berlin-Tegel, um abends Termine in meinem Wahlkreis Wiesbaden wahrzunehmen, als der Anruf aus dem Kanzleramt kam. Das Telefonat mit der Bundeskanzlerin dauerte etwa drei Minuten, in denen ich mir eine Stunde Bedenkzeit erbat. Statt zum Flughafen fuhr ich sofort ins Innenministerium zu meinem Verlobten und heutigen Ehemann. Wir redeten nicht über Politik und auch nicht über Karriere. Wir redeten

darüber, was dieser Anruf für unsere gemeinsame Lebens-
und Familienplanung bedeutete. Wir wollten beide Kinder,
und wir waren uns einig, dass wir damit nicht weitere vier
Jahre bis zur nächsten Wahl warten wollten. Familie auf
unbestimmte Zeit zu verschieben, um Familienministerin
zu werden? Absurd! Als die 60 Minuten um waren, hatten wir uns zu einem »Ja, aber« durchgerungen: Ja zu meiner großen Chance, aber keine Kompromisse bei unserer
Familienplanung.

Wir waren uns einig, dass ich die Kanzlerin über dieses
»Aber« informieren musste. Als Mutter eines kleinen Kindes würde ich meine Arbeit anders organisieren müssen, als
das in einem Ministeramt bisher üblich war, und das, so
viel war mir nach meinen Erfahrungen im eigenen Abgeordnetenbüro klar, ginge – wenn überhaupt – nur mit der
Rückendeckung der Regierungschefin. Deren Kabinetts-
umbildung mit Details unserer persönlichen Lebensplanung belasten zu müssen schien mir zwar vermessen, aber
ich hatte zum Glück keine Zeit, darüber nachzudenken. Ich
ließ mich zu Angela Merkel durchstellen und fragte: »Wäre
es ein Problem, wenn ich als Ministerin ein Kind bekäme?«
Angela Merkel zögerte keine Sekunde: »Das geht. Da haben
Sie meine Unterstützung.« Sie selbst habe in ihrem engsten
Arbeitsumfeld nur gute Erfahrungen mit Müttern gemacht.

Ohne die Gewissheit, dass sowohl mein künftiger Ehemann als auch meine künftige Chefin voll und ganz hinter
meiner Entscheidung für Karriere *und* Kind stehen, hätte
ich nicht den Mut gehabt, dieses Wagnis einzugehen. Wenn
ich mich hätte entscheiden müssen, hätte ich ohne zu über-
legen auf den Karrieresprung verzichtet, weil das Erreichen einer beruflichen Spitzenposition in meiner persönlichen Lebensplanung nie einen so hohen Stellenwert gehabt
hatte wie Partnerschaft und Kinder. Ich hätte der Familie
den Vorrang gegeben – so wie die frühere Bundestagsabge-

ordnete Elfriede Klemmert-Hamelbeck, die mir zur Geburt meiner Tochter schrieb:

Liebe Frau Ministerin Schröder!

Wie schön, dass heutzutage auch eine Ministerin Mutter werden kann/darf! Ich gratuliere Ihnen von ganzem Herzen – gibt es doch nichts Schöneres im Leben als ein eigenes Kind! Schieben Sie Ihre Ämter ruhig etwas in den Hintergrund – für die Mutter rangiert ihr Kind an vorderer Stelle. Ich darf das sagen, da ich 1960 die erste Abgeordnete war, die während ihres Mandats ein Kind geboren hat. Als dann ein Jahr später das zweite Kind erschien, ging es mit meiner parlamentarischen »Karriere« rasch dem Ende entgegen. Schade einerseits – aber mit meinem Lebenslauf bin ich durchaus zufrieden. Ihnen alles Gute,

Ihre Parteifreundin Elfriede Klemmert

Auch wenn heute eine Ministerin Mutter werden kann, ohne deshalb den Rückzug antreten zu müssen: Der Preis der Vereinbarkeit von Kind und Karriere ist immer noch so hoch, dass viele Frauen ihn nicht bezahlen wollen und können. Denn eine Karriere nach traditionell männlichen Maßstäben kollidiert mit den Lebenszielen der meisten Frauen, insbesondere dann, wenn sie Mutter werden. »Frauen wollen Karriere – aber auf ihre Art«[2], so hat es die Journalistin Bettina Wündrich in ihrem Buch treffend formuliert, und eine der für ihr Buch befragten Frauen sagte dazu: »Die große Frage meines Lebens ist (...), wie es möglich ist, Arbeit, vielleicht auch Karriere, Liebe und Kinder unter einen Hut zu kriegen, ohne dass dabei ein Aspekt auf der Strecke bleibt.«[3] Von der Frage, ob das möglich ist, hängt viel ab für Familie und Gleichberechtigung in unserer Gesellschaft.

Von Schafen und Chancen: Warum die starre Quote den meisten Frauen nicht weiterhilft

Um tadelloses Mitglied einer Schafherde sein zu können, müsse man vor allem ein Schaf sein, hat Albert Einstein einmal lakonisch festgestellt. Mit anderen Worten: Wer kein Schaf ist, kommt in einer Schafherde auch mit Durchsetzungskraft, Klugheit und Kompetenz nicht weit. Dass das Erfolgsprinzip Ähnlichkeit nicht nur für Schafherden, sondern auch für deutsche Führungsetagen gilt, ist aus meiner Sicht der Hauptgrund für den dort grassierenden Frauenmangel. Um tadelloses Mitglied der Führungsriege eines Unternehmens oder einer Organisation zu sein, muss man sich familiärer Verpflichtungen und Fürsorgeaufgaben weitgehend entledigt haben. »Die Ausgestaltung von Führungspositionen ist an männlichen Lebenswelten orientiert und in der Regel an eine spezifische Anforderungsstruktur und -kultur geknüpft, die potenziell nur Arbeitskräfte erfüllen können, die von familiären Pflichten frei sind«, heißt es dazu im Sachverständigengutachten zum Ersten Gleichstellungsbericht.[4] Die Experten formulieren klar und deutlich die Konsequenz: »Wenn sich dies nicht ändert, kann Gleichheit nur durch eine ›Vermännlichung‹ weiblicher Lebensläufe erreicht werden.«[5]

Von staatlich vorgegebenen, einheitlichen Frauenquoten für Vorstände, Aufsichtsräte und sonstige Führungsgremien halte ich deshalb nichts. Solche Quoten leisten der Vermännlichung weiblicher Lebensläufe Vorschub, ändern aber nichts an einer von familienfernen Arbeitsnomaden geprägten Monokultur. Weil Unternehmen erfahrungsgemäß den Weg des geringsten Widerstands gehen, wenn sie gezwungen sind, staatliche Auflagen zu erfüllen, werden die meisten nur solche Frauen in die obersten Führungsgremien holen, die in den gegebenen Strukturen bestehen können: diejenigen also, die entweder keine familiären Fürsorgeaufgaben haben oder die bereit sind, diese komplett an externe Dienstleister zu delegieren. Die Aufstiegschancen der breiten Mehrheit von Frauen, die sich neben beruflicher Verantwortung auch Zeit für Familie wünschen, bleiben dagegen weiterhin beschränkt. Gezählt sind die Tage des Erfolgsmodells »Schafherde« erst dann, wenn auch in Führungspositionen familienbedingte Auszeiten, Teilzeit und eine familienbewusste Zeitgestaltung möglich sind – und damit eine Vielzahl unterschiedlicher Lebensentwürfe.

Deshalb werbe ich, seit ich Familien- und Frauenministerin bin, für eine Politik, die zu Änderungen in der Arbeits- und Unternehmenskultur führt. Ich bin überzeugt, dass Frauen damit mehr geholfen ist als mit empörungsheischenden Anklagen gegen Männerbündelei in den Chefetagen. Zweifellos einfacher wäre es, als Frauenministerin aus der Anbiederung an die öffentliche Stimmung politischen Profit zu schlagen. Der Ruf nach starren Quoten ist mittlerweile so populär, dass Politikerinnen aller Parteien sich regelrechte Überbietungswettbewerbe um die höchste Quotenforderung liefern und sich dafür in den Medien feiern lassen, während ich mir mit meinem Widerstand gegen staatlich festgelegte Quoten den Ruf einer »prähistorischen Antifeministin«[6] erarbeitet habe.

Mit diesem Ruf, so daneben diese Bezeichnung auch ist, kann ich leben. Es entbehrt allerdings nicht einer gewissen Ironie, dass ich, wenn ich mir das Wochenende für meine Familie frei halte, überall mit Verständnis rechnen kann, wo es um familien-, jugend- oder seniorenpolitische Themen geht – nur häufig dort nicht, wo es um Frauenthemen geht. Wenige Wochen nach meiner Rückkehr aus der Mutterschutzzeit fand beispielsweise der Bundesdelegiertentag der Frauen Union der CDU Deutschlands statt. Deren Vorsitzende, Staatsministerin Maria Böhmer, hatte sofort Verständnis dafür, dass ich so kurz nach Lottes Geburt nicht zwischen zwei langen Sitzungswochen in Berlin an einem Samstag nach Frankfurt fliegen wollte, zumal Lotte in dieser Zeit noch voll gestillt wurde. Weil ich aber Anlass zur Befürchtung hatte, dass meine Absage in den Medien fälschlicherweise als mangelndes Engagement für Frauenpolitik interpretiert werden könnte, sagte ich kurzfristig doch noch schweren Herzens zu. Die Medienschelte blieb trotzdem nicht aus: »Auf dem Bundesdelegiertentag wollte Schröder erst gar nicht erscheinen. Natürlich nur, weil sie sich um ihre Tochter kümmern will«, ätzte *taz*-Redakteurin Heide Oestreich.[7] Zeit für Familie gilt eben nicht nur unter Karrieremännern, sondern auch unter Karrierefrauen als Leistungsverweigerung, und vor diesem Klischee ist auch eine Familienministerin nicht gefeit. In meiner Rede beim FU-Bundesdelegiertentag habe ich erläutert, warum solche Wahrnehmungsmuster die Aufstiegschancen vieler Frauen behindern und wie die Flexiquote, die ich als Alternative zur staatlich festgelegten Einheitsquote vorgeschlagen habe, für die notwendigen kulturellen Veränderungen sorgen würde.[8]

Liebe Delegierte!

Einige von Ihnen wundern sich vielleicht, dass ich heute – quasi als Überraschungsgast – zur Bundesdelegiertenversammlung gekommen bin, obwohl mein Name bis vor Kurzem nirgendwo im Programm stand. Einige ahnen vielleicht auch, warum ich so lange mit mir gerungen habe: Der Grund dafür ist 16 Wochen alt und lernt gerade, sich vom Rücken auf den Bauch zu drehen.

Ich erwähne das deshalb, weil wir damit gleich mitten im Leitantrag des Bundesvorstands sind. »Die Vereinbarkeit von Beruf und Familie stellt insbesondere Frauen nach wie vor vor große organisatorische Herausforderungen«, heißt es auf Seite 1 zur gleichberechtigten Teilhabe von Frauen und Männern auf dem Arbeitsmarkt. Da geht es mir als zuständiger Ministerin nicht anders als anderen Müttern in anspruchsvollen Führungspositionen. Als ich Ihre Einladung bekommen habe, wusste ich auch noch nicht, wie das sein wird als Mutter im Ministeramt. Das musste sich erst einmal einspielen. Deshalb war ich etwas zurückhaltend, gerade was die Terminplanung in den ersten Monaten nach der Geburt betrifft. (...)

Die Gleichberechtigung von Frau und Mann zu fördern – nicht als Gleichsetzung, nicht als Ergebnisgleichheit, sondern als Chancengleichheit in unserer Gesellschaft –, das bleibt unser gemeinsames Ziel! Chancengerechtigkeit heißt, dass Frauen und Männer die gleichen Chancen haben, ihre Vorstellungen von einem guten Leben zu verwirklichen. Der Leitantrag des Bundesvorstands benennt die Voraussetzungen dafür. Er setzt richtige Schwerpunkte. Und er formuliert Forderungen, wo ich genau wie Sie sage: Da müssen wir ran!

Zum Beispiel an die Förderung familienunterstützender, haushaltsnaher Dienstleistungen: Das liegt mir sehr am Herzen! (...) Es wäre viel gewonnen mit professioneller Unterstützung am Arbeitsplatz Familie: für die Wiedereinstiegschancen von Frauen, für die Entlastung Alleinerziehender, für die Vereinbarkeit von Familie und Beruf und letztlich auch für den Zusammenhalt in der Familie, in der mehr Zeit füreinander bliebe! (...) Ein anderer wichtiger Punkt aus dem Leitantrag betrifft die Minijobs, die für viele Mütter auf den ersten Blick finanziell attraktiv sind, aber ihre Alterssicherung massiv gefährden. Fast

drei Viertel der Mütter, die eine marginale Teilzeitbeschäftigung mit weniger als 15 Wochenstunden ausüben,
würden ihre Arbeitszeit auch gern verlängern.⁹ Viele tun
es nicht, weil vom zusätzlichen Einkommen jenseits der
400-Euro-Grenze wenig übrig bleibt. Die Sozialversi-
cherungsfreiheit von Minijobs setzt Fehlanreize, die wir
beseitigen müssen.

Einig sind wir uns auch, dass der Anteil von Frauen in
den Führungsetagen dieser Republik, vor allem in Vorständen und Aufsichtsräten, ein Armutszeugnis ist. Das
ist eine ungeheure Talentverschwendung, die die Unternehmen sich da leisten – und auch der öffentliche Dienst,
denn da sieht es nicht viel besser aus! Auch das muss sich
ändern, und dafür brauchen wir einen kulturellen Wandel in unserer Arbeitswelt. Jedenfalls dann, wenn alle
Frauen profitieren sollen – nicht nur die kleine Elite, die
für Vorstands- oder Aufsichtsratsposten infrage kommt.

Für einen kulturellen Wandel müssen wir bei den Ursachen der schlechteren Aufstiegschancen für Frauen ansetzen. Die Hauptursache dafür, dass man Frauen in den
obersten Führungsetagen immer noch mit der Lupe
suchen muss, liegt aus meiner Sicht in einer Arbeits-
und Unternehmenskultur, in der Karriere an uneingeschränkte Verfügbarkeit geknüpft ist. Die Karrierewege,
die Arbeitszeiten, die Leistungskriterien … all das ist
mit steigender Hierarchiestufe zunehmend ausgerichtet
auf Menschen, die entweder kinderlos sind oder familiäre Verantwortung an andere delegieren können. 60- bis
80-Stunden-Wochen, Besprechungen und Telefonkonfe-
renzen abends um acht, Termine am Wochenende und
ständige Erreichbarkeit: Das ist der Alltag vieler Leistungsträger, die sich dem Diktat der uneingeschränk-
ten Verfügbarkeit nur deshalb so kompromisslos beugen
können, weil zu Hause jemand den Kühlschrank füllt und

für steten Nachschub an gebügelten Hemden sorgt. Für das Prinzip »Karriere wird nach Feierabend gemacht« bezahlen diejenigen mit eingeschränkten Chancen, die nach Feierabend nicht Karriere, sondern die Kinder bettfertig machen. Da ist es kein Wunder, dass Männer in der entscheidenden Lebensphase zwischen 30 und 40 zwei, drei Karrierestufen auf einmal nehmen, während Frauen in dieser Lebensphase zwei, drei Jobs auf einmal bewältigen: Teilzeitstelle, Kindererziehung und Haushalt.[10] Statt darüber nachzudenken, was sich an den Strukturen und an der Unternehmenskultur ändern muss, damit das Potenzial von Frauen nicht brachliegt, wählen viele Arbeitgeber den einfachsten Weg: Sie nehmen für anspruchsvolle Jobs lieber einen Mann, weil er nicht im Verdacht steht, irgendwann Teilzeit arbeiten zu wollen oder wegen eines kranken Kindes zu Hause bleiben zu müssen. Von fairen Chancen für Frauen in der Arbeitswelt kann keine Rede sein, solange familiäre Aufgaben dort als leistungsmindernd gelten! Übrigens auch nicht von fairen Chancen für Männer, die bereit sind, mehr familiäre Verantwortung zu Hause zu übernehmen: Denn auch sie disqualifizieren sich damit häufig für höhere Aufgaben in einer familienfernen Arbeitskultur. Viele Frauen haben auf eine solche Kultur keine Lust! Und Mütter – vor allem die mit kleinen Kindern – haben in einer solchen Kultur auch keine Chance! (...) Frauenförderung hat deshalb viel zu tun mit der Art, wie ein Unternehmen geführt wird, wie Leistung definiert und Arbeit koordiniert wird. Frauenförderung hat viel zu tun mit der Frage, ob Teilzeitarbeit auch in Führungspositionen möglich ist, ob Präsenz oder Effizienz belohnt wird, ob wichtige Besprechungen gewöhnlich vor 17.00 Uhr stattfinden – oder nach 19.00 Uhr. Frauenförderung hat also viel mit einer Arbeitskultur des Respekts vor familiä-

rer Verantwortung zu tun. (…) Das lässt sich nicht staatlich verordnen, das sind Veränderungsprozesse, die in den Unternehmen selbst in Gang kommen müssen. (…) Hier setzt meine Flexiquote an, die ich zur Förderung von Frauen in Führungspositionen vorgeschlagen habe: Wir reden hier wohlgemerkt nicht über Freiwilligkeit! Wir reden über klare, gesetzlich geregelte Pflichten für alle börsennotierten und alle voll mitbestimmungspflichtigen Unternehmen! Denn so viel steht fest: Die windelweiche Selbstverpflichtung der rot-grünen Bundesregierung von 2001 hat sich als Rohrkrepierer erwiesen! Das ist auch kein Wunder. Hören Sie sich diese Selbstverpflichtung mal im Wortlaut an: »Die Spitzenverbände der deutschen Wirtschaft sagen zu, ihren Mitgliedern betriebliche Maßnahmen zur Verbesserung der Chancengleichheit von Frauen und Männern sowie der Familienfreundlichkeit zu empfehlen.« Na Donnerwetter! Das ist in etwa so erfolgversprechend, als würde der Porscheclub Deutschland seinen Mitgliedern empfehlen, mit 100 Stundenkilometern über deutsche Autobahnen zu tuckern. Diese freiwillige Selbstverpflichtung war viel Lärm um nichts, oder besser: viel joviales Schulterklopfen um wenig Inhalt.

So einfach kommen die Unternehmen bei mir nicht davon, und zwar aus drei Gründen: Erstens will ich sie gesetzlich verpflichten, selbst gewählte Frauenquoten sowohl für den Vorstand als auch für den Aufsichtsrat zu beschließen. Diese Verpflichtung können Unternehmen nicht ignorieren wie eine Vereinbarung mit Wirtschaftsverbänden. Zweitens werden Unternehmen gesetzlich verpflichtet, ihre eigenen Zielvorgaben transparent zu machen. Dann dauert es nämlich nicht lange, bis Journalisten in Rankings Vergleiche anstellen. Unternehmen werden sich für ihre Zielvorgaben vor der Belegschaft, vor dem Betriebsrat, vor einer kritischen Presse und vor der interessierten Öffentlichkeit rechtfertigen müssen. Der dritte Unterschied zur Selbstverpflichtung aus dem Jahr 2001: Mein Konzept sieht Sanktionen für den Fall vor, dass Unternehmen ihre individuellen Zielmarken nicht erreichen oder keine beschließen.

In den letzten Monaten habe ich vor allem von Journalisten immer wieder zu hören bekommen, dass die Flexiquote ein stumpfes Schwert sei. Nie im Leben könne das funktionieren, hieß es. Wie könne man nur auf die Idee kommen, Unternehmen selbst über die Höhe des anvisierten Frauenanteils entscheiden zu lassen! Da würden die sich doch mit mageren acht Prozent aus der Affäre ziehen, de facto also alles beim Alten lassen! Ich habe dagegen gewettet – und diese Wette habe ich gewonnen. Die Personalvorstände der DAX-30-Unternehmen haben mir am 17. Oktober auf freiwilliger Basis ihre selbst gesteckten Quoten für den Anteil von Frauen in Führungspositionen präsentiert. Vorausgegangen war ein Treffen im März, bei dem ich den Personalvorständen mein Konzept vorgestellt und deutlich gemacht habe, dass ich die Flexiquote gesetzlich und mit Sanktionen regeln möchte. Die DAX 30 haben daraufhin zugesagt, vorher schon einmal freiwillige Zielquoten für die Führungsebenen unterhalb von Vorständen und Aufsichtsräten vorzulegen. Diese Zusage haben sie am 17. Oktober eingelöst. Und ich kann Ihnen sagen: Auf der Liste der individuellen Zielvorgaben steht keine einzige einstellige Zahl. Die Kombination aus Transparenz und Wettbewerb entfaltet genau die Wirkung, die ich mir erhofft hatte:

Erstens: Die Unternehmen haben sich Ziele gesetzt, zu denen sie öffentlich stehen können – vor der eigenen Belegschaft, vor einer kritischen Presse, vor der interessierten Öffentlichkeit und auch vor potenziellen Nachwuchskräften. Es sind ambitionierte Ziele, weil die

Unternehmen einen Ruf zu verlieren haben. Prompt folgten ja auch die Rankings in den Zeitungen und im Fernsehen. BMW musste sich mit Daimler vergleichen lassen, die Deutsche Bank mit Henkel. Und Fresenius – die Einzigen, die am 17. Oktober nicht geliefert hatten – sah in den bunten Übersichten ziemlich alt aus. Ein Personalvorstand hat mir gesagt: Frau Schröder, die Diskussion über die Frage, welche Quote wir uns selbst setzen wollen, hat in unserem Unternehmen in den letzten sechs Monaten mehr bewegt in den zehn Jahren davor.

Damit bin ich bei der zweiten Wirkung: Die unternehmensinterne Verständigung auf eine individuelle Quote hat in den Unternehmen die richtigen Diskussionen in Gang gesetzt, und zwar auf höchster Ebene. Es ging um die Frage, was sich ändern muss, damit Frauen im jeweiligen Unternehmen den Weg nach oben schaffen. Das ist ja ganz unterschiedlich: Bei einem Industriegashersteller, wo der Frauenanteil in der gesamten Belegschaft nur bei 20 Prozent liegt, hat der Mangel an Frauen in Führungspositionen andere Ursachen als bei einem Unternehmen aus der Medienbranche, wo Frauen über die Hälfte der Belegschaft stellen. Diese Liste individueller Zielquoten, die ich von den Unternehmen bekommen habe, besteht also aus viel mehr als nur aus nackten Zahlen: Denn hinter diesen individuellen Zielen stehen auch individuelle, ursachengerechte Strategien der Unternehmen, und zwar abhängig von den Ausgangsbedingungen, von der Zusammensetzung der Belegschaft, vom weiblichen Talentpool und vom Geschäftsmodell.

Genau das ist das Erfolgsgeheimnis der Flexiquote: Flexibilität bei größtmöglicher Verbindlichkeit, Verbindlichkeit bei größtmöglicher Flexibilität: Beides – Flexibilität und Verbindlichkeit – gehört zusammen, wenn wir den Ursachen für den Mangel an Frauen in Führungspositionen gerecht werden wollen. Ich will deshalb ein Gesetz auf den Weg bringen, das die Verpflichtung zur Flexiquote für Vorstände und Aufsichtsräte vorsieht. Für dieses Gesetz kämpfe ich! Ich kämpfe dafür, weil ich es für den richtigen Weg halte und weil ich es für einen realistischen, politisch umsetzbaren Vorschlag halte, den auch unser Koalitionspartner FDP mittragen kann. (...)

Lassen Sie uns mit der Flexiquote anknüpfen an die gleichstellungspolitischen Erfolge, die die CDU in den letzten Jahrzehnten durchgesetzt hat. Es war eine unionsgeführte Bundesregierung, die vor 50 Jahren mit Elisabeth Schwarzhaupt die erste Frau ins Bundeskabinett geholt hat. Es war eine unionsgeführte Bundesregierung, die vor genau 25 Jahren ein eigenes Frauenressort eingeführt hat. Es war eine unionsgeführte Bundesregierung, die für die Anerkennung von Kindererziehungszeiten bei der gesetzlichen Rente gesorgt hat, die einen Rechtsanspruch auf einen Kindergartenplatz eingeführt hat, die die steuerliche Absetzbarkeit von Kinderbetreuungskosten und haushaltsnahen Dienstleistungen durchgesetzt hat, die den Ausbau der Kinderbetreuung für die unter Dreijährigen auf den Weg gebracht und dafür gesorgt hat, dass es ab 2013 einen Rechtsanspruch auf einen Kita-Platz für alle Kinder ab dem vollendeten ersten Lebensjahr gibt. Diese Erfolge verdankt die CDU vor allem den Frauen in der Union, die hart dafür gekämpft haben, dabei aber immer pragmatisch von den Bedürfnissen der Frauen ausgegangen sind. Heute wünschen sich Frauen eine Arbeitswelt, in der sie beides haben können: Zeit für Verantwortung und faire Chancen auf eine Karriere, die ihren Zielen entspricht, mit einer Bezahlung, die ihrer Qualifikation entspricht! Ich habe keine Zweifel, dass uns auch der Aufbruch in diese Arbeitswelt der Zukunft gelingen wird! (...)

Zeit für Verantwortung: Auf dem Weg in die Arbeitswelt der Zukunft

Ist es utopisch zu glauben, dass Zeit für Familie und Fürsorge irgendwann so selbstverständlich zum Lebenslauf weiblicher und männlicher Führungskräfte gehören wird wie eine gute Ausbildung? Ist es utopisch, Menschen eine individuelle Gestaltung ihrer Arbeitszeiten passend zu ihrer familiären Situation zu ermöglichen? Ist es utopisch, die ungeschriebene Regel abzuschaffen, wonach die entscheidenden Karriereschritte zwischen 30 und 40 stattfinden müssen – und damit in einer Lebensphase, in der die meisten Menschen eine Familie gründen? Ist es utopisch, Müttern und Vätern kleiner Kinder zuzutrauen, dass sie mit einer Präsenzzeit von 30 Arbeitsstunden pro Woche ein Team führen oder ein Projekt leiten können? Ist es utopisch, dass auch Top-Führungskräfte wie das Vorstandsmitglied eines DAX-Konzerns, der Chefredakteur einer überregionalen Tageszeitung oder die Partnerin einer renommierten Großkanzlei zwei halbe Tage in der Woche ganz für ihre Kinder da sein und am Wochenende in der Regel frei von beruflichen Verpflichtungen sein können? Ist es utopisch, beim Einstellungsgespräch nicht nur über Geld, sondern auch über Zeit zu verhandeln: über Zeit, die der Familie oder dem eigenen Privatleben gehört? Kurz: Ist es utopisch, auch dann »Familie zuerst!« sagen zu können, wenn man erfolgreich im Beruf sein möchte? »Wenn wir (...) bereit wären, in die Entwicklung und Durchsetzung neuer Arbeitszeitmodelle in etwa so viel Energie und Sachverstand zu investieren, wie es bei der Entwicklung neuer Fortbewegungsmittel oder neuer Handtelefone üblich und selbstverständlich ist, wird sich dieses (...) organisatorische Problem sehr schnell in nichts auflösen«[11], hat Iris Radisch dazu einmal trocken bemerkt. Genau so ist es!

Vollzeitnahe Teilzeitmodelle wären eine gute und realistische Möglichkeit, Müttern und Vätern auch in verantwortungsvollen Positionen Zeit für Familie und Freiraum für gleichberechtigte Partnerschaften zu ermöglichen. Natürlich kann nicht jeder und jede von zu Hause aus arbeiten oder die eigene Arbeitszeit nach Lust und Laune jeden Tag neu bestimmen. Krankenpfleger, Verkäuferinnen, Köche und Fluglotsinnen sind zweckmäßigerweise zu vereinbarten Zeiten an einem festgelegten Ort. Doch auch in solchen Branchen können Arbeitgeber ihre Mitarbeiterinnen und Mitarbeiter fragen, was ihnen helfen würde, ihren Kindern gute Eltern zu sein, ohne sich dafür aus dem Berufsleben verabschieden zu müssen. Es ist nicht einzusehen, dass die Menschheit, nachdem sie einst so unvorstellbare Dinge wie den bargeldlosen Zahlungsverkehr, das Niedrigenergiehaus und die minimal-invasive Chirurgie erfunden hat, nicht in der Lage sein sollte, bei der Festlegung von Dienst-, Schicht- und Arbeitsplänen die persönlichen Wünsche und Bedürfnisse von Müttern und Vätern miteinzubeziehen.

Diese Wünsche und Bedürfnisse sind vielfach untersucht und statistisch erfasst. Umfragen zeigen europaweit immer wieder dasselbe Bild: Die Mehrheit der Frauen wünscht sich Teilzeitjobs mit Arbeitszeiten zwischen 25 und 35 Stunden, und die Mehrheit der Männer will das alltägliche, über die Vollzeitarbeit hinausgehende Überstundenpensum loswerden.[12] Gut die Hälfte der Väter von Kindern unter 18 Jahren würde am liebsten 36 bis 40 Wochenstunden arbeiten. 19 Prozent würden vollzeitnahe Teilzeit mit 30 bis 35 Wochenstunden bevorzugen, 9 Prozent eine Arbeitszeit von unter 30 Wochenstunden.[13] Die Realität sieht anders aus, obwohl knapp drei Viertel der Unternehmen mittlerweile flexible Tages- und Wochenarbeitszeiten anbieten[14] und es längst zahlreiche Arbeitgeber gibt, die erkannt haben, dass Investitionen in Familienfreundlichkeit sich im Wettbewerb um qualifizierte Nachwuchskräfte auszahlen.[15] Offenbar reicht es nicht, flexible Arbeitszeiten nur anzubieten. Man muss ihnen auch den Ruf der Karrierebremse nehmen, und das ist eine Frage unserer Arbeitskultur und der Kultur in jedem einzelnen Unternehmen.

Aufschlussreich war in diesem Zusammenhang eine kleine Agenturmeldung in der *Süddeutschen Zeitung* zu einer Studie der internationalen Unternehmensberatung Bain & Company: »Viele Führungskräfte wünschen sich flexiblere Arbeitszeiten, nehmen die Angebote ihrer Firmen aus Furcht vor einem Karriereknick aber nicht an«, hieß es darin. Was den Modellen der Firmen fehle, sei die sichtbare Unterstützung durch den Vorstand und das Management.[16] In einem Artikel der *Süddeutschen Zeitung* zum selben Thema wird ein Berater von Bain zitiert: »Wenn die Nutzung von Teilzeitangeboten nicht mehr als Verweigerungshaltung angesehen werde, sei Teilzeitarbeit ›fast auf jeder Hierarchiestufe umsetzbar‹.«[17] Im Idealfall unterstützen die obersten Führungskräfte familienbewusste Arbeitszeitmodelle nicht nur mit Worten, sondern auch mit Taten: indem sie sie selbst in Anspruch nehmen. Wenn der Chef ein halbes Jahr Elternzeit nimmt oder mittwochs und freitags immer früher geht, trauen sich das auch diejenigen, die ihre Beförderung noch vor sich haben. Das wiederum lohnt sich nicht nur für deren Familien, sondern auch für das Unternehmen. Der *Harvard Business Manager* schreibt dazu unter Berufung auf die Bain-Studie: »Sind flexible Arbeitszeitmodelle in einer Firma weitverbreitet, sind die verwöhnten Top-Leute mit ihrem Job zufriedener. Sie empfehlen ihren Arbeitgeber häufiger weiter, und ihre Bindung an das Unternehmen nimmt zu – bei Männern um 25 Prozent und bei Frauen sogar um 40 Prozent.«[18]

Dass eine solche Unternehmenskultur keine Utopie bleiben muss, beweisen zahlreiche Unternehmen und Betriebe, die Menschen mit den unterschiedlichsten Lebensentwürfen Aufstiegsmöglichkeiten in verantwortliche Positionen eröffnen, sei es durch Lebensarbeitszeitkonten, sei es durch Mitsprache bei der Gestaltung der Dienstpläne, sei es durch Job-Sharing und Teilzeitangebote auch für Führungskräfte. Wie das gehen kann, zeigt beispielsweise Microsoft, ein Unternehmen mit einem überdurchschnittlich hohen Anteil junger Eltern[19]. »Microsoft gewährt seinen Angestellten erstaunliche Freiheiten«, schreibt die *Zeit* in einem Artikel über den Softwareriesen. »Erstens: Feste Arbeitszeiten sind praktisch abgeschafft. Zweitens: Präsenz am Schreibtisch unter den Augen des Chefs ist nicht gefragt. Nur die Arbeitsresultate müssen, drittens, stimmen. Bei Wettbewerben um den Titel ›Bester Arbeitgeber‹ landet Microsoft regelmäßig auf Spitzenplätzen. Die offene Unternehmenskultur scheint insbesondere Frauen entgegenzukommen, mehrfach ist die Firma extra dafür ausgezeichnet worden. Mehr als ein Viertel aller Microsoft-Beschäftigten ist weiblich, von den 15 Mitgliedern der Geschäftsleitung sind es sieben.«[20] Das ist ein Frauenanteil von über 40 Prozent in der obersten Führungsetage – und fünf dieser sieben Frauen sind Mütter.[21]

Natürlich kommt eine Arbeitsorganisation wie bei Microsoft nur für Unternehmen und Betriebe infrage, in denen in erster Linie mit Kopf und Computer gearbeitet wird. Das betrifft nach Schätzungen der Unternehmensberatung McKinsey zwischen 35 und 45 Prozent der Jobs in Deutschland – mit steigender Tendenz.[22] Doch Arbeit so zu organisieren, dass Mitarbeiterinnen und Mitarbeiter für familiäre Fürsorge nicht mit dem Verzicht auf berufliche Chancen bezahlen müssen, ist auch in anderen Branchen möglich.

So hat der schwäbische Maschinenbauer Trumpf 2011 mit der Einführung des innovativsten und flexibelsten Arbeitszeitmodells Deutschlands für Aufmerksamkeit gesorgt. Bei Trumpf kann jeder Mitarbeiter selbst jeweils für die nächsten zwei Jahre festlegen, wie viele oder wie wenig Stunden er pro Woche arbeiten will. Trumpf-Chefin Nicola Leibinger-Kammüller geht es um ein Arbeitsumfeld, das jeder und jede Einzelne individuell passend zu seinem oder ihrem Leben gestalten kann: »Es ist doch unübersehbar, dass starre Arbeitszeitregimes nicht mehr in unsere Zeit passen«, erklärte sie in einem Interview. »Wer jung und frisch ist und ohne Frau oder Mann, die darauf warten, dass man endlich nach Hause kommt, der kann und will richtig viel arbeiten. (...) Später hätte er vielleicht gern mehr Zeit für seine Familie und will dann eventuell wieder mehr arbeiten, wenn die Kinder flügge werden.«[23] Wenn in einem sechsköpfigen Team tatsächlich drei Mitarbeiter Teilzeit anmelden, »dann müssten wir wohl die Gruppe umstellen – aber das geht auch«, wird Trumpf-Arbeitsdirektor Gerhard Rübling im Magazin *Focus* zitiert.[24] Skepsis unter den Abteilungsleitern habe er schnell ausgeräumt: »Als die jammerten, sie könnten so nicht planen, habe ich sie nach der Zahl ihrer unbesetzten Stellen gefragt.« Im *Focus* heißt es: »Die Zweifler verstummten prompt. Besser einen Teilzeit-Ingenieur als gar keinen. Seit Trumpf im Mai das Projekt auf den Weg brachte, stieg die Zahl der Bewerber um 50 Prozent. Rübling: ›Da kommen Spezialisten und fragen nach einer Drei-Tage-Woche – und wir suchen die passende Position.‹«[25]

Was alles möglich ist, wenn männliche Führungskräfte bereit sind, für ihre Vorstellungen von einem guten Familienleben ihren Arbeitsalltag zu ändern, zeigt ein Bericht von *Brand eins* über Teilzeitchefs, darunter ein Chirurg, der als Oberarzt an einem Universitätsklinikum in einer der größten Abteilungen für Unfallchirurgie Europas auf einer 80-Prozent-Teilzeitstelle arbeitet:

»Am Montag wird in Bochum die Arbeitswoche wieder

regulär beginnen. (…) Doch den Leiter der Schulterchirurgie, den 44-jährigen Oberarzt Christoph Gekle, bewegen dann ganz andere Fragen: Wird er es schaffen, die Einkäufe zu erledigen, bevor er seinen dreijährigen Sohn vom Kindergarten abholen muss? Wann hat seine siebenjährige Tochter Schulschluss? Und was soll er zum Mittagessen kochen? (…) Gekle ging es um die Lösung eines dringenden Problems. ›Wenn du so weiterarbeitest, bin ich alleinerziehend‹, hatte ihm seine Frau Ende 2001 gesagt. Da war sie zum ersten Mal schwanger. Sieben Jahre hatte Gekle zu der Zeit schon als Chirurg in der Uniklinik gearbeitet, in der Regel von 6.15 Uhr bis etwa 20 Uhr, nicht selten 100 Stunden pro Woche. Gerade war er Oberarzt geworden. Unter seinen Kollegen galt als gut, wer 40 Stunden im OP stehen konnte und anschließend noch einen lässigen Spruch machte. Es war eine fast reine Männerwelt, mit strengen Hierarchien und dem Führungsprinzip ›Motivation durch Kränkung‹, so Gekle. Auch seine Frau arbeitete viel als selbstständige Unternehmensberaterin. Sie hatte weder Lust, das gemeinsame Kind allein zu erziehen, noch wollte sie ihren Job aufgeben. Die Gekles hatten ein Problem, dessen Lösung nur heißen konnte, da waren sich die Eheleute einig: Teilzeit für beide. Ein Gedanke, der heute viele Paare umtreibt. Doch so logisch er klingt, so schwierig ist seine Umsetzung, besonders für die Väter. Monatelang vermied Gekle, sonst nicht ängstlich, ein Gespräch mit seinem Chef. Noch nie hatte ein Chirurg an der Klinik nach einer Teilzeitstelle gefragt. ›Ich hatte Angst um meine Stellung.‹ Irgendwann überwand er sich. Und weil er dem Chefarzt im Gegenzug anbot, eine Spezialeinheit für Schulterchirurgie aufzubauen und lästige Bürokratieaufgaben in der Abteilung zu übernehmen, stimmte der dem Experiment schließlich zu. Heute, fast acht Jahre später, teilen die Gekles den Haushalt und die Erziehung untereinander auf. Sie arbeitet drei Tage die Woche als

Marketingvorstand einer Krankenhauskette und ist sonst zu Hause; an zwei Tagen kümmert sich eine Tagesmutter um die Kinder, und montags ist Vatertag.«[26]

Gute Beispiele, die zeigen, was möglich ist, um Chancengerechtigkeit und Verantwortungsfähigkeit durch eine moderne Arbeitsorganisation zu fördern, gibt es in allen Branchen. Von einer gesellschaftlichen Arbeitskultur, in der Zeit für Verantwortung den eigenen beruflichen Chancen nicht im Weg steht, sind wir allerdings noch meilenweit entfernt. »Vereinbarkeit von Familie und Beruf ist in der Wahrnehmung der Arbeitgeber und der Beschäftigten (...) nach wie vor eine frauenspezifische Thematik und konzentriert sich auch in der Konzeption der Angebote sowie ihrer Nutzung auf Frauen«, konstatiert der Erste Gleichstellungsbericht.[27] Genau deshalb haben ehrgeizige Frauen und Männer Angst vor der »Teilzeitfalle« – ein Wort, das nebenbei bemerkt ebenso viel über unsere kulturellen Muster verrät wie das Wort »Rabenmutter«.

Ich kenne berufstätige Mütter und Väter, die einen beruflichen Termin vortäuschen, damit niemand merkt, dass sie nachmittags zum Elternsprechtag in die Schule ihrer Kinder gefahren sind. Ich kenne hoch motivierte Frauen und Männer, die sich dumme Sprüche anhören müssen (»Na, unser Teilzeit-Kollege macht Feierabend?«), wenn sie um fünf die Kinder aus der Kita abholen. Ich kenne Mütter, die sich lieber selbst krankschreiben lassen, als eine Arbeitsbefreiung wegen ihres kranken Kindes zu beantragen, weil eigene Magenbeschwerden dem Image im Kollegenkreis und bei Vorgesetzten weniger schaden als ein fieberndes Kind, und ich kenne Doppelverdiener-Paare, bei denen Krankheiten der Kinder grundsätzlich in den Zuständigkeitsbereich der Mutter fallen, weil beide wissen, dass *sein* Chef und *seine* Kollegen dafür noch weniger Verständnis übrig haben als *ihr* Arbeitsumfeld.

Gerade weil Zeit für Verantwortung als sicherer Weg aufs berufliche Abstellgleis gilt und familiäre Fürsorge zu Diskriminierung vor allem von Müttern, aber auch von engagierten Vätern führt, sehe ich es als meine Bringschuld als Familienministerin, offen mit meinem Vereinbarkeits-Handicap umzugehen und nicht verdruckst andere terminliche Verpflichtungen vorzutäuschen, wenn es mir in Wirklichkeit um Zeit für meine Tochter und meine Familie geht. Der Vorwurf der »Teilzeit-Ministerin« ist bisher, soweit ich weiß, ausgeblieben. Das spricht für ein gewisses Maß an Akzeptanz. Von einer Arbeitskultur, die Verantwortungsfähigkeit und Chancengerechtigkeit fördert, kann aber erst die Rede sein, wenn der Zusatz »Teilzeit« nicht mehr wertend als Synonym für »weniger Leistung« missbraucht werden kann, sondern ganz einfach beschreibend für eine bestimmte Phase im Lebenslauf steht.

3 Wie wollen wir lieben? – Für gleichberechtigte Partnerschaften

Freiheit hat heute einen schlechten Ruf, und das gilt auch für die Gestaltungsfreiheit, was familiäre Lebensentwürfe und Geschlechterrollen betrifft. Sie ist all jenen ein Dorn im Auge, die sich am Gedanken erwärmen, dass früher alles besser war: beständiger, beschaulicher, bindungsstärker. Die Gefangenschaft in Abhängigkeitsverhältnissen und gesellschaftlichen Zwängen garantierte ja zumindest Stabilität – wenn auch oft nur mangels attraktiver und gesellschaftlich akzeptierter Alternativen. Freiheit dagegen riecht nicht nur für Strukturkonservative nach hemmungslosem Individualismus auf Kosten der Solidarität innerhalb von Partnerschaft und Familie, nach Lebensverhältnissen, in denen die Unterm-Strich-zähl-ich-Mentalität einer hedonistischen Spaßgeneration ihre hässliche Fratze zeigt. »Der mobile, flexible Ehepartner ist die Schattenfigur des mobilen, flexiblen Arbeitnehmers«, schreibt beispielsweise der frühere Sozialminister Norbert Blüm in einem Gastbeitrag für den *Tagesspiegel*, in dem er über die Erosion der Familie in einer vom kalten Wind des Neoliberalismus durchwehten Gesellschaft klagt. »Der Optimierer seiner Lebenschancen ist ein Mensch, der sich ständig in Lauerstellung befindet, um die nächste bessere Gelegenheit nicht zu verpassen.«[1] Bedeutet der Abschied vom traditionellen Familienbild tatsächlich – wie viele befürchten – den Aufbruch in eine Gesellschaft vagabundierender Nutzenmaximierer, in der Verlässlichkeit

und Solidarität in der Familie auf dem Altar der Selbstopti-
mierung geopfert werden? Wie lässt sich sicherstellen, dass
individuelle Gestaltungsfreiheit nicht ausartet in Beliebig-
keit und schrankenlosen Egoismus?

Skepsis erfährt die Gestaltungsfreiheit auch von der
anderen Seite des öffentlichen Meinungsspektrums. Sie
steht im Verdacht, ein Privileg der materiell Bessergestell-
ten zu sein: ein Privileg gut situierter Doppelverdienerpaare
mit Au-pair-Mädchen, ein Privileg wohlstandsverwöhn-
ter Chefarztgattinnen und höherer Töchter, ein Privileg
von Spitzensteuersatzzahlern, S-Klasse-Fahrern und Sena-
tor-Card-Besitzern, die sich als Eltern bei Bedarf von der
Mühsal des Familienalltags freikaufen können, ein Privileg
also, von dem insbesondere Familien mit kleinem Einkommen nur träumen können. Kann von Gestaltungsfreiheit
die Rede sein, wenn man plötzlich alleinerziehend dasteht
oder wenn der Lebensstandard einer vierköpfigen Familie
nur dadurch gesichert ist, dass Vater *und* Mutter Vollzeit
arbeiten? Und wie viel Gestaltungsfreiheit bleibt, wenn die
Suche nach einer Betreuungsmöglichkeit für den einjährigen
Sohn mit Platz 78 auf der Warteliste einer Elterninitiativkita
endet? Was also, argwöhnen nicht nur Feministinnen, soll
all das Geschwätz von Freiheit, wenn der eigene Lebensentwurf am Ende doch ein Ergebnis von Umständen ist, die
man sich nicht selbst ausgesucht hat?

Der Preis der Freiheit

Beide Positionen beziehen ihre vordergründige Überzeu-
gungskraft aus einem fragwürdigen Menschenbild. Es zeichnet einen von den Bürden der Freiheit überforderten und
seiner Verantwortung letztlich nicht gewachsenen Menschen, einen in widrigen Umständen Gefangenen einerseits

und einen verantwortungslosen Selbstoptimierer andererseits, der entweder des Schutzes oder der Gängelung bedarf. Auch das ist ein Motiv für das tief verwurzelte Bedürfnis nach der Autorität verbindlicher Leitbilder: auf Menschen, die man im Grunde für unmündig oder für verantwortungslos hält, steuernd Einfluss zu nehmen. Ich bin überzeugt, dass dieses Menschenbild die Fähigkeit und das Bedürfnis der meisten Menschen unterschätzt, für sich selbst die richtigen Entscheidungen für ein gutes Leben zu treffen.

Zum einen ist es keineswegs einem wachsenden und zerstörerischen Egoismus des Einzelnen geschuldet, dass Menschen ihr Leben heute anders planen und organisieren als früher. Eigenverantwortung war schon immer der Preis der Freiheit, und so stellt auch die Zunahme der Wahlmöglichkeiten im Privaten hohe Anforderungen an die Mündigkeit jedes und jeder Einzelnen, um die langfristigen Folgen der eigenen Entscheidungen abzuschätzen: zum Beispiel die Folgen für die Alterssicherung oder die Risiken im Falle des Scheiterns einer Beziehung. Auf eine Vollkasko-Versorgung kann sich niemand mehr verlassen. Das Maß an Eigenverantwortung, das in unserer Gesellschaft heute erwartet wird, führt dazu, dass Menschen gar nichts anderes übrig bleibt, als ihre Chancen zu nutzen und vorausschauend zu denken. Die Demarkationslinie zwischen Egoismus und Altruismus verläuft dabei nicht zwischen Selbstverwirklichung und Verzicht auf Verwirklichungschancen. Entscheidend ist die Frage, ob Menschen ihre Chancen nur auf Kosten und zu Lasten anderer, zum Beispiel der Familie, nutzen können, oder ob sie gemeinsam mit ihrem Partner oder ihrer Partnerin ihre Vorstellungen vom guten Leben verwirklichen können. Selbstverwirklichung ist in den seltensten Fällen blindes Karrierestreben. Selbstverwirklichung ist eine Frage des guten Lebens, und dazu gehören für die große Mehrheit der Menschen Bindung und Liebe.

Zum anderen sprechen unterschiedliche Lebensumstände und Herausforderungen, vor denen Paare und Familien stehen, nicht gegen die Möglichkeit von Emanzipation und Freiheit. Natürlich ist dort, wo ein Wille ist, nicht immer auch ein breiter, gut befestigter und für alle gangbarer Weg. Manchmal bleibt nur ein Trampelpfad, manchmal muss man selbst den Weg anlegen, sich auf eigene Faust durchschlagen oder den Rückzug antreten. All das ist bedeutend mühseliger, als sich den Umständen zu ergeben und darauf zu warten, dass die Verhältnisse sich ändern. Oft ist das Ideal auch gar nicht lebbar, sondern nur die zweitbeste Lösung. Eine Alleinerziehende, die am liebsten Hausfrau und Vollzeitmutter wäre, wird sich diesen Wunsch in den seltensten Fällen erfüllen können, genauso eine Mutter von zwei kleinen Kindern, deren Mann arbeitslos ist. Es kann also nur darum gehen, unter den grundsätzlich möglichen Optionen die beste zu wählen. Wenn wir uns als emanzipierte Gestalterinnen und Gestalter unseres eigenen Lebens begreifen, kann die entscheidende Frage jedenfalls nicht sein: Wer ist schuld? Die entscheidenden Fragen lauten: Was kann ich ändern, zu welchem Preis – und bin ich bereit, diesen Preis zu bezahlen?

Die Wahlmöglichkeiten eines Ärztepaares mit nur einem Kind sind dabei andere als in einer Familie, in der der Mann als Kfz-Mechatroniker und die Frau als Erzieherin arbeitet und drei Kinder zu versorgen sind. Bei Paaren, denen das Einkommen eines Unternehmensberaters den Lebensstandard sichert, ist die Arbeit der Frau kein Muss, sondern ein Kann – dadurch eröffnen sich andere Alternativen als für Frauen, die abends um acht noch an der Supermarktkasse sitzen müssen, ob sie wollen oder nicht. Eine alleinerziehende Mutter, die als Krankenschwester in Dienstpläne mit wechselnden Arbeitszeiten auch nachts und am Wochenende gezwungen ist, steht vor einer anderen Situation als eine alleinerziehende Mutter in einer gut bezahlten Führungsposition, die die Betriebskita nutzen und notfalls auch einmal von zu Hause aus arbeiten kann. Die Führungskraft eines mittelständischen Unternehmens hat gegenüber ihrer Teilzeit arbeitenden Sekretärin einerseits den Vorteil, dass sie sich jede Form von Kinderbetreuung leisten kann, andererseits aber den Nachteil, dass man von ihr – Kinder hin oder her – Reisen zu Kunden etwa nach Asien erwartet und sie freie Nachmittage abends von zu Hause aus nacharbeiten muss. Wo der Vater als Fernfahrer oder als Vertriebsmitarbeiter die ganze Woche unterwegs ist, unterliegt das Familienglück anderen Einschränkungen als bei Paaren, die ihre Arbeitszeiten aufeinander abstimmen und sich mit dem Abholen aus der Kita und beim Zuhausebleiben mit einem kranken Kind abwechseln können. Bundestagsabgeordnete haben dank eines guten Gehalts Möglichkeiten der Lebensgestaltung, die ein Polizist und eine Friseurin nicht haben – gleichzeitig aber mit ihrer Pendelei zwischen Hauptstadt und Wahlkreis und mit Terminen an sieben Tagen in der Woche auch Einschränkungen, die ein Polizist und eine Friseurin nicht haben. Die Liste ließe sich beliebig fortsetzen.

Es gibt nur eine Wahrheit, die für alle gilt, und diese Wahrheit lautet: Emanzipation macht Arbeit. Es ist mühsam, selbst den besten Weg für die eigene Familie zu finden. Es kostet Kraft, den Partner oder die Partnerin für Veränderungen zu gewinnen. Es ist anstrengend, nach Alternativen zu suchen, statt zu sagen: Ich hatte keine Wahl.

Den Autopiloten ausschalten: Emanzipation macht Arbeit

Zu einer ehrlichen Bestandsaufnahme in Sachen Emanzipation gehört das Eingeständnis, dass wir alle – Männer wie Frauen – zwar viel Wert auf Individualität und Gestaltungsfreiheit legen, wenn es um die neue Sitzgruppe im Wohnzimmer oder den Erwerb eines Kraftfahrzeugs geht, dass wir im Alltag aber häufig ganz gerne mit Autopilot durchs Leben navigieren. Die traditionellen Rollenbilder sind Autopiloten in der unüberschaubaren Vielfalt der Optionen, die eine freie Gesellschaft eröffnet. Sie bieten Komfort, Kontrolle und Sicherheit. So wie der Autopilot auf Schiffen und in Flugzeugen für eine Reiseroute nach Plan über den Wolken und auf hoher See sorgt, so halten uns traditionelle Rollenbilder in der unübersichtlichen Vielfalt der Lebensentwürfe auf Kurs entlang gesellschaftlicher Erwartungen.

Natürlich ist es vollkommen in Ordnung, sich auf den Autopiloten zu verlassen. Man sollte sich dann nur nicht beschweren, dass man Ziele verfehlt, die nicht auf der vorgegebenen Route liegen. Im Lamento über Barrieren, die verhindern, dass Frauen dort ankommen, wo sie hinsollen, gerät bisweilen in Vergessenheit, dass darunter auch einige Barrieren sind, die sich umschiffen lassen, wenn man den Autopiloten ausschaltet. Dasselbe gilt für Männer. Wer Abschied nehmen will vom Diktat der Rollenbilder, muss selbst das Steuer übernehmen. Wer seine Mutter- und Vaterrolle selbst bestimmen will, darf sich nicht einer bestimmten Lebensform ergeben, weil sie bequem ist, weil die Umstände es nahelegen, weil es dafür steuerliche Vorteile gibt, weil der Chef ein Ignorant ist oder weil andere es erwarten.

Darauf bereitet leider keiner der zahlreichen Ratgeber vor, die Eltern durch die Zeit um die Geburt und die ersten Kindheitsjahre begleiten – so dachte ich zumindest. Bücher zu Fragen der Entwicklung, der Erziehung, der Versorgung und des Wohlbefindens von Kleinkindern füllen Regalwände, und sie sind meist ausgelegt auf traditionelle Rollenbilder (zumindest diejenigen, die ich zur Geburt meiner Tochter geschenkt bekommen habe). Das heißt: Tipps für ruhigere Nächte, wunde Babypopos und den korrekten

Übergang zu fester Nahrung sind an die Mutter adressiert; der Vater kommt, wenn überhaupt, allenfalls als geduldeter Hilfsarbeiter für Handreichungen am Wickeltisch und Fläschchenwärmer vor.

Umso neugieriger war ich, als mir das Buch eines amerikanischen Ehepaars mit dem vielversprechenden Titel *Equally Shared Parenting: Rewriting the Rules for a New Generation of Parents*[2] empfohlen wurde. Es ist ein Buch von Eltern, die – das ist meine Interpretation – den Autopiloten ausgeschaltet haben, um jenseits gesellschaftlicher Rollenbilder ihre persönlichen Vorstellungen von einer gleichberechtigten Partnerschaft zu leben. Das Autorenpaar Amy und Marc Vachon teilt seine langjährige Erfahrung mit einem noch seltenen Lebensmodell auf eine so warmherzige, lebensfrohe und pragmatische Weise, dass aus dem großen Wort »Gleichberechtigung« ein praktikables, Neugier weckendes und an viele unterschiedliche Bedürfnisse anpassungsfähiges Konzept wird.

Woran liegt es, dass die Aufteilung familiärer Fürsorgeaufgaben zwischen Frauen und Männern sich in all den Jahren feministischen Kampfes kaum verändert hat? Diese Frage bewegt auch Amy und Marc Vachon, denn auch in den USA sind Männer deutlich weniger als Frauen im Haushalt und in der Kindererziehung engagiert, und auch in den USA sind die traditionellen Rollenbilder allgegenwärtig – ebenso verbissen, aber vergeblich bekämpft wie in Deutschland. Anders als Feministinnen, die sich über den »gesellschaftlichen Skandal« aufregen, »dass die eine Hälfte der Bevölkerung sich parasitär aufführt und die andere Hälfte sich in Sklavengeduld übt«[3], geht es den Vachons aber nicht darum, im Namen der Gleichheit andere Lebensentwürfe schlecht zu reden und als »Rollenfallen« zu diskreditieren. Auch diejenigen, die sich für eine traditionelle Arbeitsteilung entscheiden, können eine gleichberechtigte Partnerschaft leben, stellen die beiden klar: Wenn zwei Menschen sich gemeinsam auf dieses Arrangement verständigt haben, damit zufrieden sind und die Rolle des anderen wertschätzen, gibt es keinen Grund, daran etwas zu ändern.[4]

Für Paare, die anders leben wollen, als die traditionellen Rollenbilder es nahelegen, liefern die Vachons nicht nur gute Gründe, sondern eine Menge Möglichkeiten, den Autopiloten auszuschalten. Dass bisher viele Paare daran gescheitert sind, führen sie auf zwei Ursachen zurück. Zum einen auf die praxisfernen Diskussionen: Feministinnen haben zwar über viele Jahre wortgewaltig die gerechte Aufteilung von Haus- und Erziehungsarbeit gefordert, sich aber ebenso wenig wie der Rest der Gesellschaft mit der Frage auseinandergesetzt, wie dieses hehre Prinzip im Einzelfall in den profanen Alltag des Familien- und Berufslebens zu übersetzen ist, ohne dass aus dem Miteinander ein Gegeneinander wird. Zum anderen auf die frauenzentrierte Diskussion über Gleichberechtigung: Feministinnen bekämpfen männliche Privilegien und ignorieren beharrlich, dass auch Männer ihre traditionelle Rolle oft als einschränkend und benachteiligend empfinden. So ist es kein Wunder, dass die Vorteile, die das Teilen familiärer Fürsorgeaufgaben auch für Männer bringt, bisher unter den Tisch gefallen sind.[5]

Diese beiden Lücken im gleichstellungspolitischen Diskurs schließen die Vachons mit ihrem Buch und lassen das unergiebige feministische Jammern über diskriminierte Frauen und privilegierte Männer damit weit hinter sich. Schon der Titel »Equally *Shared* Parenting« verrät, dass es dabei nicht um kleinliches Auseinanderdividieren häuslicher Pflichten geht, das Mann und Frau zu Gegnern im täglichen Kampf um die Einhaltung von Putzplänen macht, sondern darum, sowohl die Freuden als auch die Mühen des Elternseins *miteinander* zu teilen – in der Überzeugung, dass dadurch ein besseres Leben für Frauen wie für Männer möglich ist. Marc und Amy Vachon haben sich auf die Suche nach einem anderen Weg gemacht, weil beide die traditionellen Rollen als Einschränkung ihrer Lebensqualität empfanden: er den Stress, allein für pünktliche Zahlungseingänge auf dem Familienkonto zuständig zu sein und keine Zeit für Kind, Partnerin und persönliche Interessen zu haben, sie den Frust, allein für Haushalt und Kindererziehung zuständig zu sein und auf einen erfüllenden Beruf verzichten zu müssen. Wir leben anders, als wir leben wollen, stellten sie fest. Was hält uns ab von einem Leben, wie wir es uns vorstellen?

Die Vachons hätten sich auf die Suche nach Schuldigen machen können, und sie wären bestimmt fündig geworden. Doch mit Schuldzuweisungen halten sie sich nicht auf: »Wir müssen innerhalb der uns auferlegten Handlungsbeschränkungen – Gesetze, Chefs, gesellschaftliche und finanzielle Erwartungen – nach Lösungen suchen, um zu leben, wie wir leben wollen, ohne darauf zu warten, dass der Weg dorthin leicht wird.«[6] Also begeben sie sich auf die Suche nach Umständen, die sich verändern lassen, und sie landen bei der Zeit, die auch hier, im Privaten, für die selbstbestimmte Gestaltung einer gleichberechtigten Partnerschaft eine Schlüsselrolle spielt: »*Equally Shared Parenting* ist ein Weg, die eigene Zeit nach selbst gewählten Prioritäten zwischen den vier Bereichen ›Beruf‹, ›Kinder‹, ›Haushalt‹ und ›persönliche Bedürfnisse‹ aufzuteilen, sodass man jederzeit aufrichtig von sich sagen kann: ›Ich würde jetzt nirgendwo anders sein wollen.‹«[7]

Deshalb setzen beide zunächst bei ihren Arbeitgebern Arbeitszeiten durch, die es ihnen erlauben, sich zu Hause bei der Kinderbetreuung abzuwechseln. Marc verschweigt dabei nicht, wie mühsam die Überzeugungsarbeit im beruflichen Umfeld war. Erst ist er jahrelang der Einzige im Unternehmen, der als Computertechniker in Teilzeit arbeitet. Dann werden die Aufgaben der ganzen Abteilung an einen externen Dienstleister outgesourced. Er ist arbeitslos und auf der zermürbenden, bisweilen aussichtslos scheinenden Suche nach einer neuen Teilzeitstelle. Das gemeinsame Lebensmodell scheint gefährdet. Was er sucht, ist ein Job, der ihn fordert, dabei aber in sein Leben passt. Was er nicht will, ist ein Job, nach dem die Familie ihr Leben richten und für den er seine Vorstellungen von einem guten Leben opfern muss. »Die Botschaft an Arbeitgeber ist nicht mehr: ›Zahl mir mehr Geld, und ich arbeite länger und härter.‹ Die Botschaft ist: ›Bezahl mich fair, lass mir Freiraum, um meinen Job in mein Leben einzupassen, und ich werde hier gute Arbeit leisten!‹«[8] Es dauert, bis er mit dieser Botschaft überzeugt – aber er schafft es.

Viel Raum geben Amy und Marc Vachon auch der Widerlegung des Vorurteils, Gestaltungsfreiheit und Gleichberechtigung im Familienleben seien Privilegien, die sich nur Besserverdiener und Partner mit ungefähr gleichem Einkommen leisten könnten. Dazu kommen Paare mit den unterschiedlichsten Berufen und finanziellen Möglichkeiten zu Wort, die die Vachons zum Teil über ihren Internet-Blog kennengelernt haben. Eine Krankenschwester und ein Gebäudemaler beispielsweise, Eltern von vier Kindern zwischen vier und sieben Jahren, haben sich bewusst dagegen entschieden, ihr gemeinsames Einkommen zu maximieren. Stattdessen wollten sie die verfügbare Familienzeit optimieren und haben, orientiert an diesem Ziel, überlegt, welchen Lebensstandard sie sich wünschen, wie viel Geld sie dafür als sechsköpfige Familie benötigen und wie sie sich am besten gegen finanzielle Risiken absichern können. Für die finanzielle Sicherheit sorgt die doppelte Berufstätigkeit, die es beiden ermöglicht, die Sicherung des Familieneinkommens durch Aufstocken der Arbeitszeit vorübergehend allein zu übernehmen, falls einer von beiden arbeitslos wird. Für ein Optimum an Zeit haben sie ihre Arbeitszeiten so organisiert, dass immer einer von beiden bei den Kindern ist: Sie bringt die Kinder morgens in Kindergarten und Schule, er holt sie nachmittags ab, am Freitag sind sie abwechselnd den ganzen Tag zu Hause, die Hausarbeit wird miteinander am Wochenende erledigt. Die Herausforderung sei, schreiben Amy und Marc Vachon, zu wissen, wann man genug Geld habe, um ein Mehr an Geld gegen ein Mehr an Zeit eintauschen zu können.[9] Zeit wird also zur Leitwährung eines guten Lebens und eines gleichberechtigten Miteinanders.

Wie unterschiedlich die Wege dorthin sein können, je nach beruflicher Situation, Einkommensniveau, persönlicher Lebensplanung, Kinderzahl und Betreuungsmöglichkeiten, zeigen die Beispiele ganz unterschiedlicher Paare. Einen kopierbaren Muster-Lebensentwurf für alle gibt es nicht, das machen die Vachons immer wieder deutlich, aber viele praktische Tipps, die dabei helfen, als Paar gemeinsam zu einem individuell passenden Lebensentwurf zu finden, angefangen von praxiserprobten Ratschlägen für Verhandlungen mit dem Chef über Unterstützung bei der Kalkulation des notwendigen Einkommens für den gewünschten Lebensstandard bis hin zu Empfehlungen, wie sich Haushalt und Kindererziehung aufteilen und die dabei zwangsläufig entstehenden Konflikte lösen lassen.

Wie verständigt man sich auf gemeinsame Regeln für das Zusammenleben als gleichberechtigte Partner, und welche Regeln kommen dafür infrage? Wie verteilt man die Aufgaben unter Berücksichtigung der jeweiligen Fähigkeiten und Präferenzen? Wie kommuniziert man auf Augenhöhe, ohne in ergebnislosen gegenseitigen Schuldzuweisungen zu enden? Wie entwickelt man Routinen miteinander geteilter Verantwortung, die verhindern, dass man jeden Tag aufs Neue ermüdende Diskussionen um Schmutzreste auf dem

Herd und die richtige Ernährung eines Dreijährigen führt? Wie geht man damit um, dass Einkommensunterschiede die traditionelle Rollenverteilung als die (zumindest aus finanzieller Sicht) rational beste Wahl erscheinen lassen? Wie begegnet man den traditionellen Handlungs- und Wahrnehmungsmustern im eigenen Kopf und den Erwartungen einer Gesellschaft, in der die Mutter immer noch als Erst- und Alleinverantwortliche für alle Belange des familiären Wohlbefindens gilt und der Vater als Erst- und Alleinverantwortlicher für die materielle Sicherheit und einen möglichst hohen Lebensstandard?

Mit all diesen Herausforderungen lässt sich umgehen, das ist die Botschaft der Vachons. Die einzige, unverzichtbare Voraussetzung für das Lebensmodell des Miteinander-Teilens seien zwei Partner mit dem aufrichtigen Willen, ein solches Leben zu führen.[10] Denn die samtenen Fesseln traditioneller Rollenbilder abzustreifen kostet Kraft: nicht nur den Mann, der mehr Verantwortung zu Hause übernehmen und bereit sein muss, die beruflichen Ziele seiner Partnerin ebenso ernst zu nehmen wie seine eigenen, sondern auch die Frau, die ihren Beruf unabhängig von der Höhe ihres Einkommens als gleich wichtigen Beitrag zur Sicherung des Familieneinkommens betrachten und bereit sein muss, ihren Mann als ebenso kompetenten Partner in klassisch weiblichen Domänen wie Kindererziehung und Haushalt zu akzeptieren.

Dass die größte Barriere dabei oft der Autopilot im Kopf ist, haben die Vachons immer wieder an sich selbst festgestellt: zum Beispiel als Amy Marc an ihrem ersten Arbeitstag nach der Babypause in bester Absicht eine Art Gebrauchsanweisung für den sachgerechten Umgang mit dem gemeinsamen Kind hinterlässt, die penibel auflistet, was Marc wann und wie zu tun hat und welche Rhythmen für Schlaf- und Mahlzeiten des Babys einzuhalten sind – und die er prompt vor ihren Augen zerreißt, weil er sich nicht zum Elternteil zweiter Klasse degradiert sehen will, der wie ein Hausangestellter ihre Anweisungen ausführt.

Die meisten Frauen werden sich vermutlich an dieser Stelle ertappt fühlen. Wie dominant die innere Übermutter ist, stelle ich jedenfalls immer wieder an mir selbst fest: Zum Beispiel wenn ich an Tagen, an denen mein Mann mit unserer Tochter zu Hause bleibt, heimkomme und Ole mir stolz verkündet, er habe heute aus Gründen kulinarischer Abwechslung ein Obstgläschen in Lottes Grießbrei gemischt. Während in mir ein Film mit den gesammelten Ernährungstipps der Milupa- und Alete-Mütter(!)-Beratung aus der Rubrik »Babys erster Brei« abläuft, in denen am Anfang der Breiphase aus Gründen der Allergieprävention von kulinarischer Abwechslung dringend abgeraten wird, beiße ich mir auf die Zunge, um meinen Drang zur mütterlichen Väterberatung zu unterdrücken. Denn die, empfiehlt Amy Vachon, sollten Frauen sich abgewöhnen, wenn es ihnen ernst ist mit der Gleichberechtigung: Verabschiede dich von der Überzeugung, dass alles, was mit dem Kind zu tun hat, dein Hoheitsgebiet ist; hör auf, mehr als die Hälfte der Erziehungsarbeit und Erziehungsverantwortung zu beanspruchen, und verzichte auf das Privileg, der wichtigere und bessere Elternteil zu sein![11] Das sind ihre Tipps für Mütter, die die Verantwortung mit ihrem Partner teilen wollen, und das ist schwieriger, als gedacht: Man trägt die samtenen Fesseln der traditionellen Mutterrolle eben doch auch ganz gerne mit einem gewissen Gefühl der eigenen Überlegenheit. Dem Mann, der darauf keine Lust hat, legt Marc Vachon ebenfalls drei Ratschläge ans Herz: »Be available«: Nimm dir Zeit für Verantwortung und räum aus dem Weg, was dich daran hindert. »Be competent«: Krempel die Ärmel hoch und eigne dir an, was du noch nicht kannst oder weißt. »Be yourself«: Trau dir zu, es genauso gut zu machen wie deine Partnerin, finde deinen eigenen Weg und steh dazu.[12]

Kein Zweifel: Auch das Glück des Miteinander-Teilens von Elternfreuden und Elternpflichten hat seinen Preis, genau wie die Hausfrauenehe, die kinderlose Doppelkarrieren-Partnerschaft oder das Zuverdienermodell. Männer, die Familie und Beruf mit ihrer Frau teilen wollen, können sich nicht mehr ausschließlich über den Erfolg im Beruf definieren, während Frauen, die auf ein Miteinander zu Hause Wert legen, sich nicht im guten weiblichen Recht wähnen können, die Verantwortung für das Familieneinkommen an den Partner zu delegieren, wenn es im Beruf etwas anstrengender wird oder das eigene Einkommen niedriger ist als das des Partners.[13] Das Bild von sich selbst zu verändern ist vielleicht das Allerschwierigste beim Abschied vom Diktat der Rollenbilder. Doch für die Lebensqualität, die es zu gewinnen gibt, wenn man Zeit als Leitwährung eines guten und selbstbestimmten Lebens betrachtet, lohnt es sich allemal, den Autopiloten auszuschalten und zu fragen, wie wir leben, wie wir arbeiten und wie wir lieben wollen.

Danke, emanzipiert sind wir selber!

Emanzipation ist kein Zustand, sondern eine Haltung. Natürlich kann niemand seine Geschlechterrolle loswerden wie eine Kittelschürze, einen Blaumann oder einen Nadelstreifenanzug. Als Geflecht gesellschaftlicher Erwartungen und als Bestandteil unseres Selbstbilds bleiben traditionelle Rollenvorstellungen präsent in unserem Leben. Dafür sorgen nicht nur deren überzeugte Verfechterinnen und Verfechter; dafür sorgt auch die normative Kraft des Faktischen. In Restaurants gibt es Wickeltische meist nur auf der Damentoilette, aber nicht auf der Herrentoilette.

Hersteller von Babynahrung werben mit Mütterberatung, nicht mit Väter- oder Elternberatung. Marmeladen heißen »Bonne Maman«, nicht »Bon Papa«. Berufstätige Mütter hören ständig die Frage »Und wie machen Sie das mit Ihrem Kind?«, berufstätige Väter selten.

Präsent bleiben daneben auch die als modern propagierten, noch jungen Rollenbilder der erfolgreichen Karrierefrau. Dafür sorgen nicht nur deren feministische Wegbereiterinnen, dafür sorgt auch die Macht des Zeitgeistes. Gut verdienende Mütter, an denen der Vereinbarkeitsstress spurlos vorüberzugehen scheint, zieren jedes Hochglanzmagazin. Die Ratgeberliteratur für Frauen mit Aufstiegsambitionen kann im Umfang mit der Ratgeberliteratur für Schwangere und Mütter locker mithalten. In Frauenzeitschriften dürfen heute neben Koch-, Schmink- und Stylingtipps auch Karrieretipps nicht fehlen, und die Protagonistinnen erfolgreicher und beliebter Fernsehserien wie *Ally McBeal* und *Sex and the City* stehen in aller Regel nicht am Herd, sondern mitten im Berufsleben.

Den widersprüchlichen Einflüsterungen unterschiedlicher Rollenbilder kann sich deshalb niemand entziehen. Verabschieden können wir uns aber von allen Versuchen, im Dienste der Geschlechtergleichheit oder des familiären Zusammenhalts ein bestimmtes Rollenbild zum Leitbild zu erheben, das für alle gelten soll. Das von Feministinnen und Strukturkonservativen befeuerte Diktat der Rollenbilder sollten wir dorthin verbannen, wo es im 21. Jahrhundert hingehört: in die Mottenkiste der Gesellschaftspolitik. Der Streit ums richtige Frauen- und Familienleben ist ein Streit von gestern, und von gestern sind auch die Positionen, die sich in diesem Disput gegenüberstehen. Ob Familie in unserer Gesellschaft eine Zukunft hat und die Gleichberechtigung der Geschlechter vollendet werden kann, entscheidet sich an einer anderen Front.

Diese Front verläuft heute zwischen Privatleben und Arbeitswelt. Hier kollidiert der Wunsch nach einem individuellen Rhythmus für ein gelingendes Familienleben mit dem Zwang, sich dem vorgegebenen Takt des Berufsalltags anzupassen. Hier muss Zeit für Verantwortung mit eingeschränkten beruflichen Entwicklungsmöglichkeiten bezahlt werden – oder umgekehrt: berufliche Aufstiegschancen mit dem Verzicht auf Zeit für die Familie. Hier ringen Frauen und Männer, die ihre Rolle jenseits etablierter Rollenleitbilder selbst definieren wollen, mit einer Arbeitskultur, die dafür häufig keinen Freiraum lässt. Der Kampf, der hier geführt wird, ist ein Kampf um Zeit, und die Freiheit, die von Männern wie von Frauen zu erobern ist, heißt Zeitsouveränität.

Zeitsouveränität ist die Freiheit, »Familie zuerst!« sagen zu können, wenn es darauf ankommt. Zeitsouveränität ist die Freiheit, für den Partner beziehungsweise die Partnerin, für pflegebedürftige Angehörige und als Eltern für die Kinder da sein zu können, ohne sich damit im Beruf für verantwortungsvolle Aufgaben oder den nächsten Karriereschritt zu disqualifizieren. Zeitsouveränität ist die Freiheit für Frauen wie für Männer, Familie und Partnerschaft den Stellenwert einräumen zu können, den sie aus ihrer Sicht verdienen – und zwar auch und gerade dann, wenn sie berufstätig sind. Statt das Bedürfnis, für die Familie da zu sein, als störenden Sand im Getriebe der Leistungsgesellschaft zu betrachten, sollten wir die Zwänge infrage stellen, gegenüber denen das Familienleben regelmäßig den Kürzeren zieht, und den Vorrang von Partnerschaft und Familie gegen die raumgreifenden Verfügbarkeits-, Mobilitäts- und Flexibilitätsansprüche der Arbeitswelt verteidigen. Das ist kein Kampf von Frauen gegen Männer um die Hälfte der Welt. Es ist ein Ringen um Freiheit zur Individualität.

Die politische Schlussfolgerung daraus kann nur lauten, die Steuerung nach Rollen- und Familienleitbildern zu unterlassen und die Ermöglichung unterschiedlicher Lebensentwürfe ins Zentrum moderner Familien- und Gleichstellungspolitik zu rücken. Menschen in der Verwirklichung ihrer eigenen, ganz persönlichen Vorstellungen von einem guten Leben zu unterstützen ist der Auftrag an die Politik, und dabei ist Zeit die Leitwährung, weil sie Gleichberechtigung und Verantwortungsfähigkeit gleichermaßen fördert. Wenn wir uns Gleichberechtigung in unseren Partnerschaften und familiären Zusammenhalt in unserer Gesellschaft wünschen, brauchen wir sowohl den Freiraum als auch den Mut, den Takt des Berufslebens individuell passend zum Rhythmus des Familienlebens zu gestalten. »Danke, emanzipiert sind wir selber!« wäre dafür zumindest schon einmal die richtige Einstellung.

Danke!

Ohne die tatkräftige Unterstützung unserer Familien wäre aus unserer Idee für dieses Buch nie ein Buch geworden. Wir sind dankbar für die Zeit, die sie uns geschenkt haben, indem sie für Lotte und Lena da waren. Dankbar sind wir auch für das Glück, immer auf ihren Rückhalt zählen zu dürfen.

Herzlichen Dank deshalb an unsere Eltern Nordhild und Helmut Köhler sowie Ilse und Karl Rabl, herzlichen Dank an die Schwiegereltern Anke und Dieter Schröder, herzlichen Dank an unsere Geschwister Stefan Köhler sowie Marie-Theres, Stephan und Johannes Rabl! Und nicht zuletzt ein herzliches Danke an Ole Schröder, der unsere gemeinsame Arbeit an diesem Buch kritisch und humorvoll begleitet hat!

Anmerkungen

Vorwort

1 Richard Rorty: *Kontingenz, Ironie und Solidarität,* Frankfurt a. Main 1992/1989, S. 75.

Mann und Frau: Über den Feminismus als Weltanschauung

1 Weibliche Lebensentwürfe am Pranger

1 »Sie können doch nicht leugnen, dass Sie als Ministerin für Frauen und Familie als lebendiges Rollenmodell angesehen werden.« Bemerkung der Fragesteller im Rahmen eines Interviews, in: *Die Zeit* vom 24.02.2011, Nr. 09.

2 Susanne Höll: »Kristina Köhler. Neue CDU-Familienministerin ohne Trauschein und Kinder«, *Süddeutsche Zeitung* vom 30.11.2009.

3 Nikolaus Blome, Jan Meyer, Rolf Kleine: ».., und wir sind die Neuen«, *Bild* vom 28.11.2009.

4 Tissy Bruns: »Wie eine Machiavella«, *Der Tagesspiegel* vom 1.12.2009.

5 Johanna Adorján: »Jugend ohne Spott«, *Frankfurter Allgemeine Sonntagszeitung* vom 29.11.2009.

6 Holger Kreitling: »Ruhm verpflichtet (manchmal): Kristina Köhler«, *Die Welt* vom 2.12.2009.

7 Monika Dunkel: »Ministerin im Praktikum«, *Financial Times Deutschland* vom 18.1.2010.

8 Tanja Stelzer: »Jung. Mächtig. Schwanger«, *Zeit Magazin* vom 3.3.2011.

9 Tina Groll: »Jetzt kann Kristina Schröder Vorbild sein«, http://
www.zeit.de/karriere/beruf/2011-01/kommentar-schwanger-
schaft-schroeder (aufgerufen am 19.1.2011).

10 *Frankfurter Rundschau* vom 19.1.2011.

11 *Süddeutsche Zeitung* vom 19.1.2011.

12 Der Begriff der »Macchiato-Mutter« stammt aus einen Artikel
in der *taz* vom 16.7.2010 über Mütter aus dem Berliner Szene-
Bezirk Prenzlauer Berg, die sich trotz guter Ausbildung, aus-
geprägtem Selbstbewusstsein und verbaler Aufgeschlossenheit
gegenüber den Errungenschaften des Feminismus für das traditionelle Rollenmodell entscheiden. Bascha Mika hat diesen
Begriff in ihrem Buch *Die Feigheit der Frauen* aufgegriffen und
beschreibt die »Latte-Macchiato-Mutter« als eine Spezies Frau,
die schlicht aus Bequemlichkeit in die familiäre Komfortzone
flüchtet, statt an ihrer Karriere zu basteln und sich eine ihrer
Qualifikation angemessene Führungsposition zu sichern.

13 Thea Dorn: *Die neue F-Klasse. Wie die Zukunft von Frauen
gemacht wird,* München 2007, S. 34.

14 Ursula März: »Lasst mich in Ruhe! Warum ich die ständige
Debatte über die gesellschaftliche Rolle der Frau nicht länger
ertrage«, *Die Zeit* vom 26.5.2011.

15 Milupa-Mütter-Studie 2011 des rheingold Instituts, vgl. http://
www.rheingold-online.de/veroeffentlichungen/artikel/_bdquo_
Die_deutsche_Angst_vorm_Kinderkriegen_ldquo_.html.

16 Institut für Demoskopie Allensbach, Monitor Familienleben
2011.

17 Sabine Rennefanz: »Mama bleibt Chefin«, *Berliner Zeitung*
vom 20.6.2011.

18 Vgl. »Frauen als Gebärmaschinen – Bischof giftet gegen von
der Leyen«, *Spiegel online* vom 22.02.2007.

2 Die Welt hat sich geändert – das feministische Weltbild nicht

1 Alice Schwarzer: *Der kleine Unterschied und seine großen Folgen,* Frankfurt 2007, S. 257.

2 Immanuel Kant: *Die Metaphysik der Sitten,* Frankfurt 1993,
AB 110, § 26.

3 John Stuart Mill, Harriet Taylor Mill, Helen Taylor: *Die Hörigkeit der Frau*, hrsg. von Ulrike Helmer, Königstein/Taunus 1997, S. 24.

4 Ebd., S. 157.

5 Virginia Woolf: *Ein eigenes Zimmer*, hrsg. und kommentiert von Klaus Reichert, Frankfurt 2004, S. 148.

6 Ebd., S. 54 f.

7 Katharina Rutschky: *Emma und ihre Schwestern. Ausflüge in den real existierenden Feminismus*, München 1999. Astrid von Friesen: *Schuld sind immer die anderen! Die Nachwehen des Feminismus: frustrierte Frauen und schweigende Männer*, Hamburg 2006. Iris Radisch: *Die Schule der Frauen. Wie wir Familie neu erfinden*, München 2007. Thea Dorn: *Die neue F-Klasse. Wie die Zukunft von Frauen gemacht wird*, München 2007. Meredith Haaf, Susanne Klingner, Barbara Streidl: *Wir Alphamädchen. Warum Feminismus das Leben schöner macht*, Hamburg 2008.

8 »Wir brauchen einen neuen Feminismus. Wie emanzipiert ist Deutschland? 15 Frauen ziehen Bilanz und sagen: Es ist wieder Zeit zu kämpfen«, *Die Zeit* vom 24.8.2006.

9 »Alphamädchen. Wie eine neue Generation von Frauen die Männer überholt«, *Der Spiegel* 24/2007.

10 Silvana Koch-Mehrin: *Schwestern. Streitschrift für einen neuen Feminismus*, Berlin 2007.

11 Ursula von der Leyen: »Konservativer Feminismus ist ein spannender Begriff«, Interview in der *Frankfurter Allgemeinen Zeitung*, 19.3.2007.

12 Ines Kappert: »Die Fidel Castra der Frauenbewegung«, *taz* vom 5.6.2008.

13 Thea Dorn: *Die neue F-Klasse. Wie die Zukunft von Frauen gemacht wird*, München 2007, S. 310.

14 Ebd., Interview mit Charlotte Roche, S. 146.

15 Ebd., Interview mit Seyran Ates, S. 99.

16 Meredith Haaf, Susanne Klingner, Barbara Streidl: *Wir Alphamädchen. Warum Feminismus das Leben schöner macht*, Hamburg 2008.

17 »Alphamädchen Meredith Haaf. ›Sexyness ist so unwichtig‹«, *Spiegel online*, 9.4.2008.

18 Ralf Bönt: »Das Feminismus-Moratorium. Was wir jetzt brauchen, sind Männer-Manifeste«, *Süddeutsche Zeitung* vom 30.5.2011.

3 Der feministische Selbstwiderspruch: Emanzipation predigen, aber Bevormundung ausüben

1 Bascha Mika: *Die Feigheit der Frauen. Rollenfallen und Geiselmentalität. Eine Streitschrift wider den Selbstbetrug*, Gütersloh 2011.

2 Eva Herman: *Das Eva-Prinzip. Für eine neue Weiblichkeit*, Starnberg 2007, S. 42.

3 Google-Suche am 15.6.2011: Ohne Anführungszeichen bringt der Satz 6.050.000 Ergebnisse.

4 Martin Helg: »Das Zeitalter der Frauen«, *Neue Zürcher Zeitung am Sonntag* vom 11.7.2010.

4 Der feministische Beißreflex: Feindbild Mann

1 Andrea Dworkin: *Pornographie. Männer beherrschen Frauen*, Frankfurt 1987, S. 24.

2 *Der Spiegel* vom 29.5.2006, S. 94 ff.

3 Vgl. diverse Zeitungsartikel, z. B. Thorsten Schmitz: »Kaltgestellt«, *Süddeutsche Zeitung* vom 31.5.2011, und Alexander Wendt: »Das lila Imperium«, *Focus* vom 23.5.2011.

4 Alice Schwarzer: *Der große Unterschied. Gegen die Spaltung von Menschen in Männer und Frauen*, Köln 2000.

5 Alice Schwarzer: *Die Antwort*, München 2008, S. 176.

6 Alice Schwarzer: Rede zur Börne-Preisverleihung, 4.5.2008, vgl. http://www.aliceschwarzer.de/publikationen/ aliceschwarzer-artikel-essays/boerne-preis-rede-2008/.

7 Georg Diez: »Herrjemine«, *Der Spiegel* vom 11.6.2011.

8 Bascha Mika: *Die Feigheit der Frauen. Rollenfallen und Geiselmentalität. Eine Streitschrift wider den Selbstbetrug*, Gütersloh 2011, S. 19.

9 Ebd., S. 21.

5 Das feministische Helikopter-Syndrom:
   Schutz oder Entmündigung?

1 Alice Schwarzer: *Der kleine Unterschied und seine großen Folgen*, Frankfurt 2007, S. 17.

2 Kate Millett: *Sexus und Herrschaft. Die Tyrannei des Mannes in unserer Gesellschaft*, München 1969/1971.

3 Alice Schwarzer: *Der große Unterschied. Gegen die Spaltung von Menschen in Männer und Frauen*, Frankfurt 2005, S. 50.

4 Barbara Vinken: »Der neue Pamela-Feminismus«, *Die Zeit* vom 14.7.2011, S. 58.

5 Alice Schwarzer: *Der große Unterschied. Gegen die Spaltung von Menschen in Männer und Frauen*, Frankfurt 2005, S. 56.

6 Ebd., S. 227.

7 Ebd., S. 234.

8 Ebd., S. 15.

9 Alice Schwarzer: »Super-GAU im Kachelmann-Prozess«, Kommentar Nr. 14, *Bild* vom 8.12.2010.

10 Alice Schwarzer: »Bei diesem Prozess haben alle Schaden genommen«, Kommentar Nr. 25, *Bild* vom 31.5.2011.

11 Alice Schwarzer: *Der große Unterschied. Gegen die Spaltung von Menschen in Männer und Frauen*, Frankfurt 2005, S. 82.

12 Ebd, S. 219.

13 Anna Sauerbrey: »Nackte Frauen als Belohnung«, *Der Tagesspiegel* vom 12.6.2011.

14 Arno Widmann: »Sex, Macht, Männer«, *Berliner Zeitung* vom 17.5.2011.

15 Alexander Hagelüken: »Geld, Macht, Sex«, *Süddeutsche Zeitung* vom 28.5.2011.

16 Georg Diez: »Herrjemine«, *Der Spiegel* vom 11.6.2011.

17 Claudius Seidl: »Der November kommt«, *Frankfurter Allgemeine Zeitung* vom 30.5.2011.

18 Dieser Leserbrief wird erwähnt in einem Leitartikel von Michael Miersch: »Und dann fiebert auch die Sprache«, *Welt am Sonntag* vom 3.5.2009.

19 Ines Pohl: »Wenn sexuelle Gewalt verniedlicht wird«, *taz* vom 19.5.2011.

20 Anna Sauerbrey: »Nackte Frauen als Belohnung«, *Der Tagesspiegel* vom 12.6.2011.

21 Regine Sylvester: »Die Macht der Frauen«, *Berliner Zeitung* vom 11./12./13.6.2011.

22 Simone de Beauvoir: *Das andere Geschlecht. Sitte und Sexus der Frau*, Reinbek bei Hamburg 2011, S. 894 f.

23 Alice Schwarzer: *Der große Unterschied. Gegen die Spaltung von Menschen in Männer und Frauen*, Frankfurt 2005, S. 82.

24 Ebd.

25 Ebd., S. 282.

26 Ebd.

27 Alice Schwarzer: *Die Antwort*, Köln 2008, S. 122.

28 Alice Schwarzer: »Helmut Newton: Kunst oder Pornografie«, http://www.aliceschwarzer.de/publikationen/aliceschwarzer-artikel-essays/kernthemen/alice-schwarzer-ueber-pornografi/newton-kunst-oder-pornografie/ (aufgerufen am 19.7.2011).

29 Iris Radisch: »Die nackte Gesellschaft«, *Die Zeit* vom 16.6.2011.

6 Wie viel Lebensplanwirtschaft verträgt eine liberale Gesellschaft?

1 Amos Oz: »Wie man Fanatiker kuriert«, Vortrag für die Evangelische Akademie Tutzing zum Jahresempfang am 16. Januar 2002, http://web.ev-akademie-tutzing.de/cms/index.php?id=560 (aufgerufen am 22.6.2011).

Vater, Mutter, Kind: Familie im Kreuzfeuer der Rollenleitbildfanatisten

1 Feminismus, Fertilität und Familie

1 Eva Herman: *Das Eva-Prinzip. Für eine neue Weiblichkeit*, München/Zürich 2007, S. 20.

2 Frank Schirrmacher: *Minimum. Vom Vergehen und Neuentstehen unserer Gemeinschaft*, München 2008, S. 76.

3 *Der Spiegel* vom 6.3.2006.

4 *Bild* vom 15.3.2006.

5 *Bild* vom 15.3.2006, http://www.bild.de/news/aktuell/news/ wagner-215908.bild.html (aufgerufen am 24.8.2011).

6 Elisabeth Badinter: *Der Konflikt. Die Frau und die Mutter*, München 2010, S. 184.

7 Allensbach Familienmonitor 2010.

8 Bundesfamilienministerium für Familie, Senioren, Frauen und Jugend (Hrsg.): *Partnerschaft und Ehe – Entscheidungen im Lebensverlauf. Einstellungen, Motive, Kenntnisse des rechtlichen Rahmens*, Berlin 2010, S. 17.

9 Renate Köcher: »Unterschätzte Familie«, *Wirtschaftswoche* vom 30.5.2011, S. 42.

10 Vorwerk Familienstudie 2010.

11 Allensbacher Archiv, zitiert nach *Wirtschaftswoche* vom 30.5.2011; vgl. auch Bundesfamilienministerium für Familie, Senioren, Frauen und Jugend (Hrsg.): *Das Wohlbefinden von Eltern. Auszüge aus dem Ravensburger Elternsurvey 2010*, Berlin 2010.

12 »Zahlen und Fakten zur Pflegeversicherung (08/2011)«, Pflegestatistik des Bundesgesundheitsministeriums.

13 Shell-Jugendstudie 2010.

14 Statistisches Bundesamt: Mikrozensus 2010.

15 Sinus Sociovision 2008, in: Carsten Wippermann, Marc Calmbach, Katja Wippermann: *Männer: Rolle rückwärts, Rolle vorwärts? Identitäten und Verhalten von traditionellen, modernen und postmodernen Männern*, Opladen/Farmington Hills 2009, S. 24.

16 »Frauen als Gebärmaschinen. Bischof giftet gegen von der Leyen«, *Spiegel online* vom 22.2.2007, http://www.spiegel.de/ politik/deutschland/0,1518,468001,00.html (aufgerufen am 18.8.2011).

17 Sebastian Fischer: »Mission Mama«, *Spiegel online* vom 11.2.2008, http://www.spiegel.de/politik/deutschland/0,1518, 530378,00.html (aufgerufen am 18.8.2011).

18 »NDR feuert Eva Herman«, *Spiegel online* vom 9.9.2007, http://www.spiegel.de/kultur/gesellschaft/0,1518,504684,00. html (aufgerufen am 18.8.2011).

19 Eva Herman: »Die Emanzipation – ein Irrtum?«, *Cicero* vom 26.4.2006.

20 »Panik im Patriarchat«, *Der Spiegel* vom 29.5.2006.

21 Ebd.

22 Hedwig Freifrau von Beverfoerde: »Wollt ihr die totale Krippengesellschaft?«, *Die Welt* vom 21.4.2007.

23 Andrea Brandt, Rafaela von Bredow, Merlind Theile: »Glaubenskrieg ums Kind«, *Der Spiegel* vom 25.2.2008.

24 Alex Rühle: »Wir Schizo-Eltern«, *Süddeutsche Zeitung* vom 13.3.2007.

25 Allensbacher Archiv, IfD-Umfrage 6202.

26 Nana Heymann: *Generation Wickeltasche. Die neue Lust am Muttersein – Begegnungen mit jungen Frauen*, Berlin 2010, S. 9.

2 Samtene Fesseln: Die bindende Kraft traditioneller Rollenleitbilder

1 Gabor Steingart: *Das Ende der Normalität. Nachruf auf unser Leben, wie es bisher war*, München 2011, S. 19.

2 Allison Pearsons: *Working Mum*, Reinbeck bei Hamburg 2009, S. 9.

3 Vgl. dazu Jörg M. Fegert et. al.: *Vaterschaft und Elternzeit. Eine interdisziplinäre Literaturstudie zur Frage der Bedeutung der Vater-Kind-Beziehung für eine gedeihliche Entwicklung der Kinder sowie den Zusammenhalt in der Familie*, Ulm 2011, S. 29 ff.

4 Liselotte Ahnert: *Wie viel Mutter braucht ein Kind? Bindung–Bildung–Betreuung: öffentlich und privat*, Heidelberg 2010, S. 57ff. Ahnert plädiert in diesem Buch für ein Konzept der »hinreichend guten Mutter«.

5 Ann-Zofie Duvander, Ann-Christin Jans: »Consequences of fathers' parental leave use: Evidence from Sweden«, in: *Finish Yearbook of Population Research*, Helsinki 2009. Livia Sz. Oláh: *Gendering family dynamics: the case of Sweden and Hungary, Demography Unit Dissertation Series No. 3*, Stockholm 2001. Vgl. auch Bundesministerium für Familie, Senioren, Frauen und

Jugend (Hrsg.): *Familienreport 2011 – Leistungen, Wirkungen, Trends*, Berlin 2011.

6 *Bild am Sonntag*-Familienstudie 2011: 46 Prozent der unter 50-Jährigen gaben an, dass sie zu ihrer Mutter ein besonders enges Verhältnis hatten, unabhängig von der Berufstätigkeit der Mutter.

7 Klaus Hurrelmann: »Hurra, Mama arbeitet!«, *Die Zeit* vom 17.2.2011.

8 Allensbacher Archiv, IfD-Umfrage 10064.

9 Statistisches Bundesamt Deutschland (Hrsg.): *Wie leben Kinder in Deutschland?*, Wiesbaden 2011.

10 Jutta Allmendinger: *Frauen auf dem Sprung. Wie junge Frauen heute Leben wollen*, Bonn 2009, S. 32.

11 John Stuart Mill, Harriet Taylor Mill, Helen Taylor: *Die Hörigkeit der Frau*, hrsg. von Ulrike Helmer, Königstein/Taunus 1997, S. 38 f.

12 Elisabeth Beck-Gernsheim: *Die Kinderfrage heute. Über Frauenleben, Kinderwunsch und Geburtenrückgang*, München 2006, S. 48.

13 Ebd., im Original kursiv.

14 Allison Pearson: *Workin Mum*, Reinbek bei Hamburg 2009, S. 368.

15 Anna Katharina Hahn: *Kürzere Tage*, Frankfurt 2009, S. 15.

16 Ebd., S. 90.

17 Ebd.

18 Ebd., S. 32f.

19 Ebd., S. 76.

20 Katja Kullmann: *Generation Ally. Warum es heute so schwierig ist, eine Frau zu sein*, Frankfurt 2002, S. 186.

21 Elisabeth Beck-Gernsheim: *Die Kinderfrage heute. Über Frauenleben, Kinderwunsch und Geburtenrückgang*, München 2006, S. 107.

22 Lew Tolstoj, Sofja Tolstoja: *Eine Ehe in Briefen*, hrsg. und aus dem Russischen übersetzt von Ursula Keller und Natalja Sharandak, München 2010.

23 Marlen Haushofer: *Die Tapetentür*, München 2006, S. 141.

24 Barbara Vinken: *Die deutsche Mutter. Der lange Schatten eines Mythos*, Frankfurt 2007, S. 23.

25 Ebd., S. 69.

26 Carsten Wippermann, Marc Calmbach, Katja Wippermann: *Männer: Rolle rückwärts, Rolle vorwärts? Identitäten und Verhalten von traditionellen, modernen und postmodernen Männern*, Opladen/Farmington Hills 2009, S. 58.

27 Barbara Vinken: *Die deutsche Mutter. Der lange Schatten eines Mythos*, Frankfurt 2007, S. 93.

28 Robert Habeck: *Verwirrte Väter. Oder: Wann ist der Mann ein Mann?*, Gütersloh 2008, S. 68.

29 Bundesministerium für Familie, Senioren, Frauen und Jugend (Hrsg.): *Familie. Wissenschaft. Politik. Ein Kompendium der Familienpolitik*, Berlin 2010, S. 193.

30 Jutta Allmendinger: *Frauen auf dem Sprung. Wie junge Frauen heute leben wollen*, Bonn 2009, S. 72.

31 Birgit Vanderbeke: *Das Muschelessen*, Frankfurt 2009, S. 23.

32 Reinhard Mohr: »Der Feminismus und ich«, in: Mirja Stöcker (Hrsg.): *Das F-Wort. Feminismus ist sexy*, Königstein/Taunus 2007, S. 62.

33 Roger Koppel: »Alles Schwarzer, oder was?«, *Welt am Sonntag*, 17.12.2006.

34 Christian Nürnberger: »Wir müssen reden, Alice«, *Süddeutsche Zeitung* vom 20./21.11.2010.

35 Carsten Wippermann, Marc Calmbach, Katja Wippermann: *Männer: Rolle rückwärts, Rolle vorwärts? Identitäten und Verhalten von traditionellen, modernen und postmodernen Männern*, Opladen/Farmington Hills 2009, S. 21.

36 Ebd.

37 Catherine Hakim: *Feminist Myths and Magic Medicine. The flawed thinking behind calls for further equality legislation*, London 2011, S. 24: »Women's aspirations to marry up, if they can, to a man who is better-educated and higher-earning, persists in most European countries. (...) Women thereby continue to use marriage as an alternative or supplement to their employment careers. Financial dependence on a man has lost none of its attractions after the equal opportunities revolu-

tion. Symmetrical family roles are not the ideal sought by most couples, even though they are popular among the minority of highly educated professionals.«

38 Kerstin Kohlenberg: »Von oben geht's nach oben«, *Zeit Magazin* vom 23.8.2007.

39 Zitiert nach: Barbara Jung, Jobst-Ulrich Brand, Stefan Ruzas, Uwe Wittstock: »Mach dich locker, Mann«, *Focus* vom 31.1.2011.

40 Monika Maron: »Der Mann als Mensch«, in: *Männer. Kursbuch*, Heft 127, Berlin 1997, S. 2.

41 Virginia Woolf: *Ein eigenes Zimmer*, hrsg. und kommentiert von Klaus Reichert, Frankfurt 2004, S. 78 f.

42 Ebd., S. 52.

43 Carsten Wippermann, Marc Calmbach, Katja Wippermann: *Männer: Rolle rückwärts, Rolle vorwärts? Identitäten und Verhalten von traditionellen, modernen und postmodernen Männern*, Opladen/Farmington Hills 2009, S. 74 ff.

44 Katja Kullmann: Generation Ally. *Warum es heute so schwierig ist, eine Frau zu sein*, Frankfurt 2002, S. 164.

45 Allison Pearson: *Workin Mum*, Reinbek bei Hamburg 2009, S. 263.

3 Gläserne Wände: Die einschränkende Wirkung feministischer Rollenleitbilder

1 Bettina Wündrich: *Einsame Spitze? Warum berufstätige Frauen glücklicher sind,* Reinbek bei Hamburg 2011, S. 12.

2 Iris Radisch: *Die Schule der Frauen. Wie wir Familie neu erfinden,* München 2007, S. 88.

3 Renate Köcher: »Junge Frauen – Wirklichkeit und symbolische Politik«, *Frankfurter Allgemeine Zeitung* vom 23.2.2011.

4 Meredith Haaf, Susanne Klingner, Barbara Streidl: *Wir Alphamädchen. Warum Feminismus das Leben schöner macht*, Hamburg 2009, S. 179.

5 Ebd., S. 197.

6 Renate Köcher: »Junge Frauen – Wirklichkeit und symbolische Politik«, *Frankfurter Allgemeine Zeitung* vom 23.2.2011.

7 Institut für Medien- und Konsumentenforschung (IMUK), *Focus* vom 11. Juli 2011.

8 Jutta Allmendinger: *Verschenkte Potenziale? Lebensverläufe nicht erwerbstätiger Frauen*, Frankfurt 2010, S. 65 f.

9 Ebd., S. 136 ff.

10 Katja Kullmann: *Generation Ally. Warum es heute so schwierig ist, eine Frau zu sein*, Frankfurt 2002, S. 196.

11 »Komm, ich zeig' dir meinen Kängurubauch«, Interview mit Judith Holofernes, *Frankfurter Allgemeine Sonntagszeitung* vom 3. Juli 2011.

12 Iris Radisch: *Die Schule der Frauen. Wie wir Familie neu erfinden*, München 2007, S. 158.

13 Elisabeth Beck-Gernsheim: *Die Kinderfrage heute. Über Frauenleben, Kinderwunsch und Geburtenrückgang*, München 2006, S. 117.

4 Dienst nach Vorschrift: Die kontraproduktive Wirkung häuslicher Leistungsbilanzen

1 Carsten Wippermann, Marc Calmbach, Katja Wippermann: *Männer: Rolle rückwärts, Rolle vorwärts? Identitäten und Verhalten von traditionellen, modernen und postmodernen Männern*, Opladen/Farmington Hills 2009, S. 32.

2 Ebd.

3 Alice Schwarzer: *Der große Unterschied. Gegen die Spaltung von Menschen in Männer und Frauen*, Frankfurt 2005, S. 214 f.

4 Carsten Wippermann, Marc Calmbach, Katja Wippermann: *Männer: Rolle rückwärts, Rolle vorwärts? Identitäten und Verhalten von traditionellen, modernen und postmodernen Männern*, Opladen/Farmington Hills 2009, S. 27.

5 Ebd., S. 25.

6 Meredith Haaf, Susanne Klingner, Barbara Streidl: *Wir Alphamädchen. Warum Feminismus das Leben schöner macht*, Hamburg 2009, S. 19.

7 Ebd., S. 20.

8 »Anfänge. Einen hohen Preis hat er dafür bezahlt, dass er zwei

Monate Elternzeit nahm. Denn nach der Rückkehr kündigte ihm sein Chef«, *Chrismon* 4/2011.

9 Robert Habeck: *Verwirrte Väter. Oder: Wann ist der Mann ein Mann?*, Gütersloh 2008, S. 157.

10 Allensbacher Archiv, IfD-Umfrage 5249.

11 Allensbacher Archiv, IfD-Umfrage 10052.

12 *Eltern* vom 17.8.2011.

13 Monitor Familienleben 2010.

14 Vgl. dazu Jörg M. Fegert et. al.: *Vaterschaft und Elternzeit. Eine interdisziplinäre Literaturstudie zur Frage der Bedeutung der Vater-Kind-Beziehung für eine gedeihliche Entwicklung der Kinder sowie den Zusammenhalt in der Familie*, Ulm 2011, S. 22 ff.

15 Ilka Piepgras: »Eine Familie, zwei Mütter«, *Zeit Magazin* vom 24.2.2011.

5   Abschied vom Diktat der Rollenleitbilder

1 Robert Habeck: *Verwirrte Väter. Oder: Wann ist der Mann ein Mann?*, Gütersloh 2008, S. 112 f.

2 Carsten Wippermann, Marc Calmbach, Katja Wippermann: *Männer: Rolle rückwärts, Rolle vorwärts? Identitäten und Verhalten von traditionellen, modernen und postmodernen Männern*, Opladen/Farmington Hills 2009, S. 213.

3 Iris Radisch: *Die Schule der Frauen. Wie wir Familie neu erfinden*, München 2007, S. 182.

Familie zuerst! – Was kommt nach dem Abschied vom Diktat der Rollenbilder?

1 Wie wollen wir leben? – Für Freiheit zur Individualität

1 Mit der Politisierung des Privaten mobilisierte die Neue Frauenbewegung die Frauen für Emanzipation und Unabhängigkeit. Helke Sander, Mitbegründerin und Sprecherin des »Aktionsrates zur Befreiung der Frauen«, forderte in ihrer Rede bei der 23. Delegiertenkonferenz des Sozialistischen Deutschen Studen-

tenbundes (SDS) die Politisierung des Privatlebens, um zu verhindern, »dass man einen bestimmten Bereich des Lebens vom gesellschaftlichen Leben abtrennt, ihn tabuisiert, indem man ihm den Namen Privatleben gibt«. Denn: »Diese Tabuisierung hat zur Folge, dass das spezifische Ausbeutungsverhältnis, unter dem die Frauen stehen, verdrängt wird, wodurch gewährleistet ist, dass die Männer ihre alte, durch das Patriarchat gewonnene Identität noch nicht aufgeben müssen. (…) Die Trennung zwischen Privatleben und gesellschaftlichem Leben wirft die Frau immer zurück in den individuell auszutragenden Konflikt ihrer Isolation. Sie wird immer noch für das Privatleben, für die Familie erzogen. (…) Die Rollenerziehung, das anerzogene Minderwertigkeitsgefühl, der Widerspruch zwischen ihren eigenen Erwartungen und denen der Gesellschaft erzeugen das ständige schlechte Gewissen, den an sie gestellten Anforderungen nicht gerecht zu werden, bzw. zwischen Alternativen wählen zu müssen, die in jedem Fall einen Verzicht auf vitale Bedürfnisse bedeuten. Frauen suchen ihre Identität. (…) Sie können sie nur erlangen, wenn die ins Privatleben verdrängten gesellschaftlichen Konflikte artikuliert werden, damit sich dadurch die Frauen solidarisieren und politisieren.« Vgl. das Redemanuskript von Helke Sander auf der 23. Delegiertenkonferenz des »Sozialistischen Deutschen Studentenbundes« (SDS) am 13. September 1968 in Frankfurt/Main, http://1000dok.digitale-sammlungen. de/dok_022_san.pdf (aufgerufen am 19.9.2011).

2 Dass Frauen auch in Gewerkschaften nur selten in höchste Führungsämter gelangen, belegt eine Untersuchung des Gewerkschaftsforschers Wolfgang Pege aus dem Jahr 2007, zitiert nach einem Artikel in der *FAZ*, Rubrik »Beruf und Chance« vom 8.3.2007 (ohne Autorenangabe). Vgl. http://www.faz. net/aktuell/beruf-chance/arbeitswelt/gleichberechtigung-in-der-gewerkschaft-ein-40-jahre-langer-marsch-durch-die-institutionen-1410771.html (aufgerufen am 21.12.2011).

3 In den 313 Landkreisen in Deutschland besetzen Frauen als Landrätinnen nur 10 Prozent der Spitzenpositionen. Der Frauenanteil unter hauptamtlichen Bürgermeistern liegt bei gerade einmal 4 Prozent. Vgl. Bundesministerium für Familie, Senio-

ren, Frauen und Jugend (Hrsg.): *Engagiert vor Ort – Wege und Erfahrungen von Kommunalpolitikerinnen*, Berlin 2011.

4 Über den aktuellen Anteil von Frauen an Entscheidungsträgern in verschiedenen Berufskreisen gibt eine bevölkerungsrepräsentative Befragung im Rahmen der »Typologie der Wünsche 2012« Auskunft. So liegt beispielsweise der Frauenanteil unter beruflichen Entscheidungsträgern in Forschung und Lehre bei 24,6 Prozent. Vgl. IMUK Institut für Medien- und Konsumentenforschung: »Typologie der Wünsche 2012«, Erding 2011.

5 Ebd.: Der Frauenanteil unter beruflichen Entscheidungsträgern in der Verwaltung liegt bei 25,5 Prozent.

6 Männer besetzen auch im ehrenamtlichen Engagement die Mehrzahl der Führungspositionen, selbst in frauendominierten Bereichen. Im Jahr 2004 hatten 42 Prozent der männlichen Engagierten eine Leitungs- oder Vorstandsfunktion, aber nur 26 Prozent der Frauen. Vgl. Bundesministerium für Familie, Senioren, Frauen und Jugend (Hrsg.): *Neue Wege – Gleiche Chancen. Gleichstellung von Frauen und Männern im Lebensverlauf*, Erster Gleichstellungsbericht, Bundestagsdrucksache 17/6240, Berlin 2011, S. 186.

7 Der Frauenanteil unter deutschen Sterneköchen ist noch niedriger als der Frauenanteil unter Dax-Vorständen: Vier von 249 Sterneköchen in Deutschland sind laut Michelin-Führer 2012 weiblich. Vgl. Elisabeth Raether: »Auch am Ruhetag mag sie das Kochen nicht lassen«, *Zeit Magazin* vom 24.11.2011.

8 Im Sachverständigengutachen zum Ersten Gleichstellungsbericht der Bundesregierung ist von »Sippenhaft« für Frauen die Rede, die nie Mütter werden: Arbeitgeber antizipierten familienbedingte Ausstiege und investieren deshalb weniger in die Weiterbildung und Entwicklung von Frauen. Dadurch »behindern Rollenstereotype auch die berufliche Karriere solcher Frauen, die nie Kinder bekommen«. Vgl. Bundesministerium für Familie, Senioren, Frauen und Jugend (Hrsg.): *Neue Wege – Gleiche Chancen. Gleichstellung von Frauen und Männern im Lebensverlauf*, Erster Gleichstellungsbericht, Bundestagsdrucksache 17/6240, Berlin 2011, S. 124 und S. 153.

9 Bundesministerium für Familie, Senioren, Frauen und Jugend (Hrsg.): *Neue Wege – Gleiche Chancen. Gleichstellung von Frauen und Männern im Lebensverlauf*, Erster Gleichstellungsbericht, Bundestagsdrucksache 17/6240, Berlin 2011, S. 39.

10 Rutschky über Rutschky laut Umschlagtext ihres Buches *Emma und ihre Schwestern*.

11 Katharina Rutschky: »Lettera antifeminista da Berlino No. 3«, in dies.: *Im Gegenteil. Politisch unkorrekte Ansichten über Frauen*, Berlin 2011, S. 100.

12 Ebd.

13 Doppelinterview mit Bascha Mika und Claudia Roth: »Das ist schon frech, oder?«, *Rhein-Zeitung* vom 15.2.2011, http://www.rhein-zeitung.de/startseite_artikel,-Doppelinterview-mit-Claudia-Roth-und-Bascha-Mika-Das-ist-schon-frech-oder%E2%80%9C-_arid,204433.html (aufgerufen am 17.11.2011).

14 Katharina Oerder: »Feminismus reloaded«, in: Inge Wettig-Danielmeier, Katharina Oerder: *Feminismus – und morgen? Gleichstellung jetzt*, Berlin 2011, S. 42.

15 Ebd., S. 47.

16 Harald Martenstein: »Die Grenzen der Genderpolitik«, *Der Tagesspiegel*, 24.9.2011, http://www.tagesspiegel.de/meinung/die-grenzen-der-genderpolitik-/4657158.html (aufgerufen am 6.11.2011).

17 Simone de Beauvoir: *Das andere Geschlechte. Sitte und Sexus der Frau*, Reinbek bei Hamburg 2011, S. 334.

18 Ebd., S. 898 f.

19 Peter Döge: »Anerkennung und Respekt – Geschlechterpolitik jenseits des Gender Trouble«, in: *Aus Politik und Zeitgeschichte* (APuZ) 37-38/2011, Bundeszentrale für politische Bildung, http://www.bpb.de/publikationen/XZCUJP.html (aufgerufen am 7.11.2011); vgl. auch Peter Döge: »Alles nur Konstruktion? Männer- und Frauenbilder zwischen Biologie und Kultur«, in: Rainer Volz/Paul M. Zulehner: *Männer in Bewegung. Zehn Jahre Männerentwicklung in Deutschland*, Baden-Baden 2009, S. 339.

20 Melanie Amann und Winand von Petersdorff zitieren in einem

Themen-Spezial »Die Frauenfalle« in der *Welt am Sonntag* aktuelle Forschungsergebnisse: »Der Ökonom Matthias Sutter von der Universität Innsbruck hat die Wettkampfneigung von 1000 Kindern und Teenagern zwischen drei und 18 Jahren getestet. Er ließ die kleineren Kinder von drei bis acht Jahren schnell laufen. Sie durften sich aussuchen, ob sie für sich allein oder um die Wette mit Konkurrenten rennen wollten. Die älteren Jugendlichen von neun bis 18 hatten Mathematikaufgaben zu lösen, entweder für sich oder im Wettstreit mit anderen. Das Ergebnis ist frappierend. Es entscheiden sich durchgängig doppelt so viele männliche wie weibliche Versuchspersonen für die Wettkampfvariante. (...) Eine weitere Studie der Stanford University findet Hinweise, dass Frauen in Wettbewerbssituationen schlechter abschneiden, als sie könnten, während Männer durch Wettbewerb in ihrer Leistung stimuliert werden. (...) Weitere Indizien für Karriere-Vermeidungsverhalten gefällig? Wenn Frauen auch die Mehrheit der Hochschüler stellen, so wählen sie gerade nicht die Fächer, die das Reservoir für 80 Prozent der Führungskräfte bilden: Wirtschaft, Jura, Naturwissenschaften und Ingenieurwesen. Hier sind sie zusammengenommen höchstens zu einem Drittel vertreten. Und selbst im Karriere-Fach Ingenieurwesen optieren sie nicht für die aussichtsreichen Disziplinen Maschinenbau oder Verfahrenstechnik, sondern für Bauingenieurwesen und die brotlose Architektur, referiert die Hamburger Betriebswirtschaftsprofessorin Sonja Bischoff. Sie weist auch darauf hin, dass doppelt so viele Männer wie Frauen vor dem Studium wissen, dass sie eine Führungsposition haben wollen.« Vgl. *Welt am Sonntag* vom 12.9.2010.

21 Wochenbericht des DIW Berlin Nr. 3/2011.

22 SOEP – DIW Führungskräfte-Monitor 2010.

23 Statistisches Bundesamt Deutschland: Mikrozensus 2010.

24 Catherine Hakim: *Feminist Myths and Magic Medicine. The flawed thinking behind calls for further equality legislation*, London 2011, S. 21 f: »The focus on the sex differential in earnings is misleading because it does not encompass the complete package of employment benefits and rewards, and over-

looks the issue of short and flexible work hours, which women value most.«

25 Ebd., Summary.

26 Ebd., S. 21.

27 Catherine Hakim: »Women, careers, and work-life-preferences«, in: *British Journal of Guidance and Counseling* 34, 2006, S. 279 – 294. Vgl. auch Catherine Hakim: *Feminist Myths and Magic Medicine. The flawed thinking behind calls for further equality legislation,* London 2011, S. 22. Auf Hakims Studien zur Heterogenität der Beschäftigungsmodelle von Frauen bezieht sich auch die französische Feministin Elisabeth Badinter und warnt vor diesem Hintergrund davor, von gemeinsamen Interessen aller Frauen zu sprechen, wie es in feministischen Diskursen üblich ist. Vgl. Elisabeth Badinter: *Der Konflikt. Die Frau und die Mutter,* München 2010, S. 35 f.

28 Katharina Rutschky: *Emma und ihre Schwestern. Ausflüge in den real existierenden Feminismus,* München 1999, S. 71.

29 Katharina Oerder: »Feminismus reloaded«, in: Inge Wettig-Danielmeier, Katharina Oerder: *Feminismus – und morgen? Gleichstellung jetzt,* Berlin 2011, S. 61.

30 Simone Schmollack: »Frauen verdienen es nicht!«, *taz* vom 3.1.2011. Wenn Frauen tatsächlich für die gleiche Arbeit 23 Prozent weniger Lohn bekämen, dürfte man sich angesichts des scharfen Kostenwettbewerbs, dem viele Unternehmen ausgesetzt sind, getrost die Frage stellen, warum Unternehmen nicht alle bestrebt sind, möglichst viele Frauen einstellen, um viel kostengünstiger dasselbe Arbeitsergebnis zu erzielen. Allein diese Überlegung zeigt, dass die Wirklichkeit komplizierter ist.

31 »Männer-Frauen-Lohnschere öffnet sich mit zunehmendem Alter«, AFP-Meldung vom 13.9.2010.

32 Catherine Hakim: *Feminist Myths and Magic Medicine. The flawed thinking behind calls for further equality legislation,* London 2011, S. 20.

33 Dorothea Voss-Dahm: »Erwerbsverläufe von Frauen im Einzelhandel«, in: Ute Klammer, Markus Motz (Hrsg.): *Neue Wege – Gleiche Chancen. Expertisen zum Ersten Gleichstellungsbericht der Bundesregierung,* Wiesbaden 2011, S. 323.

34 Statistisches Bundesamt Deutschland, Pressemitteilung 120 vom 24.3.2011.

2 Wie wollen wir arbeiten? – Für eine familienfreundliche Arbeitswelt

1 Christian Nürnberger: »Wir müssen reden, Alice«, *Süddeutsche Zeitung* vom 20./21. November 2010.

2 Bettina Wündrich: *Einsame Spitze. Warum berufstätige Frauen glücklicher sind,* Reinbek bei Hamburg 2011, S. 158.

3 Ebd.

4 Bundesministerium für Familie, Senioren, Frauen und Jugend (Hrsg.): *Neue Wege – Gleiche Chancen. Gleichstellung von Frauen und Männern im Lebensverlauf,* Erster Gleichstellungsbericht, Bundestagsdrucksache 17/6240, Berlin 2011, S. 129.

5 Ebd., S. 46.

6 Diese Wortschöpfung stammt von der Parteichefin der Grünen, Claudia Roth: »Roth hält Schröder für ›prähistorische Antifeministin‹«, Meldung auf *Welt online* vom 9.3.2011, http://www.welt.de/politik/deutschland/article12744067/Roth-haelt-Schroeder-fuer-praehistorische-Antifeministin.html (aufgerufen am 28.12.2011).

7 Heide Oestreich: »Mutprobe für Christdemokratinnen«, *taz* vom 21.10.2011, http://www.taz.de/!80374/ (aufgerufen am 19.12.2011).

8 Beim folgenden Text handelt es sich um Auszüge aus dem Manuskript zur Rede, die ich als Bundesministerin für Familie, Senioren, Frauen und Jugend am 23.10.2011 beim 29. Bundesdelegiertentag der Frauen Union der CDU Deutschlands gehalten habe. An einigen Stellen gibt es Abweichungen zum gesprochenen Wort.

9 Bundesministerium für Familie, Senioren, Frauen und Jugend (Hrsg.): *Neue Wege – Gleiche Chancen. Gleichstellung von Frauen und Männern im Lebensverlauf,* Erster Gleichstellungsbericht, Bundestagsdrucksache 17/6240, Berlin 2011, S. 179.

10 Ebd., S. 119: »Frauen (...) übernehmen die Hauptlast des häuslichen Vereinbarkeitsmanagements und stecken beruflich

zurück, da ihre individuellen Orientierungen an institutionellen Karrierelogiken scheitern. Während es zu einer Priorisierung der (für die Familie wichtigen) Berufskarriere des Mannes kommt, verstärkt sich die Gefahr einer Verstetigung des ursprünglich allenfalls transitorisch angesehenen traditionellen Arrangements und eines dauerhaften Abbruchs der Karriere der Frau.«

11 Iris Radisch: *Die Schule der Frauen. Wie wir Familie neu erfinden,* München 2007, S. 184.

12 Bundesministerium für Familie, Senioren, Frauen und Jugend (Hrsg.): *Neue Wege – Gleiche Chancen. Gleichstellung von Frauen und Männern im Lebensverlauf,* Erster Gleichstellungsbericht, Bundestagsdrucksache 17/6240, Berlin 2011, S. 43 und Seite 179.

13 Bundesministerium für Familie, Senioren, Frauen und Jugend (Hrsg.): *Familienreport 2011 – Leistungen, Wirkungen, Trends,* Berlin 2011, S. 55.

14 Bundesministerium für Familie, Senioren, Frauen und Jugend (Hrsg.): »Zeit für Familie. Ausgewählte Themen des 8. Familienberichts«, *Monitor Familienforschung* Ausgabe 26, Berlin 2011, S. 15.

15 Familienfreundlichkeit ist für 90 Prozent der 25- bis 39-jährige Frauen und Männer mit Kindern wichtiger als oder ebenso wichtig wie das Gehalt. Bei den jungen Beschäftigten ohne Kinder sind es 70 Prozent. Mehr als drei Viertel der jungen Beschäftigten würden für mehr Familienfreundlichkeit den Arbeitgeber wechseln. Quelle: GfK Nürnberg 2011, zitiert nach: Bundesministerium für Familie, Senioren, Frauen und Jugend (Hrsg.): *Familienreport 2011 – Leistungen, Wirkungen, Trends,* Berlin 2011, S. 55. Vgl. auch Bundesministerium für Familie, Senioren, Frauen und Jugend (Hrsg.): *Personalmarketingstudie 2010,* Berlin 2011.

16 »Führungskräfte scheuen flexible Arbeitszeiten«, Meldung in der *Süddeutschen Zeitung* vom 18. Februar 2011.

17 Karl-Heinz Büschemann, Maria Holzmüller, Susanne Klaiber: »Angst vor Diskriminierung«, *Süddeutsche Zeitung* vom 18.2.2011.

18 Lothar Kuhn: »Karriere in Teilzeit«, *Harvard Business Manager* 2/2011.

19 Vgl. Markus Albers: »Im Takt des Kalenders«, *Brand eins* vom 18.11.2011.

20 Wolfgang Gehrmann: »Freiheit bis zum Umfallen«, *Die Zeit* Nr. 46 vom 10.11.2011.

21 Doris Schneyink: »Sie lieben ihren Job ... und ihre Kinder«, *Stern* Nr. 14 vom 31.03.2011.

22 Vgl. Markus Albers: »Im Takt des Kalenders«, *Brand eins* vom 18.11.2011.

23 »Der Chef kann auch lernen«, Interview mit Nicola Leibinger-Kammüller, *Berliner Zeitung* vom 16./17. Juli 2011.

24 Jochen Schuster, Nadja Matthes: »Abschied von der Stechuhr«, *Focus* Nr. 41 vom 10.10.2011.

25 Ebd.

26 Mathias Irle: »Mutige arbeiten Teilzeit«, *Brand eins* 9/2009.

27 Bundesministerium für Familie, Senioren, Frauen und Jugend (Hrsg.): *Neue Wege – Gleiche Chancen. Gleichstellung von Frauen und Männern im Lebensverlauf*, Erster Gleichstellungsbericht, Bundestagsdrucksache 17/6240, Berlin 2011, S. 150.

3 Wie wollen wir lieben? – Für gleichberechtigte Partnerschaften

1 Norbert Blüm: »Wenn die Ehe zum Verhältnis wird«, in: *Der Tagesspiegel* vom 25.9.2011.

2 Marc and Amy Vachon: *Equally Shared Parenting: Rewriting the Rules for a New Generation of Parents*, New York 2011/2010. Vgl. auch Website und Blog der Vachons: http://equallysharedparenting.com. Eine Übersetzung oder ein vergleichbares, praxisorientiertes Buch auf Deutsch gibt es bisher meines Wissens nicht. Eine wissenschaftliche Studie zu Partnerschaften mit egalitärer Arbeitsteilung bietet aber Anneli Rüling: *Jenseits der Traditionalisierungsfallen – Wie Eltern sich Familien- und Erwerbsarbeit teilen,* Frankfurt/Main 2007.

3 Bascha Mika: *Die Feigheit der Frauen. Rollenfallen und Geiselmentalität. Eine Streitschrift wider den Selbstbetrug*, München 2011, S. 126.

4 Marc and Amy Vachon: *Equally Shared Parenting: Rewriting the Rules for a New Generation of Parents*, New York 2011/2010, S. 21: »A traditional couple can still create an equitable relationship if both partners have jointly agreed to this arrangement and maintain full respect for each other's roles.«

5 Ebd., S. 19 f. »Why, after years of feminist marches, rallies, speeches, writings, is the divison of labor still inequal in so many homes and marriages? It is true that in general the battle cry for equality tends to come from women, but the stubborn imbalance is unfair to both women *and* men. We believe that our society's continuing struggle to achieve full equality lies in its failure to drill this principle down into the details of our lives, and in forgetting about the advantages of equality for men.«

6 Ebd., S. 12: »We must work within the constraints of the outside world – laws, bosses, social and financial expectations – to claim the lives we want without waiting for the process to become easy.« (Übersetzung der Autorinnen)

7 Ebd., S. 45: »Equally shared parenting is a means of prioritizing your time in the four domains of work, children, home, and self so that you can honestly say ›I wouldn't want to be anywhere else‹ at any given time.« (Übersetzung der Autorinnen)

8 Ebd., S. 128: »The message to employers is no longer ›pay me more money and I'll work longer and harder‹. It is now ›pay me fairly, let me fit my job into my life, and I'll do great work for you‹.« (Übersetzung der Autorinnen)

9 Ebd., S. 188: »(...) know when you have enough money so that you can trade it for more time.« Vgl. auch S. 196 ff.

10 Ebd., S. 13: »There is only one requirement for equally shared parenting: two willing partners.«

11 Ebd., S. 60 ff.

12 Ebd., S. 75 ff.

13 Ebd, S. 108: »The challenge in the career domain for ESP men (and also many women) is to let go of an ingrained job-as-identity thinking.« – »Your big assignment as a woman is simply to sidestep the cultural signals that tell you your job or career is less important, or that you have the right to opt out of breadwinning on an equal involvement level with your husband.«